日本語教育学の新潮流 16

「日本語を話す私」と自分らしさ
韓国人留学生のライフストーリー

中山亜紀子

Sense of self and language learning:
Life stories of Korean students studying in Japan

First published 2016
Printed in Japan

All rights reserved
©Akiko Nakayama, 2016

Coco Publishing Co., Ltd.

ISBN 978-4-904595-86-2

はじめに

　他不是、他是（彼は、じゃない、彼は、である）……と痩せた男が老人にぼくのことを説明しようとした。かれは日本国籍ではない。しかしかれは日本に常住をしている。
　老人よ、あなたが「日本人（ルーベンレン）」の顔をどんなときにみたかは、ぼくは知らない。ただ、あなたが考えている「日本人（ルーベンレン）」の顔をしていない人も、今、日本に帰る（ルーベン）こともある。老人よ、それが現代なのだ。
（リービ 2011a: 158）

　本書は、2009年3月に、大阪大学大学院文学研究科に提出し、受理された博士論文『「日本語を話す私」と自分らしさ──韓国人留学生のライフストーリー』に加筆したものである。外国語教育としてではなく、第二言語としての日本語教育（日本に住む、日本語を母語としない人に対して行われる言葉の教育）に従事する筆者（私）が、感情、情動、葛藤などを伴った主観的な第二言語習得／使用体験をライフストーリーとして描き出し、そこから、言語習得という営みを、「自分らしさ」との関わりの中で、考えようとしたものである。
　現代は物理的距離の長短にかかわらず人々が移動し、全く新しい文化、言葉の中に長期／短期に暮らす時代である。複数の言語に接し、それらを習得することは、一部の人々の特権ではなくなってしまった。私を含め、本書の研究協力者である5人の韓国人男性も、多言語で生きることになった人たちである。
　80年代に1万人台だった日本の高等教育機関で学ぶ留学生数は、2010年現在14万人を上回り、過去最高を記録している。私が生業としている日本語教育は、留学生や在日外国人数の増加とともに、拡大成長して

きた分野だ。

　この分野で言語学習の成否を左右するものとしてよく挙げられるのは、年齢や母語などに加えて、学習者の言語学習に対する学習観や学習スタイルだ。それらに加えて、どんな道具（テレビやラジオ、ネット）を使って学ぼうとするのか、その文化に特有のソーシャル・スキル（友だちを作る技術）を持っているのかが関係しているといったものまである。日本語を上手になりたければ、いきおい、ソーシャル・スキルを身につけましょうということになる。

　一般論としては、間違っていないかもしれない。漢字を目の前にお手上げになってしまうのではなく、どんな方法でもいいから、覚え方を見出し、覚えられる学生のほうが漢字の成績はいいだろう。友だちと母語で会話するより、日本語で会話したほうが日本語は上手になるだろう。

　しかし、このような論調には何かが欠けている。学費と生活費を捻出するため、学校と工場のバイトの往復で、ほとんど日本語で会話しない生活の留学生がいる。一方で、繁華街のパブに通って日本人のガールフレンドを見つけ、日本語の会話能力を身につけた学生もいる。これらの学生の日本語能力（特に会話能力）の違いは、ソーシャル・スキルだけで説明がつくだろうか。親に命じられていやいや留学してきた学生がいる一方で、母国での大学生活に失望し、起死回生のチャンスとして日本に留学してきた学生がいる。彼らの学び方の違いを、ビリーフの違いだと片付けられるだろうか。

　何より私にとっての言語学習とは、いつ、どこで、誰といるときに学んだのか、その音と風景と雰囲気を私の中に積み上げていくという行為に他ならなかった（詳細は第1章を読んでいただきたい）。言葉を使いながら感じたこと、通じてうれしかったり、誤解されて悔しかったり、理由もなくほめられたり、逆にあざけられたりした体験の積み重ねだった。言語習得とは、その人の人生の色鮮やかな1ページなのではないか。そのことがわからない限り、その人の言語学習の成功の理由などわからないのではないか。本書は、言語学習者としての、そして日本語教師としての私の問いが根底にある。

　以下で、本書の内容をかいつまんで述べよう。

まず本書は、筆者のストーリーである「私」のストーリーから始まる。調査者であるということは、調査の結果をまとめ、解釈するということに他ならない。研究協力者の生を解釈し、描くことの、調査者の責任は重い。私がなぜこのような研究に従事するようになったのか、「私」のストーリーによって、5人の姿は、どのような研究者が描いたものなのか、その一端でも理解していただきたい。また他人の生を描き出すという責任の一部でも全うしたい。

　次に、2章では日本語を話す「自分」を自分らしいとなぜ思うのかというテーマに挑むためには、どのような枠組みが必要なのか、文学作品を通して考えたい。

　日本語教育の分野では、学習者のストーリー（いわゆるナラティブ）から言語学習の姿を明らかにしようという研究はそれほど見られないが、欧米の第二言語習得研究の分野では90年代に入って、ストーリーの中に見られる学習者の感情や動機、さらには学習者を取り巻く政治的・歴史的・文化的・経済的関係を明らかにし、それをも含めて言語習得を考えようという研究が増えている。第3章では、それらの成果から学んだことを明らかにし、本書をその中に位置づけたい。

　第4章では、ライフストーリーという、近年目覚しく増えてきた研究手法の中で、なぜライフストーリーを研究者が語るという手法にこだわったのか、「語られたことを読む」という営為を理論化しようとした。

　第5章では、本書のフィールドとなっている虹野大学（仮名）について、調査方法とともに述べた。

　第6章は、研究協力者5人のストーリーとそのストーリーに対する考察だ。研究協力者の5人は、同じ留学プログラムで韓国からやってきた同年代の男性だが、虹野大学での生活や他の虹野大学生との関係は非常に異なっている。言語学習者の個別性は出身国や性別で語られることが多いが、同じ属性でも、各人の体験する日本語／日本社会との関係はここまで異なっているのだ、ということに驚きをかくせない。

　ここで、本書に収録したストーリーの主人公5人と、簡単なストーリーのあらすじを紹介しておこう。

　　W君　理工系の男子学生。インタビュー時、虹野大学3年生。農村

出身で、「頭が儒教的にできている」。本を愛し、専攻分野で教授を言い負かすようになりたい。

Jin君　理工系の男子学生。インタビュー時、虹野大学4年生。科学高校出身。試験前には徹夜して勉強するなど、厳しく自分を律してきたいわゆる優等生だった。虹野大学で体操部に入部してから日本語はうまくなったが、成績が悪くなり、留年してしまう。

朴さん　理工系の男子学生。インタビュー時、虹野大学4年生。友人が多く、友だちと冗談を言ったり、からかい合いながら騒ぐのが好き。物づくりが好きで、エジソンのようになりたい。日本で留学生活を続けるよりも、大学院は英語圏に行ったほうが就職には有利だと聞かされ、悩んでいる。

イ君　理工系の男子学生。インタビュー時、虹野大学3年生。高校のときから下宿生活を始め、そのころから起業を夢見るようになる。虹野大学で気の合いそうな「遊び好き」の友だちを作ろうとするが、起業の話や歴史の話をすると「気にしすぎ」だとスルーされてしまう。

フン君　理工系の男子学生。インタビュー時、虹野大学大学院1年生。数学が得意。韓国の友だちとも日本の友だちとも、お酒を飲みながら話すのが好きだ。日本語で話すときはB型、韓国語で話すときはA型になっていると感じている。

　また、本書では、母語である韓国語を話す自分と第二言語である日本語を話す自分を対比して、自分らしさに違いがあるかという点に注目している。理論的には、次のようなパターンが考えられる。

1) 韓国語を話す私と日本語を話す私は同じであり、どちらも「自分らしい」と感じる場合。
2) 韓国語を話す私と日本語を話す私は同じであるが、どちらも「自分らしくない」と感じる場合。
3) 韓国語を話す私と日本語を話す私は異なっているが、どちらも「自分らしい」と感じる場合。

4) 韓国語を話す私と日本語を話す私は異なっており、韓国語を話す私が「自分らしく」、日本語を話す私は「自分らしくない」と感じる場合。
5) 韓国語を話す私と日本語を話す私は異なっており、韓国語を話す私が「自分らしくなく」、日本語を話す私が「自分らしい」と感じる場合。
6) 韓国語を話すと日本語を話す私は異なっており、どちらも「自分らしくない」と感じる場合。

　5人のライフストーリーには、日本語を話す「自分らしさ」をめぐって異なる三つのタイプがあったと私は考える。すなわち、日本語を話す自分も韓国語を話す自分も同じで、両方とも自分らしいと思うJIN君とW君（タイプ1）。韓国語を話す自分は自分らしいが、日本語を話す自分は自分らしくないと感じている朴さんとイ君（タイプ4）、日本語を話す自分と韓国語を話す自分は異なっているが、両方とも自分らしいと感じているフン君（タイプ3）である。6章では、5人をこの三つのグループに分けて考察を加えていく。その際、ブルデューの「文化的資本」という概念を使って考察を加えた。

　第7章は、日本語教育について私が現在考えていることを論じた。

　本書は、日本語教育関係者はもちろん、大学教育関係者として留学生に接する人々にも読んでいただきたい。私が本書で取り上げることができたのは、ほんの一握りの人たちのストーリーだが、青年期を海外で過ごすとはどういうことなのか、その例を示すことができればうれしい。また、日本語教育を含め、彼らにはどのような支援が必要なのか、これらの課題を考える一助になればこれ以上の喜びはない。

目次

はじめに……… iii

第1章 | 私の物語……… 1

第2章 | 「第二言語を話す私」へのアプローチ
　　　──第二言語で生きることをテーマにした
　　　　小説から考える……… 17

　2.1　第二言語で生きる体験……… 18

　2.2　体験を形作る社会・経済的政治学……… 24

　2.3　日本語を話す自分に対する感情……… 30

第3章 | SLA研究の中での本研究の位置づけ……… 35

　3.1　ポスト構造主義、社会構成主義の
　　　影響を受けたSLA研究……… 36

　3.2　Nortonの功績……… 42

　3.3　状況的学習論……… 48

　3.4　本研究のねらい……… 53

第4章 | ストーリーとして理解する意味
　　　──ミメーシスという視点から……… 59

　4.1　なぜストーリーの形にするのか
　　　──理解という方法……… 60

　4.2　その人の現在を語る
　　　物語的アイデンティティ……… 65

　4.3　物語的アイデンティティにおける
　　　他者の役割……… 69

第5章 | ストーリーを聞く――調査概要..........79

    5.1　フィールドに入ってから
    　　　研究協力者が確定するまで..........79
        5.1.1　リサーチクエスチョン..........79
        5.1.2　研究協力者の確定..........80

    5.2　フィールド..........83
        5.2.1　日韓プログラム..........83
        5.2.2　虹野大学..........83

    5.3　インタビュー..........84

    5.4　データ分析..........85

    5.5　研究協力者と私の関係..........86

第6章 | 5人のストーリーと自分らしさ..........91

    6.1　自分らしく学ぶ..........91
        6.1.1　W君のストーリー..........91
        6.1.2　JIN君のストーリー..........112
        6.1.3　日本人ネットワークの中での彼ら..........130
        6.1.4　ストーリーの中に見える彼ららしさ..........133
        6.1.5　彼らの挫折..........137

    6.2　自分らしく遊ぶ..........141
        6.2.1　朴さんのストーリー..........141
        6.2.2　イ君のストーリー..........162
        6.2.3　友だちのネットワークの中での朴さんとイ君..........178
        6.2.4　朴さんとイ君にとっての「成功」
        　　　　――彼らが将来属したいコミュニティ..........182
        6.2.5　朴さんとイ君にとっての日本語ネットワーク..........185

6.3　新たに生まれる自分らしさ………188
　　　　6.3.1　フン君のストーリー………188
　　　　6.3.2　互恵的ということ………201
　　　　6.3.3　A型のフン君とB型のフン君………205
　　6.4　ストーリーの中の自分らしさと
　　　　日本語を話す「私」………208
　　　　6.4.1　日本語が上手になると感じさせる環境について………208
　　　　6.4.2　日本語が上手になったネットワークの中で価値を持つ
　　　　　　　文化的資本………210
　　　　6.4.3　ネットワークの中で更新される
　　　　　　　アイデンティティ………213
　　　　6.4.4　将来の交渉………214

第7章｜日本語教育への示唆………223
　　7.1　リサーチクエスチョンを振り返って………223
　　7.2　日本語教育への示唆
　　　　──「日本語を使う私」を育てる………226

付録………230
おわりに………231
参考文献………236
索引………250
執筆者紹介………252

第1章 私の物語

　私が話せる言葉って言ったら、そうですね。まあ、韓国語と英語、それから、当たり前ですけど日本語ですね。でも、読み書きに不自由しないのは日本語だけかな。韓国語も英語も、時間さえかければ読めるんですけど、書くのは自信ないですね。

　これ以外にも中国語とか、フランス語とか勉強したことはあるんですよ。でもフレーズが一つか二つ言えるようにはなったけど、それ以上は発展しませんでした。フランス語なんて、大学の教養時代に第一外国語にして、結構がんばったんです。でも、全然ダメだった。私、自分には語学の才能がないってずっと思ってました。でも、韓国で暮らしたり、アメリカ人と結婚したりで使わなきゃいけなくなったら、なんとなくできるようになったんですね。まあかなりブロークンですけどね。

　日本語ができるのはまあ普通ですよね。日本語しか話せない両親のもとで、日本でずっと大きくなってきたんだから。でも、どの方言かっていうのは自信がないですね。関西方言なのはわかっているんだけど、小学校3年生のときから大学入学まで住んでいた関西の田舎町の言葉かって言われると、自信がないですね。今も父も母もその町に住んでるし、自分のふるさとって言われたらそこしかないんですけど。

　小学校のときは、言葉が違うって、ちょっといじめられたし、中学校に入ってからは、他の小学校から来た子たちの強い方言がわからなかったんです。向こうは、私のことを「むかつく」って言いたかったらしいんだけど、その「ハンガイ（むかつく）」っていう方言がわからなくて、「ハンガイって何ですか？」ってケンカをふっかけてきた相手に質問したりしたもんだから、全然ケンカにならなくて。ハハハ。

　その町は、母の実家があるところだったんですね。母方の祖母が1人

で住みたくないって言ったので、私たち一家が大阪の郊外から引っ越して行ったんです。その家は、祖父が死んでから祖母が1人で建てて切り盛りした店を兼ねていて、商店街の中にありました。

　でも、家族の中に、誰もその町の「地の人」っていうのがいないんです。私の母方の祖母はその町の隣町の出身、母方の祖父はその町の出身なんですけど、もう1代上に行くと、山陰とか、奈良の山奥とかから、仕事を探しに平地に出てきた人たちで、私たちが住んでいる家とは別のところにあった祖父の生家も、かなり町はずれにありました。「地の人」っていうのは、何代も何代も前からその町の同じ家に住んでいる人たちのことを言うんですけど、伝統を重んじているというか、家格なんかも大事にするというか、うちのように、伝統なんか、山奥の田舎を出てきたときに、水に流してしまった家とは違ったんです。

　要するに、うちの家族は誰一人、そこの「地の人」じゃなかったんです。「地の人」じゃないっていうのは、結構つらくって、お祭りがあっても参加できずに見るだけとか、参加できない行事が結構ありました。

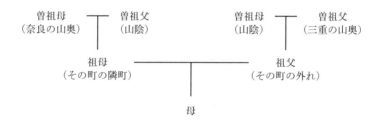

　「地の人」はおそろいのハッピを着て、だんじりを曳いたり、ちょうちんを持ったりしているのに、いつも辻で見てるだけ。つまらないものでした。今考えたら、そんな立場の人は私だけじゃなくて、もっとたくさんいたはずなのに、どうしてか一人ぼっちのような、この場所には居場所がないように感じていた気がします。

　その反発からか、友だちはあまりいませんでしたね。小学校のときも、中学校のときも、友だちはいたことはいたんですよ。でも、本音を打ち明けて話せる子はいなかった気がする。今も連絡を取り合っている

子はいないし。母もその町の出身なのに、そこの人たちには「あなたは私たちとは違うから」って言われることが多いって言ってたし、父が私たちがその土地と同化するのを嫌がっていたっていうこともあるかもしれませんけど。いつまでもどことなく根がないというか、よそ者扱いされているって感じが抜けませんでした。

　そうそう。大学に入って、方言の授業で、私の家族の誰も方言のインフォーマントになれないって知って、すごく腹が立ちました。私の家族がしゃべっている言葉は、何なんだ！って。その授業は途中から行くのもいやになってしまって、結局は調査にも行かず、単位も放棄しました。

　小さいときは、いろんなものになりたいと思っていました。海外特派員とか、考古学者とか。人類学者とか海外青年協力隊とか海外で暮らすっていうのにも憧れていました。でも、結局向こうに行っても現地の人の迷惑にしかならないんじゃないかって思って、やめたんですよね。こんな話をするのは恥ずかしいですけど。

　それと関係があるかもしれませんけど、外国語ができたらいいなという思いはずっとありました。でも、学校の英語の勉強は得意とは言えなくて、嫌いな科目の一つでした。それで、大学入学と同時に英語の勉強は全くしなくなったし、教養の外国語も結局はあまり勉強しませんでした。

　修士課程では、日本の歴史に関係のあることをしたんですけど、あんまりうまくいかなくて、博士課程に進みたいという気持ちの一方で、これ以上この分野で勉強を続けられるかどうかわからないと迷っていたときに、韓国での仕事の話が来たんです。大学の日本語教師の仕事です。日本語教師に関する勉強はあまりというかほとんどしたことなかったんですけど、どうしても行きたくなったんです。あの衝動は何だったのかわからないけど、「私は行くべきだ」って思って、修士が終わってすぐに行ったんです。これ以上、日本の歴史の勉強をしてもダメかもしれないっていう悩みから逃げたいっていうのもあったかもしれません。

　そこでの生活というのは、初めての外国生活で、しかも言葉も話せなくて、その上そこに住んでいる目的というのもはっきりしてなくて。

　私にとっては忘れられない4年間で、いろんなことを学んで、その後

の私の生き方に大きな影響を与えた4年間だったけど、100％ハッピーだったかというとそうは言えないと思います。

　最初は異文化接触からくるストレスに結構悩まされました。言葉の問題もそうだけど、銀行で並んでても抜かされるとか、バスの中で人がバンバン当たってくるとか、身体距離が違うんですね。バスに乗るのがいやで、車を買うまでなるべく外出は控えていたし、慣れるまで結構時間がかかったと思います。髪の毛を切りに行く、ちょっと買い物をする、何をとってもスムーズに行くものはなくて、自分の世界がすごく制限されるように思いました。それで、車の免許取って、車買ったんです。車が手に入ってから、気楽にどこにでも出かけられるようになって、楽しくなりました。

　でも、最初から言葉の勉強だけは一生懸命してましたよ。ソウル大学の古い教科書を前任の先生が置いていってくれてたから、それを使って自分で書く練習をしたり、事務室に勤めている助手のヒョンジュといっしょに練習したりしてました。私が答えるのを真剣に見てたヒョンジュの特徴のある目を今でもはっきりと思い出せます。ヒョンジュには、生活のこともいろいろと聞いて教えてもらいました。

　忘れられないのは、初めて肉を買ったときのことです。近くに大きなスーパーがなかったから肉屋に行って口頭で何をいくらほしいか言わなければならなかったんですけど、「300グラムください」って言っても通じなくて、1回目はそのままずごすごと引き下がったんです。それで、ヒョンジュに勉強の時間に聞いたんですね。もちろん日本語で。そしたら、「半斤ください」って言ってくださいって言われて、お使いに行く落語の男の子さながら、そのフレーズを繰り返しながらM洞の肉屋に買いに行きました。

　こう話していると、M洞が目の前に現れてくるみたい。M洞は私が行ったときは、本当に何もなかったけど、だんだんいろいろなものができてきて、まあまあおいしいパン屋のチェーン店ができたり、大きなアメリカ式のスーパーができたり、4年間でずいぶん変わりました。大学のフムン（裏門）を右手に下りていくと、クリーニング店。まっすぐ行くと、左手にさびしい食堂。さびしそうなおばちゃんがしてる塩辛いおかずを出す定食の店。右手にはハヤンドルチプという食堂。横浜生まれだ

と言って、日本から私の母が来たときすごくサービスしてくれたおばちゃん、元気かな？　そのおばちゃんの娘さんで、年は私と同じぐらいなんだけど、すごく肌がきれいな人がいました。弟を日本に留学させるって、おばちゃんといっしょに食堂を切り盛りしていた。トルソッビビンバップがおいしかった。もうちょっと坂を下っていくと、タバコ、お菓子、ジュース、牛乳、石鹸なんかの生活雑貨がところ狭しと並んでいるクモンカゲ（何でも屋）。右に曲がるとモクヨクタン（銭湯）。

　あのクモンカゲで買い物するとき、「510ウォン」の10ウォンがいつまでも聞き取れなくて、「どうして聞き取れないんだろう」と思った思い出があります。M洞を歩いていて、「꽃」という花屋の看板の文字が「花」だとわかったときの感動は忘れられません。肌寒い日、ショールを肩からかけてモクヨクタンに行ったら、書いてある値段より高いんですね。おかしいなと思いながら反論もできないし、まあいいかって払ったんですけど、後から考えたら、子どもをおぶっていると間違われてたんですね。韓国では、子どもをおぶうとその上にがばっと紐のついた毛布のようなもので覆うおぶい紐を使うんです。日本では、ちょっとおしゃれなショールなのに、子どもをおぶっていると思われるなんて、おもしろいなと苦笑しました。

　大学の中でも韓国語にまつわる思い出があります。大学の前庭に、座るのにちょうどいい大きさの石があったんですね。天気のいい日は、学生たちがそこに腰掛けて話したりする姿をよく見かけました。最初の年の5月か6月だったと思います。授業が終わったのか、その石の上に、日本学科の2年生の女子学生2人が座っていました。彼女らに日本語で「ご飯を食べましたか？」と挨拶すると、1人の子が隣の子に「モラゴ」って聞いたんですね。その瞬間、「モラゴ」っていうのは「何て？」っていう意味だってわかったんです。感動でしたよ。

　学科の事務室での勉強は、結局は長く続きませんでした。仕事で忙しいヒョンジュのお世話になるのが申し訳なかったというのもありますし、結局勉強しようとしても日本語のおしゃべりの時間になってしまったからです。一番よかったのは、大学の前の本屋でたまたま買った韓国語と日本語が対訳になっている会話の教科書を、右の日本語を見て韓国語が言えるようになるまで勉強することでした。

テレビも私にとってはいい先生でした。最初にはまったのは「ソウル
の月」っていうドラマで、チンピラと貧しいけど美しい娘が主人公で、
お互い思い合っているのになかなかその恋愛が成就しないっていう話で
した。この中に娘の母がチンピラのことを「人間ゴミ（人間のくず）」と呼
ぶ場面があったんです。「人間」っていう言葉も「ゴミ」っていう言葉
も、どこかで習ったことのある言葉でしたが、こんなふうに組み合わせ
て罵り言葉を作るのかと思ってびっくりしました。わざわざヒョンジュ
のところに行って、「「人間ゴミ」っていう言葉知ってる？」って聞いた
りして。「拝む」という言葉もこのドラマの中から学びました。娘がチン
ピラを助けるために、いやな男に手をすって拝みながら「빌게요」と
繰り返していた場面で覚えたものです。
　「あー、あの場面で言葉を覚えたんだ」っていう言葉にまつわる思い出
は、韓国に住んで2、3年たってからもいくつもできました。プサンにあ
る直行バスのターミナルでバスを待っていたときのことです。バス乗り
場で、行き先を叫んでいる切符もぎのオジサンの声。何を言ってるか全
然わからなくて、大きな声だなぁぐらいにしか、最初は思っていなかっ
たんですけど、ある拍子に、それがはっきりと海辺の工業都市の名前に
聞こえたんです。「あの町の名前はこう発音するんだ〜」って自分の発音
とオジサンの発音との大きな違いがはっきりわかりました。そのとき
に、韓国語の「ウ」は日本語の「ウ」とは全く違うんだっていうことが
知識としてだけじゃなくて、実感を伴ってはっきりわかりました。
　とにかく私が韓国語を学んでいった過程には、そういう思い出が山の
ようにあるんです。車の免許を取るときも、カヤグムの教室でも、電車
の中でも。一つ一つ挙げることはできないと思います。あまりにも膨大
で。
　そうしているうちに、どんどん韓国語がおもしろくなっていって、韓
国語を話す韓国の人たちともっと交わりたくなっていきました。もちろ
ん、自分で決めた目標を貫徹できなかった修士課程での挫折とかが大き
な影響を与えていたと思います。でも、あののめり込み方はすごかった
ですね。本気で「韓国人になりたい」と思ったぐらいですから。

　それに比べると英語に関する記憶の貧弱なこと。私が日常的に英語を

話すようになったのは、今のダンナと知り合ってからなんですけど、韓国語の学習には、音声と視覚の記憶が鮮明に伴っているのに、英語の学習にはそんな記憶がほとんどないんですね。付き合い始めにダンナが私に向かって使ったいくつかの言葉だけで。

　この英語と韓国語の記憶の違いはどこから来るものなんだろうっていうのが、私の長年の疑問です。もちろん、韓国語と日本語は似ているし、韓国語のほうがわかりやすいっていうのはあると思います。それに滞在期間の差もあるでしょう。韓国には住んでいたけど、アメリカには住んだことがないし、せいぜい2週間ぐらい滞在するだけですから。

　ダンナの実家というのは、大都市の郊外の計画的に作られた町にあって、森もたくさん残っているんですね。そこに行くと、森の木を見たり、散歩したり、リスとか、たまに鹿とかが歩いているのを見るのはすごく楽しいんですけど、あまり人との交わりで楽しいと思ったことはないですね。

　最悪だったのは、結婚して最初の訪問で、いきなり family reunion というのがあって、ダンナの母方の家族が20人かもっとたくさん集まる集まりに行かなくてはいけなかったときです。それは夏の暑い盛りで、アメリカに着いて次の日に海辺のリゾートに連れて行かれたんだけど、ただでさえ、時差で眠い上にエアコンが寒くて寒くて。

　それにダンナの家族っていうのは、みんな白人で、本当に背も高くて横幅も広くてアメリカサイズなんです。私なんて、身長では子どものほうに近いんですよ。大きな人たちが集まっていると、威圧感を感じました。食べるものも、ピザとか肉ばっかりで、すごく不健康で。「ご飯が食べたい」って思いました。

　私はダンナとだけでどこかに行きたかったけど、車の問題とかあって、なかなか2人だけで出かけるチャンスはなくて、いつも大きなグループの中にいました。でも、大きなグループだと、みんなで話をするんです。ちょっと気を抜いていると、何が話されているのか全くわからなくなってしまう。ぼーっとしているしかないんですよ。何について話しているのかわからないけど、声が大きくて、時々狂ったように笑うし、仲良くなりたいと思う人たちではなかったですね。

　そんな中で私だけに話しかけてくる人はいなかったし、私も話したく

ないし。親戚の子ども、しかもほとんど言葉のいらない4歳とか5歳の小さい子といっしょに海辺で砂のお城を作ったり、口実を作って1人で寝ていた記憶しかありません。

あれから何回かアメリカには行きましたが、いまだに大きな集まりに参加するのはいやですね。

ダンナの家族の中では、私はジグソーパズルが好きなことになっています。でも、本当は好きじゃないんです。ジグソーパズルだったら、話さなくてもできるからしているだけ。

お母さんはとてもいい人で、お母さんと2人だけで話すのは好きでした。お母さんは、自己犠牲の塊のような人で、みんながダンナの実家に集まるといつも1人で台所に立って料理したり後片付けしたりしてるんです。私以外にも2人お嫁さんがいるんだけど、その人たちは手伝わないで、他の人たちといっしょにしゃべっている。お母さんも本当はしゃべるのが大好きなのに、仕事をしてしまうんです。それにのけ者を作るのがいやだからって、どんどん集まる人数を増やしていく。私は、リビングで大きなソファーに座っておしゃべりするなんて真っ平ごめんだから、台所でお母さんの手伝いをしたり、自分でできる料理を作ったりしてるのが楽しかったな。でもお母さんは何年か前に亡くなってしまって。今は行くと私がお母さんのように台所に立って料理しています。

こう話しているうちに思いついたことが一つあります。私は主婦になるまいと思って生きてきた人間なんだけど、アメリカの家族の女性陣はみんな主婦なのね。みんな教育をしっかり受けて、弁護士の資格を持っていたり、フライトアテンダントだったりと経歴はすごいんだけど、働かないの。今は、保育所がべらぼうに高いとか、母は子どもといっしょにいるべきだという社会的プレッシャーがあるとか、アメリカにもそれなりの事情はあるんだというのがわかってきたけど、なぜ働かないのか疑問でしたね。少なくとも、私以外のお嫁さんたちは、外でお金を稼ぐことをしたくない人たちみたいだというのが、私の彼女たちに対する結論です。

お母さん以外、私の仕事に興味を持ってくれる人もいないみたいでした。「日本語を外国人に教える」っていう仕事のこと。「「ESL（の子ども）」がたくさんいるクラスには自分の娘を入れたくない」って公言する人も

いるぐらいだから、私の仕事に興味がないのも当然かもしれませんが。
　あの悪夢のfamily reunionで誰かから「oriental flower」って言われたんですけど、その言葉そのまま、まあ、植物のように黙っているのがアメリカの私ですよね。私の文化にも、仕事にも、言葉にも、私自身にも興味を持っている人が誰もいない。別に私が本当に「花」のようにきれいだとか言いたいわけじゃなかったと思うんです。ずっと黙っているし、他にほめようもないから、そう言っただけじゃないかと思うんです。

　でも、韓国だったら、私は「大学の先生」だったんです。お給料もあり、自分の車もあり、それなりに知的な人として扱われ、自由を持って動いていたんです。
　韓国にいたとき、あまりにも大学と家の往復の毎日がいやで、車を買ってから、カヤグムという韓国の楽器を習いに行くようになったんです。小さいころから音楽が好きで、楽譜も読めたから、カヤグム教室では大いにほめられたんです。先生の音を楽譜に落としてあげたりもしたから。
　練習の後、教室で知り合った人とかと話していても、日本のことは結構話題になりました。魔法瓶や炊飯器の「象印」とか「タイガー」っていう会社の名前は韓国語になっているぐらいだったし、先生に私が日本に一時帰国すると言うと、買って来てくれとお願いされたりしました。また、日本の習慣とか、韓国と日本の習慣の違いとか、韓国に流布しているうその歴史（例えば、着物は韓国人が日本人に教えたものだとか、剣道の発祥の地は韓国だとか）の話を聞いたりもしました。
　韓国でも、私が日本人だとわかると嫌がらせの言葉を浴びせる人がたまーにいましたけど、たいていの人は、「韓国語上手ですね（한국말 잘하시네요）」って言って、親切にしてくれたり、いろいろ説明してくれたりしました。けど、アメリカでは、例えばファーストフードの店で私の英語の発音を嘲笑している人がいたり、発音が悪かったら「忙しいのにはっきり言え！」って感じで対応されたり、「私は客なのに、どうしてこんな扱いされるんだろう！」って思うことが何回かありました。家族の中にいても、例えば、訪問看護婦にベビーシッターだと思われて無視されたり。アジア系の人は、この国ではマイノリティなんだということがし

みじみわかります。

　韓国でも、最後の年になって、私の韓国語が笑われるっていうことが何回かありましたね。1回目は語学教育院の事務室の女の人で、私が助詞を間違えると陰で私の間違いを繰り返して笑っていました。もう1回は、友だちのおじさんと話したときで、「4年目」というのを言い間違えると、「4年もいるのに、こんなことも言えないのか」と言われたことがありました。そのとき、結構悲しくなって、今までは、私に対してやさしくしてくれる人とだけ接触していたのかなと思いました。今までは、「韓国語上手ですね」って言われて、いい気になっていたのに、自分の実力を目の前に見せ付けられるようなそんな感覚。

　でも、韓国の人が私に教えてくれたことはたくさんあります。人への心遣いとか、感謝の表し方とか、おおらかなところとか。一番好きなのは、冗談を言うのが上手だっていうことですね。ダジャレとかもよく言うし、当時は「××シリーズ」っていうのがあったんです。私の車は韓国で一番小さなティコっていう車だったんですけど、ティコシリーズっていうジョークでよくからかわれました。例えば、「ティコがどんなにアクセルを踏んでも動かない。バッテリーにも異常がないし、エンジンにも異常がない。ふと見ると、前輪にガムがひっついていた」。この後に、「ティコが、どんなにアクセルを踏んでも動かない。バッテリーにも異常がないし、エンジンにも異常がない。ガムもひっついてない。ふと見ると、後輪にくもの巣が張っていた」。こんな冗談が二つ三つひっついてくるんです。何回もこのティコシリーズを聞いて、聞くたびに大笑いし、私もフランス人の先生を笑わせたこととかもありました。
　冬の寒い日に、流行っていた黒い皮のジャケットを着ていたんですけど、韓国の冬って本当に寒いんですね。寒い寒いって言ってたら、ある学生が「先生、あんまり寒がると、ビニールのジャケットに間違われますから、寒がらないでください」って本気とも冗談ともつかないような顔で言って。こんなことをよく言っては、学生たちと笑いました。おもしろかったな。私も負けずに「私は美人だ」とか言うと、笑ってくれました。

韓国に行ってから2年目に、ちょうど契約の更新があって、帰るかどうするか、家族と相談したことがあったんです。私、帰ると思っただけで涙が出てしまって。今は帰りたくない。この人たちと別れたくないって思って。何がそこまで、私に韓国への愛着を作ったのか不思議です。どうしてこんなに愛着を持ってしまったのか、私にも答えるのが難しい問題ですね。異文化接触の理論では、ハネムーン期とか言うらしいですね。私の場合もそれに当てはまるのかどうかはわかりません。
　けど、何ていうか、私が根を下ろせるかもしれない場所が見つかったとでも言えばいいでしょうか。もちろん私の仕事は契約で、何年いられるのかわからないという条件はありましたよ。でも、自分の実家のあるふるさとに帰ってもよそ者で、地域のお祭りにも参加できずさびしかった私が、どんどん受け入れられる場所が広がっていくようなそんな感覚があって、それで私は韓国にのめり込んでいったのかもしれませんね。

　1年目のある日、こんなことがありました。同じ教師宿舎に住んでいたフランス人の女性の先生と年が近いこともあり、友だちになったんですけど、そのフランス人の先生が、英語専攻の女子学生とその兄にドライブに誘われたんです。フランス人の先生は、いっしょに行こうと誘ってくれて、いっしょに行くことになりました。晴天に恵まれた日曜日、その兄妹は一生懸命、私たち外国人2人を近隣の名所に案内してくれました。でも、私には、どうしてその2人がわざわざ休日をつぶして、私たち2人を案内してくれたのかわからなかったんです。英語の練習が目的なら、私は言うまでもなく、フランス人の先生もそれほど英語が上手ではなかったんです。善意でわざわざ「外国人」を案内してくれていたのだと思えば思うほど、私は、車酔いで気分がすぐれないのを隠しながら、親善大使よろしく「すごいですね」「きれいですね」とほめ、よくわからない英語の案内を聞いているしかありませんでした。素直に喜んでいるフランス人の先生の横で、私は「自分はひねくれているのかな？」と思いながら、このように「よそ者扱い」され、「外国人扱い」されるのがすごく気分が悪かったんです。

　たぶん、そんなふうに外国人扱いされることから逃れたかったんで

す。そして、「根」を下ろす場所を求めていたんだと思います。

　もちろん周囲には、「外国人扱い」を利用している人もいましたよ。私がいた町は田舎だったから、外国人はあんまりいなくて、韓国人の金持ちのおばちゃんたちの中で、外国人と友だちであることがすごくステータスになっていました。その大学に何年もいた英語の先生は、そのおばちゃんたちと仲良くなって、自分の宿舎のちょっと珍しい台所用品の購入の手伝いから病院の手配まで何でもやってもらっていました。私もそのグループの人たちに何回か食事に呼ばれたことがあります。いつも普通は食べないような高い食べ物をご馳走してもらうんです。

　でも、戦前の日本人のことを批判しながら、韓国語を習わないまま韓国に住む外国人って何なんだろうって反発を感じました。ウリナラウリナラ[1]と言いながら、韓国よりも経済力の強い外国のことを崇拝する韓国人も嫌いでした。

　ある日のこと、私の研究室に年配の教授がふらっといらっしゃったんです。流暢な日本語で「新任の日本語の先生を見に来たんです」とおっしゃったんですけど、その日本語には何のなまりもなくて、私は思わず「日本語が本当にお上手ですね」と言ってしまったんです。そしたら、その先生は、「子どものころ、日本人の先生によく殴られたものですよ。でも中にはいい先生もいました。懐かしいです」とおっしゃると、なんと返事をしていいのか呆然としている私を残して、授業に向かわれたんです。

　私が韓国語を学び、下手でも韓国語を話すことで、この国を蹂躙した植民地時代の日本人と私は違うのだということを、韓国の人に見せたかったのかもしれませんね。そんなことに無神経な人たちといっしょにされたくないと思っていました。

　でも、3年目の終わりごろ、私ははっきり悟ったんです。何か大きな壁があるっていうこと。それには制度的な問題もありました。私のいた大学は、外国人の教員をなるべくなら頻繁に取り替えたいと思っていたんですね。あまりこの国の事情に精通されたら、文句を言い始めると思っているらしいというのは、他の外国人の先生から聞いたことです。本

当に長くいたい人は、それこそ一生懸命にロビー活動に精を出していました。外国人好きのお金持ちのおばちゃん連中も大学に対して一言いう力を持っていたらしく、そこで、好かれている外国人は、長くいられるみたいでした。

　もう一つは、韓国語についてのことだと思います。私の韓国語は、会話はできるものの、読むのは亀のような遅さ、書くのは幼児以下の不正確さでした。これ以上韓国語が上手になりたければ、今までのように会話の中からとか、テレビの中から言葉を拾っていくというやり方ではだめだろうと思っていたのです。大学との契約をどうするのかということと合わせて、今後のことを考えなければならなくなっていました。

　ちょうどこのころ、ダンナと知り合い、韓国語に接する時間が今より減っていたということもあり、先ほど言ったように、私の韓国語の間違いを嘲笑されるとか、叱責されるということが立て続けに2回ほどありました。

　外国人枠でもう一度ソウルのどこかの大学に留学生として滞在するということも考えました。カヤグムはずっと続けて習っていたから、韓国の伝統音楽を勉強するというのも一つの選択肢でした。また、修士課程と同じように、歴史関係のことならばできるかもしれないとも思いました。でも、どうしても一歩踏み出せなかったんですね。今考えても、どうしてだかはっきりとはわからないんですけど、一つは新しいことに挑戦していく勇気がなかったからだと思います。ここで韓国の大学に留学することにしても、いつ卒業できるのかはっきりわからないでしょう。それにその決断は、これから生きていくというか、私の進む道を決定づけてしまう重大な決断になるはずなのに、これという決め手が見つからなくて、躊躇っていたんです。

　大学の中で見聞きしたり、人々から伝え聞く韓国人の中の師弟関係の中に自分をどっぷり漬ける気にはなかなかなれなかったというのも一つの理由でした。それは伝え聞いたものだけだし、本当かどうかはわからないのですが、先生に反論はできないとか、学閥が日本以上に強いとかいうものでした。

　それに、自分の韓国語が大学の授業に耐えうるものなのかどうかも自信がありませんでした。

結局、契約が満了になる4年目に、日本語教師になる決心をして、日本に帰ることにしたんですね。日本語を教える仕事はおもしろかったし、大学の非常勤の職なら日本でも見つかりそうだったからなんです。その思惑どおり、非常勤の職は見つかったんですけど、私の韓国生活に対する総括はつかないまま今まで来てしまったような気がします。私の人生を変えたあの4年間は何だったかという疑問への答えはまだわかりません。

　今は、韓国語のドラマを見たり、そのドラマに関する記事をたまに読んだりしているだけです。私の韓国語の実力は、悲しいほど落ちていますね。でも、またしばらく韓国に滞在することがあったら、戻ってくるんじゃないかと思います。今でも、ある感情とかは、韓国語のほうが表現しやすいときとかあるし、韓国語で話すのも好きです。

　韓国から帰ってきて1年後にダンナと結婚したから、英語に接する時間は、結婚後韓国語よりずっと多くなったんですけど、英語を話す自分は嫌いですね。ダンナと英語で話しているとき、いつまでたっても、どう言えばいいのかわからないし、アメリカのドラマを見ても、言葉をピックアップしたりとかもできないし。さっきも言ったように、あんまりアメリカで英語にまつわる思い出ってないんですけど、一つだけできるようになったことがあります。あちらはほめるのがすごく大げさなんです。「That's wonderful.」とか「It's so pretty.」とか「What a beautiful bag.」とかすごく強調して言うんです。親戚のお嫁さんとかが、そんなことを言ってくれるんですけど、本当はそう思っていないというのがはっきりとわかるんですね。社交辞令なんだとはわかっていても、そんなふうに言われたら、どう答えればいいのか、なかなかわかりませんでした。最初のうちは「No」って言って、相手を変な気分にさせていたと思います。今は「Do you think so? Thank you.」ぐらいは言えるようになりました。

　最近、アメリカのダンナの実家の近所にも、非アングロ・サクソン系の人がすごく増えてきたんです。特に、アメリカで生まれ育ったのではなさそうな人々。そんな人たちと接触するのは、スーパーとかでしかないんですけど、みんな結構すごいアクセントなのに、十分に仕事しているんですね。私ももっと自信を持って、わからないことは「はー？」と

か言って、もう一度言ってもらってもいいんだって思うようになりました。

注　[1]　ハングルで表記すると「우리나라」となる。われわれの国という意味。

第2章 「第二言語を話す私」への
アプローチ
第二言語で生きることをテーマにした
小説から考える

「第二言語を話す自分」に肯定的であるということは、どういうことなのだろうか。あるいは、否定的であるとは、どういうことなのだろうか。「そんなことを問題にする人はいるのか」と疑問に思う人もいるかもしれないが、ある言葉を話す「自分」に対する感覚というものがあるのは確かだ。

　問題は、そのような感覚はどこから生まれるのか、なぜそのように感じるのかである。言語によって表現できる感情が異なることについては、多くの研究が行われている[1]。ある人は、言語によって「自分」に対する感覚が変わる理由を、その言語がもつ表現の枠組みに求めるかもしれない。しかし、そこで取り扱われる「文化」や「言語」は、国家的枠組みと一致している場合が多く、抽出される特徴は、「悲しみ」や「嫉妬」の表現の仕方がどう違うか、「日本語と〇〇語の行動ルールの比較」など非常に一般化され、静的なイメージを持っている。

　これら大文字の「文化」や「言語」によって表現できる感情や、その表現方法が異なっていることが、言語によって「自分」に対する感覚が異なることの理由だとしたら、感覚が変わらない人がいるのはなぜかが説明できない。

　私は、韓国語を話すときは、誰にでも話しかけることができ、人と話すのが好きだった。一方、英語を話すときは、身の置き所がなく、いつも隠れていたかった。韓国語を話すときは楽しく、英語を話すときはそうではなかった。あからさまな言い方をしてしまえば、韓国語を話している自分は好きで、英語を話している自分は嫌いだった。この違いはどこから来るのか。その背後にはどのような体験があるのか。この疑問は、学生たちが教室の外でもハッピーでいてもらいたいという教師とし

ての願いと重なり合う形で私の中に存在していた。そして学生たちのことを考えるたびに、自分の言語習得のストーリーを何度も思い出し、それに関わる出会いや読み物を気にかけるようになった。

　本章では、「第二言語を話す自分」に対する感情にどうアプローチすることができるのか、その枠組みを、第二言語環境で生きたことを題材とした小説から考えたい。

2.1　第二言語で生きる体験

　そもそも第二言語で生きるとは、どのような体験なのであろうか。

　Heinz（2001）は、多言語で生きるという体験を明らかにしようとした。その体験の本質に迫るために、移民としてアメリカで生活している多言語話者8人に現象学的インタビューを行っている。そのインタビューを分析すると、第一言語で話す体験は「魚が川で泳ぐようだ」「能力をテストされているようだ」[2]「感情を表せる」という言葉に集約されるのに対して、第二言語である英語で話す体験は、「狭い道」「自然な自分」「自分の文化の一部」「知的な訓練」という言葉に集約された。

　同じように移民として英語を使って暮らすとしても、その人によって、第一言語と第二言語、それぞれに対する感じ方は様々であることがわかる。

　このように多岐に渡って表現された言葉の中には、言語能力の問題のように見えるものも含まれている。第一言語を使用する際の「魚」の比喩は、文字通り「水を得た魚」のように生き生きと話せること、第二言語を使用する際の「狭い道」の比喩からは、すんなりと表現することができない様子がうかがえる。一方で同じ第二言語を使用する際にも「自然な自分」というカテゴリーがあり、第二言語のほうが、自然だと感じられると述べている人がいることがわかる。

　一つの言語で生き生きしていると感じたり、自然だと思えるのは、他の言語より言語能力が高いからなのだろうか。

　例えば、英語を使って暮らす多くの多言語話者にインタビューしたBurck（2005）には、次のような例がある。ポーランドから来たHenkaは、英語の単語には、それほど感情を込めることができない。そのため、そ

れを気軽に使うことができ、ポーランドにいたときよりも、もっと親しい人間関係を作ることができるという。英語の単語を「人工的 (artificial)」に感じるがゆえの、おもしろい逆説的な人間関係を英国で作った。

　また、デンマーク人のUrsulaは、英国に青少年のときに渡ってきたが、彼女は子ども時代、母親から身体的虐待を受けていた。それだけではなく、自分のことを無能であると考えていた。

> なぜかというと、私は（今）、昔そうだった私とは違うから。よくわからないけど。変に思えるかもしれないけど、話すことができる「私」であることとすごく関係がある。そうだと思う。だって、私は、デンマークでは、話せなかったんだもん。　　（Burck, 2005: 77）

　彼女は、「声をみつける」という比喩を使っているが、英国で英語を使って生きるとは、過去の自分とは違う自分を見つけ、それを表現するという経験であった。

　HenkaやUrsulaの体験を見ると、どちらの言葉で「生き生きと」話せるかは、言語の上手、下手や第一、第二言語の問題ではなく、どの言語でどのような経験をしたのかという、歴史性、身体性を持った個別具体的な個人の問題ではないのかと思える。

　Ursulaのように母語ではない第二言語の中で、新しい「自分」を見つけたという体験は、小説の中にも散見することができる[3]。

　現代日本を代表する作家の1人であるリービ英雄の処女小説『星条旗の聞こえない部屋』[4]は、氏が17歳の夏に初めて日本を訪れたときのことが題材となっており、氏の日本語習得体験として読むこともできる[5]。

　本小説は、1967年の夏から秋、ベトナム戦争と学生運動の季節が背景となっている。主人公は、ユダヤ系アメリカ人の父とポーランド系アメリカ人の母を持つベン・アイザックという17歳の少年である。ベン[6]は、外交官で中国語が堪能な父に伴われて、父の勤務地であるアジア諸国で大きくなった。幼いころのベンは、英語で教育を受けさせたいという両親の意向によって、宣教師学校に通っていた。ベンは、家族内では英語、家庭内の使用人たちとは中国語、学校では英語という多言語環境

に育ち、中国語と英語のバイリンガルであった[7]。

　しかしながら、作中にはいっしょに遊んだという同年代の友だちの話は出てこない。その代わりに出てくるのは、大使館の中国人の守衛や、家庭内の中国人の使用人（用人）などだ。

　　アジアにいる金色の髪の子は多勢の人の眼差しの中で育つものだ。市場の狭い小路を歩いていると、かならず付きまとってくる同い年の裸足の少年たちから「美国」とたたえられ「白鬼」と貶された。泥棒よけに色ガラスの破片を上面に突き刺した厚い塀に囲まれた家に帰ると、背の高い二人の守衛と三人の用人に次々と負んぶしてもらった。朝は道端の大人たちの視線を浴びながら窓掛けを引き上げた三輪車に乗って、熱帯の日差しを受けてきらきら光っている水田の中に浮島の砦のように浮び上る赤煉瓦の宣教師学校に通った。

　　　　　　　　　　　　　　　　　　　　（リービ 1992: 10–11）

　この幼いころのベンの生活の記述から、大きな壁を読み取ることができる[8]。それは、圧倒的な経済力と軍事力を持つアメリカ人子弟としての特権だ。三輪車に乗って小学校に通うという特権的な行為を、外見も非常に異なる幼い子どもが行うことは、「私は現地の人たちとは異なるのだ」、「私はあなた方とは交わらないのだ」という宣言のように見える。

　このような壁に囲まれた状況の中で、ベンは用人たちとの生活に愛着を深める[9]。しかしベンが10歳のときに、父は20歳も年下の中国人女性と付き合いだす。そして、両親は離婚し、ベンと母はアメリカに戻ることになってしまった。一方父は、離婚後、その中国人女性と再婚し、新しい家庭を作った[10]。

　その7年後、ベンは横浜に勤務していた父と「扶養家族訪問者」の資格で1年間いっしょに暮らすことになった。そしてベンの横浜の米国領事館での生活が始まる。

　ベンは、「うちの宗教は儒教です」とうそぶき、日本語を軽蔑する父から逃げるように、W大学国際研究所に通い始める。そこでもベンは、ベンを英語の練習相手にする日本人と、ベンより年上で近寄りがたい留学生たちに囲まれ、友達と呼べる人を見つけることはできなかった。ある

日、ベンが英語で日本人学生の質問に答えていると、「日本に来て、どうして英語で喋べっておるんですか」と聞く「安藤」という大学生に出会った。「じゃ、私と日本語で話して下さい」（リービ1992: 46）と答えたベンは、その日から学校の授業に出るのをやめ、安藤の後ろをついて回るようになる。

19歳の安藤は、「十七歳のベンを、聾唖の弟を連れて出歩いている兄のように、なるべくその「障害」を無視しようと、ごく普通に喋べりながら」（リービ1992: 53）銭湯に、書店に、パチンコに連れ出した。ベンは安藤の後ろを歩きながら日本語の世界にどっぷりとつかろうとする。

> ベンは日本人の口からはじき出されることばのかけらを拾いながら歩いて行った。そして日本語のばら銭を心のポケットにおさめたまま、日本の中にあって日本を除外している大理石の世界にもどった。夜おそく、領事館の二階にある自分の寝室の中で、幻の帝国から持って帰ってきた貴重な古銭を一枚々々灯にかざすように、日本人のことばを一つ一つ思い浮かべては、必死になって暗記しようとするのだった。
> （リービ 1992: 67）

青柳（2001）は、ベンの日本語への傾斜を次のように分析してみせる。

> （ベンにとって父親とは、）彼のあらゆる根拠を剥奪しあらゆる関係を断ち切る存在である。（中略）だから、その父が軽蔑する日本語の世界を獲得すること、彼を「幽閉する」父の領事館を飛び出して、父がけっして交わろうとしない日本の生活空間に身をおくこと、そのことによってしか彼は「自分」をひとりの当たり前の人間に成長させることができない。父に離反することによって、幼少時に禁じられていた自分と自分の周囲世界との接合をとりもどすことなくして、彼は本当に生きていると感じることはできないだろう。（中略）父が見出さなかった場所でどのように一つの道をみいだすかということが、リービ英雄がたどることになった戦略そのものなのだ。
> （青柳 2001: 14-15）

ベンが父に反発し、父とは違う道を歩むためには、父が象徴している英語や中国語の世界から逃れ、父が軽蔑する日本語の世界で道を見出すことが必要だったと青柳は論じる。しかし、英語ではなく中国語でもないという消去法で日本語は選ばれたわけではない。ベンは日本語の世界で初めて生きていることを実感したのではないか。この小説の中の不思議なエピソードを見てみよう。

　ある日、ベンの頭の中に、不思議な考えが浮かぶ。安藤から「しんじゅく」への近道を教わっていた時のことだった。父の領事館とW大学を往復する間で通過していた「しんじゅく」という駅名と、安藤の口からでた「しんじゅく」という地名が急に一致し、ベンは喜びを感じる。

> 　何も知らない、何も知ることはできないという絶対的な確信の上でよそ者を迎える日本の都会。その中に迷いこんで、今はじめて、紛れもなく、ベンは一つを知ったのだ。
> 「俺も、しんじゅくを知っている」
> 　渇きがとつぜん冷たい水でいやされたような素朴な喜びがベンの体中に染みこんだ。
> 　　　　　　　　　　　　　　　　　　　　　　　　（リービ 1992: 67）

　このエピファニー[11]とでも呼べるような感激を、ヘレン・ケラーが味わった感激と同じものだとベンは考える。

> 　物も見えない、音も聞こえない、何も知らない、何も知ることはできない、暗闇の中に生きていた聾唖の少女は、周りの人間にとって、自分の家族にとってすら、「外人」だったのだ。
> 　そして聾唖の少女がその手のひらに、寛大で天才的な先生から「WATER」の文字を描かれて、とつぜん、それが自分の肌を流れている冷たい水だと悟った。その瞬間、ヘレンは水を知っていることによって、はじめて自分が世界の中にいる、実際にいるという衝撃を与えられたに違いない。
> 　　　　　　　　　　　　　　　　　　　　　　　　（リービ 1992: 66）

　「WATER」という語を知って初めて、ヘレン・ケラーはこの世に自分が存在することを衝撃的に知った。ヘレン・ケラーにとっての「WATER」

とベンにとっての「しんじゅく」という語は、まさに同じ意味を持っている。つまり、ベンは「しんじゅく」という彼にとっての「第三言語」である日本語の地名を通して初めて、世界とのつながりを実感することができたということを意味しているのではないか。ベンは日本語を学び、日本語の世界に生きることによって、彼がこの世に存在していることを実感できたのだ。

「WATER」という語を知るまでは、ヘレン・ケラーが周囲と関わりを持つことができなかったように、ベンも日本語の世界を知る前は、周囲と関わりを持てなかったのではないだろうか。子供時代が実感に乏しい、セピア色の世界として描かれていたことを思い出そう。対象的に、安藤といっしょに東京のあちらこちらを歩き回りながら、ベンは、晩秋の東京の灰色の空にさえ、「色」を見出す。

> 交差点の空が父の書斎に飾ってある備前焼の色に変わり、いつの間にか安藤が言う「ばんしゅう」の季節になった。東京の交差点と坂道を包むそのばんしゅうの空を見て、生まれてはじめて灰色の良さに目が覚めたと、そのことをベンは安藤に話したかったが、うまく言えなくて、その頃の多くの「発見」と同じように、けっきょく胸に畳んでしまった。
> 　　　　　　　　　　　　　　　　　　　（リービ 1992: 57）

そして、ベンは、父から逃れるように新宿に棲みつき、あちらこちらで外人としてからかわれ、アルバイト先で排斥されても、日本語の世界で生きることをやめようとはしない[12]。

日本語の世界に対する狂おしいまでのベンの熱情の裏側をあれこれと詮索するのは、無粋なことかもしれない。しかしベンは、中国語とも英語とも違う「私」を日本語の中に見つけ出したのではないか。ベンが自分の経験をヘレン・ケラーに比した背後には、彼と英語との、彼と中国語との関係がある。

第二言語を使って生きるという体験は、母語での体験と第二言語での体験という二項対立ではなく、その人がどの言語を使って、どのような体験をしたのかという、その人の記憶、歴史などの身体性を伴った経験を背景に生まれている。つまり、ある言語を使う自分に対する感情を理

解するためには、その人の他の言語での体験を含めたその人の歴史を理解する必要があるのだ。

2.2 体験を形作る社会・経済的政治学

上述の Heinz（2001）は、第一言語で話すという体験と第二言語で話すという体験は、人によって、感じ方が様々であることを導き出しただけではなく、同じ言語を同じアメリカで使うとしても、それが経験された場によって、その体験に対する感じ方が非常に異なっていることを明らかにした。

一例を引いておこう。ある研究協力者は次のように答えている。

> 大学の人は、まあみんなじゃないけど、スペイン語を話すことやスペイン語っていいなって思ってるって思う。でも、ショッピング・モールに行くと違う。私たちはわざとスペイン語を話すの。人がどんなに人種差別主義者になれるか見るために。それで、とっても大声で話すと…何人かの人は…私たちを見て「あの人たちを見てごらん。外国、外国人」と思っているとか、私たちのことが嫌いじゃないかって感じる。ヨーロッパではそうじゃない。ドイツ語でも、フランス語でも、何でもそれは普通。でも、ここでは普通じゃない。
>
> （Heinz, 2001: 98）

スペイン語を話すということは、大学では好意的に受け止められるが、ショッピングセンターでは人に警戒心を起こさせてしまう。ヨーロッパでは普通だが、アメリカでは普通ではない。この協力者の言葉にも述べられているように、スペイン語を話すという体験は、大学内やショッピングセンターなど場所によって異なって構築されている。どういう人々に出会うのか、その人々の前で協力者がどのように振る舞うのか、それを同じ場にいる人がどのように扱うのかが大きく関係している。言うなれば、スペイン語を話すという体験とそれに対する感じ方は、周囲の人からの眼差しや態度との関わりの中で形作られているのである。

周囲の人からの眼差しとは、実は、ある場で出会った人たちの好意や

嫌悪などを超えた、もっと大きな社会・経済的な政治学を意味しているのではないか。ここで水村美苗の『私小説 from left to right』(1998)を題材にしてみよう。

この小説は[13]、日本への郷愁を抱えたままアメリカ駐在員の娘としてアメリカで20年近く生きることになった美苗という女性の話である。小説では、美苗は語り手（私）として、現在の出来事を語り、その合間に、2歳違いの姉奈苗との会話や、過去の回想などが織り込まれていく。美苗は現在、二つ目の大学院の口答試験を前にして、日本に帰るかこのままアメリカに居続けるかという選択を迫られている。時間を行きつ戻りつしつつ、過去と現在の出来事を散りばめる小説の構成がそのまま、美苗が日本に戻り、日本語で小説を書くと決心するまでの過程となっており、その決心を読者が納得するところに、この小説の一つのゴールがあると言ってもよいだろう。

私（美苗）は12歳のとき、2歳年上の奈苗、母とともに、父が一足先に単身赴任していた憧れのNYに渡った。夢見るように考えていたアメリカ生活は、私にとって（美苗よりうまく適応できているように思える奈苗にとってさえ実は）、それほど楽しいものではなかった。

アメリカにいるときのMinae（＝美苗）は「私の知っている私ではなかった」。それは一つには「英語ができないから」であった。日本での「私」は、多くの「頭も性格も器量もいい」友だちを持ち、みんなからうらやましがられるようなアメリカ土産の人形を持った「恵まれたお嬢さん」だった。それなのに、Minaeは「面白いことを何ひとつ」言えず、「最初の珍しさが消えた後、私は人の輪から外されて生きるのに慣れていかざるをえなかった。そしてあたかも存在しないがごとくに無視されるのに慣れていくうちに、無視されてそれがあたりまえだとしか思えない、格の低い人格となり果てた」（水村1998: 194–195）。

オーストラリアで移民の子どもの英語教育に携わっているMiller (2003) は、「子どもたちは、母語の世界ではなく、新しく英語の世界で彼ら自身がどのように表象されるのかを学ばなければいけない」(p.3) という。その中には、英語の発音や統語法、外見なども含まれる。

もし他の言語を話したり、英語にアクセントが混じっていたり、な

んらかの理由で「普通じゃない」と思われると、それなりの結果になるのだ。
(Miller, 2003: 47)

「どのように表象されるのかを学ぶ」とは、「普通じゃない」英語を使う私が、「普通」の英語を使う人々から、どのような眼差しを向けられるのか、どのような態度で扱われるのかということを学ぶということだ。英語が下手だったMinaeは、日本の「私」のように友だちと遊ぶのではなく、教室では黙っているしかなかった。

しかし、英語が上手になったからといって、「私」は「恵まれたお嬢さん」に戻れたわけでも「真の自分」に戻れたわけでもなかった。英語が上達してからも、Minaeは、日本では思いもしなかったような人々と同じグループとして扱われた。

　　——Thanks, Cathy.
　　そう言われた私は一瞬何が起こったのかわからなかった。教室の扉を後ろから来た女の子のために開けて待っていたのであった。私の驚いた顔を見た相手は自分の間違いをただした。
　　——Oh, I meant Minae, I'm sorry.
　　　Cathy? Cathy who?
　　もちろんCathy BradleyでもCathy Rosenthalでもありえない。
　　Cathy Tang——彼女しかありえなかった。同じ学年にいた、家から遠い方のChinese laundryの娘である。どうしてどうしてこのあたしがあの中国人のCathyと間違えられうるの？　Cathyはどっこもあたしと似てないじゃない。（中略）美容院で切ったとは思えない不揃いの髪に、いつだっていったいどこで手に入れるんだか見当もつかない妙な服を着ている。（中略）
（水村 1998: 221）

金持ちの子弟の多い学校で目立って貧乏な中国人の娘Cathyに間違えられ「私」が失望したのは、「私」とCathyを同じものとカテゴリー化して見る視点が不快だったからである。

自分が東洋人であるのを知る驚きとは、それは西洋人から、あなた

は向こう側の人間です、と私から見ても向こう側の人間と一緒くたにされてしまう驚きであった。しかも、私自身彼らではないことを幸せの一つとひそかに数えている人間と一緒くたにされてしまうことに対する驚き——そして屈辱であった。　　　　（水村 1998: 253）

　Cathyと見間違えられた出来事が端的に示しているように、日常生活の「いま－ここ」で起こる出来事は、それが第二言語環境であろうとなかろうと、常に、政治状況、権力関係、言語イデオロギー、対話者が私を何者だと考えるのかと切り離せない。他者からあるアイデンティティを押し付けられるのだ。「私」が感じた不快感とは、そのアイデンティティを自分のものとは考えられないことから生じたものだ。一回一回の出来事に対する感情や感覚とは、他者から押しつけられたアイデンティティとそのときの自分を何者だと考えているのかという見方と切り離せない（Pavlenko & Blackledge, 2004）。
　他にも、「私」自身はそのような自覚がなかったにもかかわらず、高校で黒人の美術の教師から連帯感を持って「colored」として扱われたり、ブラインドデートで姉の奈苗に、成金韓国人の息子が相手としてあてがわれるといった出来事などが続く。これら一回一回の出来事の積み重ねの中で、「私」はアメリカで自分に与えられる「東洋人」としての立場を徐々に自覚していき、東洋人という立場を押し付けられている自分は、アメリカ社会の中で二度と恵まれたお嬢さんに戻ることはないと考える。
　そして、「東洋人である私は英語を正統的に継承することができない」という思いを抱くようになり、英語に背を向け続け、救いを求めるように学校が終わるなり帰宅し、家の中で１人日本近代小説を飽くことなく繰り返し、繰り返し読むという生活を続ける。
　どんなにアメリカでの生活にも慣れても「私」は、「自分の居るべきではない場に自分が居り、自分の居るべき場に自分が居ないという、そのことばかりを思っていた」（水村 1998: 58）。そして、その感覚は、二つ目の大学院に在籍している現在まで続いている。
　Minaeという存在には、東洋人あるいはcoloredとして扱われるというアメリカの政治学、人種によって行けるところや付き合う人まで決まっ

てしまうという、アメリカの社会的・経済的な政治学が否応なくついてまわる[14]。「私」を東洋人としてみる政治学の中で「日本語を話す私＝美苗」とは別物として「英語を話す私＝Minae」は生まれ、存在したのである。

　リービのストーリーで見たように、ある言語を使う自分に関する感情には、その人の個人史が色濃く影響を与えている。現在の私がアメリカで英語を話すMinaeを自分とは認められないということは、日本語の中では恵まれたお嬢さんであった「美苗」と、東洋人として存在する「Minae」を比べたとき、「私」は日本語の中の美苗を「私」だと思ったということである。

　ある社会的・経済的政治学の中で生じた出来事と、それを体験した自分。一つの出来事には、その時々の自分の立場や、その出来事の中で生まれた感情がある。「○○語を話す私」とは、それら政治学や感情などを含んだ出来事の積み重ねだと考えることができるのではないか。

　しかし、やっかいなのは、同じ出来事の意味やそれに対する感情が、時によって変わってくるということだ。

　アメリカに行って間もない、まだ美苗の母親が車に乗れず、雪の中を母と娘2人で買い物に行ったときのことだった。重い荷物を抱えて歩道を歩いている3人の横に車が止まり、親切なアメリカ人の母娘に家まで乗せてもらえることになった。そのとき、3人は喜んでいた。たったそれだけのことだった。しかし、それから何年かたって、「私」には同じ出来事が全く異なったものに見えてくる。当時の東洋人の位置を語ろうと、「私」は乗せてくれた母親の立場で見てこう書いている。

　　雪の中を三つの黒い頭が重たそうに買物袋を両手に抱えて歩いている。近づいてみると思ったとおり東洋人である。*A mother and two kids. Poor souls! Walking in this snow! Who are they anyway? Is there a new dry cleaner's that's opened up in town? A new restaurant? Anyway, they really shouldn't be walking in this weather. I'll give them a ride. It'll be a good lesson for my daughter.* なにしろアメリカではもっとも確実な貧困のしるしは車がないということである。そしてもうひとつは白人ではないということであった。私たちはふたつとも兼ね備えていた。ところが

> 日本人だという母親がここだここだと下手な英語で言う家は、ごくふつの地域にあるごくふつうの家である。それでいてもちろん住み込みの雇い人を置けるような家ではない。ということは、彼女らは雇い人ではありえなかった。*What? They live here? Can this be their house?*
>
> （水村 1998: 213–214）

　雪の日に親切に車に乗せてもらったというだけの出来事が、アメリカの社会的・経済的政治学に気づいた後の美苗には、白人に憐れまれたという屈辱的な出来事に変わる。
　しかし、この解釈とて変わりうる。本小説の背景には「私」が、このままアメリカに居続けるか、日本に帰って小説を書くかという選択肢があり、その迷いの中で、「英語を話す自分」（Minae）と「日本語を話す自分」（美苗）を比べたものであることを思い出そう。もし、「私」が「自分は他人からの視線に非常に敏感だ」というストーリーの中で、このエピソードを語ったとすれば、その意味づけは全く変わってしまうだろう。
　日本語の中の「美苗」と英語の中の「Minae」のストーリーとは、過去の出来事、つまりある場所での社会的・経済的な政治学の中で「私」を巻き込んだ形で起こった出来事を、現在の視点から見ている「現在の私」のストーリーということができるのではないか。
　自分についてのストーリーとは、「語り手によって編集を加えられた、物語構造を持った時間の記録」（矢野 2000: 263）であり、過去の記憶の意味や出来事を構成する「事実」の選択すら、そのときの語り手の「過去にたいするパースペクティブ（意味を解釈する図式）」が変化するとともに、語り直され、修正される。語り手がそのとき、どのようなストーリーを語ろうとするのかによって、出来事の解釈や時には記憶さえも変わってくるのである。
　言い換えれば、ある言語を話す自分に対する感覚とは、社会的・経済的な政治学の中での1回限りの出来事の中で存在した「私」を現在の私が眺め、その意味づけを行ったものであるという二重の意味で理解されるものなのである[15]。

2.3 日本語を話す自分に対する感情

　ここまでの議論をまとめると、次のようになろう。

　第二言語を話す「私」に対する感覚とは、必ずしも言語能力や母語／第二言語によって決定されるものではないこと、そしてその感覚とは、個人史の中での様々な経験を背景に生まれてくること、さらに、その経験とは、その場（「いま－ここ」）の社会的・経済的政治学によって色づけられていること、最後に、語り手である「私」が現在の時点から、それらの経験の記憶をつなげて意味を見出すところに生まれるということとなろう。

　ガーゲン（2004a）は、その人の過去にあった出来事をつなげてできる「自己についての語り」をライフストーリーと呼び、自己についての多くの物語を集大成した一つの物語であると定義した。水村（1998）に話を戻せば、その中には、いくつもの「私」が語られていた。「私」は日本では「恵まれたお嬢さん」であり、「東洋人として扱われて憤慨する日本人娘」であり、「いつも姉が優先される家庭の次女」であり、「文学少女」であった。これらいくつもの「私」をつなげてできた水村（1998）そのものが、「私」のライフストーリーであると考えてもよいだろう。

　第二言語習得研究の分野の中でも、ライフストーリーを用いた研究が行われている（Pavlenko & Lantolf, 2000; Pavlenko, 2001, 2004; Benson & Nunan, 2002, 2005; 山口 2007 など）。それらの研究を見れば、ライフストーリーは、言語学習の当事者である学習者の体験や自己にアクセスできる貴重な手段であることがわかる。

　Pavlenko & Lantolf（2000）は、自己（self）を「首尾一貫性をもったダイナミックなシステムであると同時に、引き続き作り変えられるもの」とし、社会生活の実践に焦点が当てられている Person と対比して、記憶や認知を含んだ経験の中心として定義している。さらに、自己とは、「個人が特に口頭（verbal）での文化的な実践に参加することによって現れる」(p.163) とした。

　彼らは、アメリカへの移民たちが書いた自伝から、移民たちの第二言語習得の成功は、新しい単語や表現を覚えるかどうかだけではなく、長

く苦痛に満ち、根気のいる「自己翻訳（self-translation）」をするかどうかにかかっていると述べている（p.170）。Pavlenko & Lantolfの資料となっている移民の自伝とは、移民した人々にとっての過去の意味づけを分析したものであり[16]、言い換えれば、北米という新しい政治学（Pavlenkoは「実践共同体」と呼んでいる）の中に自己自身を位置づけるために、自分自身を「再解釈した」（Pavlenko, 2001: 133）過程を自伝作成の時点から眺め直したものとも言える。

　言語・空間を移動し、新しい政治学の中に入ることとは、水村の小説が表していたように、それまで自分が生きてきた世界とは異なった位置が与えられることである。フランク（2002）は慢性疲労症候群にかかった人の「私の航海の目的も私が使っていた海図ももう役にたたなくなってしまったのです」という印象的な言葉を紹介している（p.17）が、第二言語による新たな自己の構築とは、新しい言語、新しい社会に自分自身を翻訳し、再解釈すること、つまり、数多くの第二言語を使った出来事の中で新たな自己を紡いでいかざるをえないことだと言い換えることができるのかもしれない。

　ここにおいて、本研究の枠組みを設定することができる。本研究では、異なる言語間を移動してきた人のライフストーリーを通して、ライフストーリーを構成している様々な出来事や、日本語や母語の世界での体験を、現在のその人の視点から理解しようとする。もっと単純化すれば、日本語の世界の自分と母語の世界の自分に対する、現在のその人からの評価や意味を理解しようとする試みである。

　次章では、第二言語習得研究の中で社会的・経済的政治学に対する目くばりを欠いては、言語習得を理解することはできないとしたNorton（2000, 他）を取り上げることで、本書の試みを第二言語習得研究の中に位置づけてみよう。

注 [1]	例えば、西田（2000）やPavlenko（2006a）所収の各論文。
[2]	どれほど第一言語を保持しているのか、他の人からテストされていると感じるという意味。
[3]	リービのほかに、李良枝の「刻」（1985）や「由熙」（1989）、小森（2000）や米原万里の一連のエッセイ、ゾペティ（1997）、楊逸（2010）など、第二言語で生きる体験を日本語で描いた作品は、近年数を増している。中山（2011）では、「由熙」を取り上げ、主人公の苦悩について論じた。
[4]	「星条旗の聞こえない部屋」は、1987年に「群像」に発表された。同じ主人公ベン・アイザックの新宿での日々を描いた「ノーベンバー」「仲間」とともに、1992年に講談社から『星条旗の聞こえない部屋』として刊行され、同年野間文芸新人賞を受賞した。以下の引用では、1992年講談社版を使った。
[5]	主人公ベンの足跡は、リービ氏の略歴とも一致する部分が多い。
[6]	青柳（2001）は、リービや水村の作品を「巨匠気どりの作家たちがエリート意識を満足させるために書いてきたあの明治末期以来の私小説、すなわち「文壇」の内輪話や益もない身辺報告ないし特権意識にもとづく私事の自虐的暴露、あるいは作家の心境や感慨の吐露の場としての、閉鎖的でナルシスティックな私小説とは異なった、新種の私小説」（p.26）と称し、彼らの私小説には、「一行ごとに、そこでたえまなく展開されているのが（もはや言語に対する闘いではなく）、彼らが彼ら自身としていきるための（中略）人間としての本物の闘い」（強調ママ）が描かれていると評した。
[7]	明示的ではないが、作中にも「3カ国語で夢を見た」など、日本に来てからのリービが、英語と中国語と日本語という三つの言語を操れたことが示唆される。
[8]	壁の一つは、宣教師学校だ。ユダヤ系の姓を持つベンは、賛美歌を歌い、旧約聖書を講じる学校では「救世主を殺した」民族の1人として扱われていた（リービ 2011b: 169）。もう一つは、現地の人々との言葉の違いとそれが象徴する政治だ。ベンの家には、中国人の政府高官や将軍たちが父と話すためにやってきたが、そこで交わされる言葉は北京語だった。用人や守衛たちもそうだろう。一方で、現地の人々は、北京語を話すそういった人々によって支配されており、ベンにはわからない現地の方言を話す。
[9]	実際、リービは他の小説の中で、「自分の家」というと、この家のことを思い出すと言っている（リービ 2011a）。
[10]	そのせいで、ベンまでもが、ユダヤ教である父方の家族からは義絶されてしまった。
[11]	神の啓示を受けたように、直感的に真実を把握すること。本質を明

	らかにするような発見や本質をあらわにする光景のこと。(『リーダーズ英和辞典』第2版より)
[12]	リービは、日本語のことを「継母語」と呼んでいる。
[13]	『私小説 from left to right』は、福武書店発行『批評空間』第7号（1992年10号から12号（1994年1月）および、太田出版発行『批評空間』第Ⅱ期第1号（1994年4月）から第3号（1994年10月）に連載され、新潮社より刊行されたが、本書での引用ページは、単行本（1995年）に大幅に加筆訂正された文庫本（1998年）をもとにしている。
[14]	それは日本語の中の「美苗」にとっても同じである。日本人駐在員社会の中で、美苗は、大企業のベテラン駐在員の年頃の娘として、振袖を着て、黒塗りの車で日本大使館に乗りつけ、大企業のエリート駐在員子弟に混じって、大使主催のパーティーに参加する。また父の知り合いの駐在員は、美苗や奈苗を食事に誘い、現地の人のあまり行かない高級日本食レストランで、和食に舌鼓を打っていた。
[15]	ある出来事の中の「私」を、別のある時点での「私」が眺め、意味づけ、それをまたある時点での「私」が眺め、意味づけることによってできた「「「私」」」なのかもしれない。
[16]	彼らは、自伝の分析から、五つの喪失の相と四つの獲得の相があるとしている。しかし、このような語り口は、いつの時代にも共通するわけではなく、彼らが資料として用いた自伝が、モノリンガル志向が強く同化圧力の強かった当時の北米の状況を反映しているものとみられる。

第3章 SLA研究の中での本研究の位置づけ

> 彼女は、英語の知識が、ポーランドから出たときに失くした専門職を再び手に入れる助けになると信じていた。「私は、ポーランドのときのような普通の生活を取り戻したい。」と彼女は言った。将来の計画について聞いたとき、Katarinaはかつてのポーランドでの生活、特に彼女の教育水準を引き合いに出した。「私の国では、私は教師だった。私は17年も勉強したのよ。」(中略)Katarinaは家事の延長のような仕事はしたくなかった。食器を洗ったり、台所で手伝いなどをしていると、彼女は自分のことを「別物」と感じると言った。
> （Norton, 2000: 91）

　ある言葉を話す自分に対する感覚や感情はどのようにして生じるのか。前章では、小説を使い、ある言語を使う「私」に対する感情には、その人の個人史が関わっていること、その体験の一つ一つは、社会的・経済的政治学の中で生じること、しかし、その意味はそれを語る個人が、そのとき、どんなストーリーを語ろうとしていたのかによって大きく変わることを述べ、本書の枠組みを設定した。
　前章でも言及したが、応用言語学やSLA研究の中で、このような問いに対する関心は、広がりを見せている。本章では、第二言語を話す自分に対する感覚は、言語学習とどのような関係があるのか、言語学習を個人の頭の中だけではなく、学習者と社会との関係の中から考えようとした先行研究から学びたい。
　本章では、3.1でそのように第二言語で生活する人々や言語学習者の証言に耳を傾け、アイデンティティやジェンダーといった概念を使って、応用言語学やSLA研究に新しい分野を開拓したポスト構造主義、社会構

成主義の影響を受けた研究を紹介する。そして、3.2では、Bonny Norton の功績を紹介する。彼女は、ポスト構造主義のアイデンティティ概念を SLA 研究に取り入れるのに大きな貢献があった。それだけでなく、彼女が描いたストーリーには、英語を話す自分に対する研究協力者の感情が豊かに描かれている。しかし、Norton の手法を踏襲するだけでは、ある言語を話す「私」に対する感情にアプローチすることはできない。なぜなら、Norton が「いま－ここ」で構築される「私」とそれに対する感情を混同しているからである。3.3では、90年代から盛んに使われるようになった、正統的周辺参加論（以下、LPP 理論）も、ある言語を使う私に対する感覚を明らかにするには十分ではないことを述べる。そして本書のねらいについて述べる。

3.1 ポスト構造主義、社会構成主義の影響を受けた SLA 研究

SLA 研究や応用言語学の中で、言語学習者の学習体験が1人1人異なった、しかし貴重なものとしてとらえられるようになったのは、それほど以前にさかのぼるものではない。SLA 研究や応用言語学は、長らく言語習得を万人に共通するメカニズムとして考え、直接観察できる習得（acquisition）に関わることのみを扱ってきたこと（Gass, 1998; Gass et al., 2007）、主観を排して一般化することを目指し、実験的、統計的な研究手法を重視していたこと（Poulisse, 1997）などが、その理由として考えられるだろう。

しかし、人文科学や社会科学の分野で声高に叫ばれるようになった「表象の危機」、それと関連する「意味」それ自体が安定したものではないという考え方、また個を自律的で合理的な主体（subject）としてとらえるのではなく、「いま－ここ」で構築される「主体（subjects）」としてとらえようという考え方（Block, 2007b）が広がってきた。これを、社会言語学において過去20年間に起こったような「転回」[1]が、応用言語学、第二言語習得研究でも起こっているのだとする人もいる（Block, 2003）。

Rampton は1960年代に始まった第二言語習得研究が自然科学をモデルとして始まったことに理解を示しながらも、普遍の追求、字義通りの意味の優先（referential above indexical meaning）、文脈から認知を取り出せると

いう見方（disembedded cognition）、価値から中立である研究、進歩を当然とする見方、理想化されたモノリンガルな社会への同化を前提とし、追求していること（Rampton, 1997）を批判した。

また、Firth & Wagner（1997）は、(1) 複雑で微妙な差異を伴った社会的存在である個人を、(その複雑さや豊かさを見ずに) 矮小化された被験者（subject）としてだけ取り扱っている、(2) 言語使用を型どおりのものと考えている、(3) 当事者にとっての見方（emic）より、研究者たちからの見方（etic）を優先している、(4) ある特定の状況よりも、普遍（universal）と考えやすいものに研究が偏っている、(5) 質的で広範で自然状況における研究より、量的で再生可能で実験的な調査を好む、の五つの点で、従来のSLA研究は「第二言語話者たちにとっての言語使用のありのままの姿をとらえそこなって」（Firth & Wagner, 1997: 285）おり、その偏向から脱するためには、より幅の広い「社会的側面を統合した」研究としてSLA研究を改革する必要性を主張した（Firth & Wagner, 1997: 286）。

SLA研究や応用言語学の革新を求める人々と、伝統的な立場を守ろうとする人たちの間には大きな論争が、Applied Linguistics誌[2]で、また、Modern Language Journal誌[3]で繰り広げられたが、両者の間には、認識論、学習者観、研究手法において、いまだに大きな隔たりがある。一例として、これらの研究の学習者観の違いをRiley（2003）は、

(1) 行動心理学の影響を受け、学習者を心のない自然の有機体と同様に扱う研究
(2) 認知心理学の影響を受け、学習者を学習処理プログラムとして扱い、そのプログラムの解明を扱う研究
(3) ポストモダンの研究の影響を受け、学習者を社会的アイデンティティを伴った自己からなる個人として扱う研究

の三つに分けて説明している。現在、Kaplan（2002）が応用言語学を「(認知心理学、社会学、教育論、文化理論などの) どのような研究分野から影響を受けているかにかかわらず、現実世界（the real world）の言語に関わる研究」（p.509）と定義しているように、広範囲の研究をSLA研究、応用言語学と呼ぶようになっている。

このように、応用言語学やSLA研究には、認知心理学や社会心理学以外の、社会学や教育哲学などの概念を取り入れた研究も多く見られるようになった。「人間の行動や社会現象というものが、変わらない普遍の法則に則っているという考え方」の構造主義に則るのではなく、「私たちの周りにある世界の枠組みを（自然科学で考えるよりも）もっと微妙な差異を含んだ多層的なものとして、端的に言ってしまえば、もっと複雑な枠組み」（Block, 2007b: 864）でとらえようとする研究である。すなわち、言語学習や言語使用を学習者丸ごと、文脈丸ごととらえようという潮流である。

その中の一つがポスト構造主義[4]や社会構成主義[5]の影響を受けた研究だ。これらの研究では、言語学習は、学習者と、学習者を取り巻く社会的・文化的環境、さらに言語学習が行われる文脈から切り離して考えることはできないと考える。

しかしながら、SLA研究で社会と個人の関係に目が向けられたのは、90年代になってからが初めてではない。上に紹介した、ポスト構造主義、社会構成主義の影響を受けた研究以外にも、言語学習者と言語学習、さらには社会との関係に目を向けた社会心理学的研究がある。

その代表的な例として、Lambertの動機づけの研究（1967）やSchumannの同化理論（1976a; 1976b; 1978）などが挙げられるだろう。また、「自尊心が高く、抑圧が低く、共感が高く、外交的で、積極的な」性格の学習者ほど言語学習が成功するとしたBrown（1973）の研究や、言語学習に伴うセルフイメージの変化や「不安」の研究を行ったBailey（1983）がある。さらに、オックスフォード（1994）やO'Malley & Chamot（1990）の学習方略の研究の中には社会文化的ストラテジーが含まれている。

日本語教育でも、オックスフォード（1994）が翻訳されたのを皮切りに、次々と成功した学習者のストラテジー研究が行われていった。さらにそれを押し広げて、社会的ネットワークをどのように構築しているのか、日本人との接触場面でどのようにその場を調整し、コミュニケーションを続けているのかという視点からも多くの研究が行われた（日本語教育学会1996, 1997など）。

しかしこれらの研究は、学習の成功の可否を、学習者の側にだけ求めるか、文化的差異にだけ求めるかの二項対立で理解しようとしていた。

また、社会的な権力や政治に目を向けていないため、学習がうまくいかないことの理由を学習者に帰することになってしまっていた。

　例えば、Schumannは教室外での言語学習の成功を、学習者が目標言語社会に同化しようとしているのかどうかによって測ろうとした。研究協力者であるアルベルトの態度を「英語話者の人々をあまり知ろうとしなかった」「スペイン語の音楽を聞くために高いオーディオセットは買ったのに、テレビは英語がわからないからと買わなかった」「英語のクラスに行くよりも、夜も昼も働くことを選んだ」と評価し（Schumann, 1978: 97）、そのため彼の英語の運用能力はそれほど伸びなかったのだとしていた。しかし、アルベルトが英語話者の人々とあまりつきあおうとしなかったのは、「主流の英語話者のコミュニティが、アルベルトに対して非常にアンビバレントな態度をとっていた」からであるという可能性もある（Norton, 2000: 116）。

　その傾向は、The L2 Motivational Self Systemという新しい図式を使い、学習者の動機を理解しようとしたDörnyei（2009）でも変わらない。Dörnyeiは、Ideal L2 Selfという学習者個人が、L2の中での自分の理想像をどう思い描くのかという概念を取り入れた。学習者にとっての未来像を取り入れた図式は、確かにそれまでの動機研究の図式よりも格段に洗練されており、それにより、教授法も改善されることが期待できる。しかし、実際、学習者が思い描く未来とは、何の制約もなく描ける未来ではない。言語学習という行為やその成果を検証しようとするとき、学習者の個人的特性にだけに目を向け、社会的な権力や政治を無視することはできないのだ。

　ポスト構造主義、社会構成主義の影響を受けた研究者たちは、二項対立的に言語学習を見ることに異議を申し立て、学習者と学習文脈を丸ごととらえようとした。そして、時とともに移り変わる葛藤に満ちたその姿を描くことで、肥沃な領野が広がっていることを示している。

　これらの研究のカギ概念となるのが、アイデンティティ（Norton Pierce, 1995; Norton, 1997, 2000, 2001; Duff, 2002; Morita, 2004; Hawkins, 2005など）である[6]。ここで用いられるアイデンティティは、ある人の本質的で独自で固定的で一貫した核ではなく、「多様で、時に矛盾し、ダイナミックで、時間と空間とともに変わるもの」（Norton, 2000: 125）であり、場所によっ

て、時間によって（再）構築されるものである。

　彼らは、インタビュー（Norton Peirce, 1995; Norton, 1997, 2000, 2001; Teutsch-Dwyer, 2001; Siegal, 1996）、ダイアリースタディ（Norton Peirce, 1995; Norton, 1997, 2000, 2001; Polanyi, 1995）、エスノグラフィー（Morita, 2004; Leki, 2001; Toohey, 1998; Duff, 2002; Goldstein, 1996; Hawkins, 2005; McKay & Wong, 1996）、ライフストーリー（Kinginger, 2004）やナラティブ・インクアイアリー[7]（Choi, 2002; Kanno, 2003）などの質的方法を用い、学習の文脈や、学習者の証言に密着して研究を行った。そして、言語学習の当事者である彼／彼女から見れば、言語学習には直接言語学習に関わらないような事柄がどれほど大きな影響を及ぼしているのか、また言語学習とは、まさしく学習者その人が生きていく営みの中にこそ存在するものであり、「学習者とその人をめぐる政治的・経済的・社会的環境との関係の中からのみ理解されるもの」（Pavlenko & Blackledge, 2004: 10）であることを明らかにした。彼らのフィールドは、教室、自然習得状況を問わない。

　例えば、Polanyi（1995）は、アメリカの大学生が、ロシアに短期留学した際の体験をダイアリースタディを使って明らかにした。同じようにロシア人の若者とデートしたとしても、男子学生は、ロシア人女性が聞き手に回ってくれるため、発言する機会を多く得ることができ、留学後のテストのスコアを伸ばすことができた。一方女子学生は、ロシア人男性が会話の主導権を多く握り、なかなか自分の話をすることができなかった。彼女らは「ロシア語の話者になるのではなく、ロシア語を話す女性にならなければならなかった」(p.289)のである。

　Teutsch-Dwyer（2001）は、北米に出稼ぎにやってきたポーランド人男性の例を報告している。彼は、英語があまり上手ではなかったが、おもしろい男性として職場の女性の同僚たちの間で受け入れられた。職場外の男性たちとの間では、金がなく、資本もなく、英語も上手ではないと男性としての尊厳（masculinity）が傷ついたが、職場では、同僚女性を笑わせることで、彼の男性としての尊厳は回復できた。なぜなら、ポーランドでは、女性を笑わせることは男性のすることだと考えられているからだ。しかし、そのことは、彼の言語の上達とはすぐには結びつかなかった。なぜなら、彼のそれほど上手ではない英語は、女性たちの笑いを誘うのには十分だったし、生活で英語が必要になると、職場の女性たち

が手助けをしたからである。

　このように北米とロシアで、また北米とポーランドで男性性／女性性にまつわり期待されるあり方（ジェンダー）が異なっていることによって、言語学習者が得た言葉を話す機会は大きく異なっていた。また、どの場所で居心地よく暮らせるのかも異なっていた。

　Hawkins（2005）は、エスノグラフィーを使って、小学校入学以前の子どもが他の子どもからスキャホールディング[8]をどのように得ているのかを分析し、それにはその子どものアイデンティティが強く関係していることを示した。また、Duff（2002）もエスノグラフィーを用い、高校の多文化クラスで、教師の意図どおりに活動が展開しない原因は、そのクラスに参加している英語を母語とする学生たちと母語としない学生たちとの、「よくできる学生」というアイデンティティをめぐる非常に複雑な駆け引きの結果であることを明らかにした。

　さらにChoi（2002）はESLの生徒の言語習得に影響を与える目に見えない要素は何かという問いからナラティブ・インクアイアリーを韓国人留学生2人とともに行い、カルチャーショックや権力関係がアイデンティティをめぐる葛藤を引き起こし、その結果が感情的な困難（emotional difficulties）となって、その人の言語習得を特徴づける見えない要因になっているとした。

　このようにポスト構造主義的、社会構成主義的アイデンティティ観（ジェンダー観、感情なども含め）を用いることで、SLA研究は、学習者個人と言語学習という行為、そしてそれらを取り巻く社会や権力、政治といったものまで研究の射程に入れることができるようになった。

　特に近年は、Narrativeというキーワードで、学習者が語った学習体験そのものに、多くの関心が寄せられるようになってきている（TESOL Quarterlyの特集など）。

　これらの研究の中でも、学習者のある言語を話すことに対する感情を丁寧に拾い上げ、説得力のあるストーリーを展開したのがNorton Pierce（1995）、Norton（1997, 2000, 2001）である。Nortonは、カナダに移民した5人の女性のストーリーを魅力的に描き出し、第二言語で生きるという体験を、彼女たちの視線から明らかにした。さらにNortonは「正統な話者（legitimate speaker）」という概念を使い、言語学習者の自己感に迫った。

しかし、後述するように、「正統な話者」とは、「いま―ここ」で決まる非常に相対的な概念で、ある場面で「正統な話者」であったことを、そのまま「正統な話者」という自己感を持っていると考えることはできない。ここに、Nortonの混乱がある。次節では、NortonのSLA研究に対する功績と、Nortonの「正統な話者」という概念の限界について述べる。

3.2　Nortonの功績

Nortonは、1990年から91年にかけて、Norton自身が関わったカナダのESLコース修了者の移民女性5人を対象に調査を行い、インタビュー、6カ月のダイアリースタディと週1度のミーティング（8週間ののちに月に1度）を通してデータを収集した。Nortonは、それらの調査から得られたデータをもとに、各研究協力者のストーリーを描き、そこから、

(1) 英語を練習する機会は、家庭や職場における不公平な権力関係によって規定されている。
(2) 学習者は、英語を話す機会を作るために、(1)の権力関係にどのように対応したのか。
(3) 英語に対する投資とアイデンティティの変化との関係から、学習者の努力は理解されるべきだ。

の三つの点について論じた（Norton, 2000: 2）。Nortonのストーリーから、読者は研究協力者5人（Eva, Mai, Katarina, Martina, Felicia）がそれぞれの職場や家庭で、どのような言語生活を送っていたか、そして、それぞれの場で、どのように感じていたか、研究協力者の闘い（struggle）の姿に接近することができる。

彼女たちのストーリーは様々な場所で発表されているが（Norton Pierce, 1995; Norton, 1997, 2000, 2001）、一例だけ紹介しておこう。ポーランドからの移民のEvaは、英語を使うチャンスを作るため、レストランで働きだしたが、他の従業員とはなかなか話すチャンスを作ることができなかった。はじめは職場で最も低い職位につかされ、他の人がおしゃべりしている間でも、仕事をし続けなければならなかった。誰も彼女に話しかけ

ず、話そうとしても誰も聞いてくれなかった。

　Evaの話からは、目標言語である英語を話す機会を持つということが、職場や家庭での政治、権力（Power）関係と彼女たちが置かれた位置によって、大きく制限されることがわかる。これは、「言語にさらされる」という自然習得状況における言語学習の成功が、従来、学習者の目標言語社会に対する態度や動機づけ、文化的距離によって左右されると考えられ（Spolsky, 1989; Schumann, 1978）、学習者が置かれた権力関係を全く無視して議論されてきたことへのアンチテーゼとなっている。

　Nortonの貢献のもう一つは、Westの「欲望（desire）」やブルデューの「文化的資本」[9]という概念を使って、言語学習者と目標言語社会とが、非常に複雑な関係にあることを示したことである。欲望とは、「認められたいという欲望、加入したいという欲望、安全でいたいという欲望であり、社会における富の分布と切り離せない」（Norton, 1997: 410）。また「文化的資本」とは、ある特定の場所で価値を持つ「知識や考え方」（Norton, 2000: 10）のことであり、学歴や趣味、言葉、仕事のスキルなどを指すことができる。

　文化的資本、物質的資本を含め、資本を持つものは中心に位置し、持たないものは周縁に押しやられる。つまり、言語学習者らは職場などで、英語の運用能力を含む、職場の人が価値を持つと考える文化的資本を持たないために疎外され、そのことによって英語話者に接触する機会が少なくなり、さらにそのことが英語やそこで話されている話題に精通することを阻むという負のサイクルにおちいってしまう。Nortonが描いたのは、持たざるものは持たざるがゆえに、資本に近づくことができないという、まさしく「大貧民的」ジレンマだ。

　しかしEvaは、職場で周縁化されても、人々の話に耳を傾け、英語の勉強を続けていた。Nortonは、従来の「動機」という概念に代えて、「投資」という概念を用いてそれを理解しようとしている。

　　もし、学習者が第二言語に投資するなら、それは彼らがより幅広い象徴的なまた物質的な資本を得ようとしているからだ。
　　　　　　　　　　　　　　　　　　　　（Norton Peirce, 1995: 17）

第二言語の学習に努力するのは、彼らがより多くの物質的、文化的資本にアクセスしたいからであり、そのようにして手に入れられた言語資本などによって、言語学習者は、「話す権利（right to speak）」すなわち、「正統な言説」を話す「正統な話者」になることができるのである（Higgins, 2003: 621）。Nortonは、言語学習者たちは「正統な言説」を話す「正統な話者」になるために、「投資」し、日々職場や家庭で闘争していると考えた。
　Evaに話を戻そう。ある日、店の従業員同士の親睦のための催しがあったとき、Evaのボーイフレンドは車でみんなを送ってあげた。さらに、その催しでは、店の中での「みんなが嫌がる仕事をするばか」なEvaではなく、彼女の若さとチャーミングさを十分に発揮できたのだ。それ以後、Evaは店の人たちとお昼をいっしょに食べるようになり、チャンスを見つけてヨーロッパの話などをするようになった。そして職場で話すチャンスを広げ、ついには、給仕など英語を使うチャンスのある仕事をつかみ、よりよいレストランへと転職を果たした。
　この過程でEvaは、職場で他の人から相手にされなくても、自分の英語は上手でないからと、正統な言説を話せない「異端者」としての位置に甘んじているのをやめ、徐々に自分自身に対する認識を変えた。そして、Evaは自分のことを他の人とは「違うけど、カナダ人と同じ可能性をもつ」存在だと思うようになった（Norton, 2000: 73）。
　Nortonの応用言語学、SLA研究に対する貢献は大きい。本研究もNortonの研究に大きな影響を受けている。その魅力とは、学習者の側からの言語学習体験をイキイキと描くことによって、今までの研究者側から見た「言語学習」の姿の一面性に気づかされることにあるだろう。
　しかし、Nortonの論考には、限界を感じさせる部分もある。特に本書との関わりで言うのなら「正統性」をめぐっての議論である。彼女の「正統な言説」「正統な話者」という概念には、大きな矛盾点がある。
　Nortonの問題は、彼女がアイデンティティとは時間と場所によって変わるものだと言いながら、一方で言語学習の目標であるとする「正統な話者」というアイデンティティを、固定化され一度手に入れたら変わらないものであるかのように描いていることだ。
　ある日、店で給仕をしていたとき、ある客がEvaのなまりをからかっ

て「チップを多くもらおうと思ってるのか」と言った。それに対してEvaは憤然と、「そんな嫌味を聞かないですむんだから、なまりがなかったらいいですね」と言い返すことができた。Nortonの理論的枠組みで考えれば、Evaは他の人から無視されても仕方がない「異端な話者」から、より「正統な話者」になったのだということになろう。つまり、Evaが自分自身のことを「異なっているけど平等な」存在だと認識していたことが根底にあって、それによって自分の正統性をめぐって客の男性と戦うことができたのだ。Evaは「正統な話者」としてのアイデンティティを持っていたがゆえに、男性客とやりあうことができたということになる。Nortonは、Evaのそのようなアイデンティティを「multicultural citizen」と名づけた。

> Evaが（私が名づけた）multicultural citizenとしてのアイデンティティを発展させたがゆえに、彼女は彼女の「話す権利（right to speak）」の感覚を発展させた。もし人々が彼女に失礼な態度で接したとしても、それは、相手側に問題があるからであって、彼女自身には何ら問題はないのである。
> （Norton, 2000: 129）

しかし、アイデンティティが時と場所によって移り変わるのと同様に、「正統な話者」という位置づけも誰と話すか、いつ話すか、どこで話すかによって変わっていくものである。「正統な話者」とは、ブルデューの用語を借りれば「ある人の言語実践とは言語的ハビドゥスとそのハビトゥスの生産物の共有先である市場との関係によって決まる」（Miller, 2003: 36）ものである。ブルデューは次のように述べている。少々長くなるが引用しよう。

> 文法というものはほんの部分的にしか意味を定義しないものであり、言説の意味作用が完全に決定されるのは、それが市場と取り持つ関係においてである。意味を実際に定義＝規定するためのさまざまな限定作用のすくなからぬ部分は、言説の外部から自動的に到来する。言語的流通のなかで生み出される客観的な意味の根源には、まず弁別的価値 valeur distinctif があるが、これは一方には社会的に

明確な性格をもったひとりの発話者が提供＝供給した言語的生産物
があり、他方にはある定められた社会空間にそれと同時に呈示され
た生産物があって、両者の間で、発話者たちが、意識的であるにせ
よないにせよ、関係付けを行う結果、現れるような弁別的価値であ
る。また、言語的生産物がメッセージとして完璧に実現されるため
には、メッセージとして取り扱われねばならない、つまり解読され
ねばならない、という事実もあるし、またその場合受信者が、呈示
された生産物を創造的に我が物にしようとして運用する解釈の図式
は、生産を方向づけた解釈図式とは多かれ少なかれ異なったもので
ある、というのも事実である。このような回避不可能なさまざまな
効果を介して、市場は象徴的価値のみならず、言説の意味の創出に
も貢献するのである。　　　　　　　　　　　（ブルデュー 1993: 25）

　つまり、発話者の発話と、その発話の置かれた社会空間の中での関係
によって、発話はその意味が創出され、その価値が決まる。ここからわ
かるのは、ある人の発言は、どこでも同じような意味を持ち、同じ価値
を持つのではなく、どの市場と参照関係にあるのかによって、意味も価
値も異なってくるということである。
　そして、その価値の決定には、様々な社会的・経済的権力が関わって
いる。ブルデュー（1993）は、Labovを引いて、rの発音の仕方は、階級
と結びつけられているが、ニューヨークの男性のrの発音は、男らしい
精悍さやその構えと結びつけられているという例を出している。つまり
「正統な話者」であることは、時と場所、話し相手、お互いがどのような
言説空間を参照するのかによって規定される非常に相対的な立場であ
る。Evaがレストランで男性客に言い返したというエピソードで、Evaの
客が他のタイプの客であったら展開は異なっていたかもしれない。
　同様のことは、「正統な言説」についても言える。Nortonが、学習者
が第二言語の学習に努力するのは、彼らが「正統な言説」を手に入れ、
より多くの文化的、物質的資本に接近するためだとしたことは、上に見
たとおりである。
　しかし、カナダ社会の中で文化的・物質的価値を持つ「上等な」英語
を使えるかどうかということだけが、「正統な言説」を規定するとは言え

ない。Evaがヨーロッパの休暇の話をすることができたのは、Norton自身が述べているように、Evaの英語がいかに「正統」でなくとも、Evaのヨーロッパ出身という出自と話す内容が、カナダしか知らない同僚たちより正統性を持ったからではなかったか。Evaはそのとき、すでに「正統な言説」を話す「正統な話者」だったのだと考えることができる。

ブルデューは「正統な話者」であるための四つの条件を出している。

> 「正統な言説」であるための特徴を挙げることができる。その条件とは、「正統な話者」によって話されること。ペテン師とは対照的に、適切な人物、たとえば宗教的な言葉は司祭によって、詩は詩人によってなど。それから、「正統な状況」で話されること。たとえば、シュールレアリズムの詩を株式市場で読むような狂気とは対照的に、適切な市場で話されなければならない。また、「正統な受け手」に対して話されなければならない。「正統な音声的、統語的形態」(言語学者によって「文法」と呼ばれるもの)で話されなければならない。　　　　　　　　　　　　　　　(Bourdieu, 1977: 650)

このような状況でないと、発話を人々が「信じ、それに従い、まっとうに受け取る」(Norton, 2000: 113)ことはない。「正統な話者」とは、人々が「信じ、それに従い、まっとうに受け取る言説」を話す者だと考えることができる。これには、話し手と聞き手の正統性の多寡が大きく関係している。

> 言語生産に関わる関係は、二人の話し手の象徴的な権力の関係、例えば、権威という資本のサイズの関係によっている。しかし、それは、言語的な資本に還元できるものではない。　(Bourdieu, 1977: 648)

惜しむらくは、Nortonが言語学習者本人の自分に対する見方や感情と、「いま－ここ」で構築される「正統性」を混同してしまったことにあろう。

しかしながら、Nortonが一見して主観的だと排されてしまいそうな学習者の自分に対する見方に注目したことは、本書との関係において、非

常に大きい意味を持っている。Nortonの協力者たちは、一朝一夕に自分自身を正統な話者だと認めたわけではない。例えば、Evaが自分自身をmulticultural citizenであると思えるまでの過程には、長い投資と闘争があり、彼女の英語を話す自分に対する見方、感じ方にこそ、それらの投資と闘争が刻印されているのである。

　Nortonが「異端者」から「正統な話者」へという概念で言語学習の軌跡を描こうとしたのには、言語学習者に沈黙を強いる圧力に負けず、学習者が自分を「正統な話者」とみなして、話し続けられるようになることが、第二言語学習の目標なのだという彼女の主張が込められていると、私は考える。しかし、このことは、「正統な話者」として自分のことを考えられない学習者のことを言語学習の失敗者と見てしまう見方につながらないだろうか。この点については後述しよう。

　突きつめてしまえば、「正統な話者」という概念は、ある発話がなされた場における発話の価値、発話者の位置を分析するという点では非常に有効な概念だが、そのような発話をする「私」に対する発話者の見方という点では有効性に欠ける概念なのである。だからといって、その場、その時で話されていることを分析する際の「正統性」という概念の有効性が損なわれているわけではない。5人の話から、学習者と英語母語話者たちとの権力の非対称性をはっきりと示したのは、やはりNortonの大きな功績だ。

　それでは、言語学習者本人のある言葉を話す「自分」に対する感情や見方に、アプローチしようとしている研究はないのだろうか。「状況的学習論」とそれへの批判を見てみよう。

3.3 ｜ 状況的学習論

　ポスト構造主義や社会構成主義の影響を受けたSLA研究に共通するのは、言語学習とは、学習者個人の頭の中で起こるものではなく、環境との相互交流の中で起きるという考え方である（Firth & Wagner, 1997）。言い換えれば、環境との相互交流のあり方が言語学習を規定しているという考え方だと言ってもよいだろう。そのような環境と学習の相互行為に着目した学習論の代表的なものに、レイブ・ウェンガー（1993）がある。

彼らの中心的な主張は、学習を個体による知識、技能の獲得過程としてではなく、実践コミュニティ（community of practice）への参加（participation）過程として理解、叙述するということにある（高木 1999: 3）。

レイブ・ウェンガーが提示した「正統的周辺参加（LPP）」[10]という学習モデルを援用している応用言語学、SLA研究は多い。Morita（2004）は、彼女自身の論文も含めて、Leki（2001）、Toohey（1998）、Casanave（1998）、Flowerdew（2000）、Belcher（1994）、Norton（2001）を挙げている。日本でも西口（1999）、ソーヤー（2006a, 2006b）などがある。

レイブ・ウェンガーは、リベリアの仕立て屋やアメリカの海軍、アメリカの肉屋などの多様な事例を紹介して、新参者がどのように実践に参加し、その中で「どのように仕事をするか、仕事の中でどのように人工物を使うか、それぞれの仕事がどのように相互に関連しているかといった様々な事を学習し」（ソーヤー 2006a: 47）て、一人前の仕立て屋なり、軍人なりになっていくのかを示した。

学習は観察や模倣によって生じるといった伝統的な見方に疑問を呈したこの学習モデルは、「それまでの学習観を大きく揺るがす研究として人類学、教育学、心理学などの分野に大きな衝撃を与え」た（山下 2005: 23）。

これら幅広い分野における魅力として、當眞（2002）は、(1)従来、細分化された専門領域で個別に扱われていた問題が、相互に深く関わるものとして位置づけ直される可能性、(2)コミュニティを固定的で物象化されたものとしてではなく、「構造的なもの」と「即興的なもの」を同時に内包する意味のある単位として構想することをたすけること、(3)学習が、実践を生成し構造化する過程の中心に、その（実践の）原動力として位置づけられている点、(4)概念の射程を考える上で、局所性（locality）を重視していること、(5)実践、学習、人間相互の関係をアイデンティティの問題と絡めて考えることができる点、の五つを挙げている。

特に注目されるのは、新参者から熟練者へと実践の文化を自分のものにして十全的な実践者になる過程は、「何かが出来るようになるということ」であり、「それは参加の形の変化やあるポジションを獲得することを含んでおり、「全人格的」問題（"whole person" issue）なのである」（ソーヤー 2006a: 70）とする指摘である。

しかし、レイブ・ウェンガーのアイデンティティ論には「アイデンティティという概念そのものの検討も含めてさらに議論されなければならない点を多く残している」(當眞 2002: 121)。

　一つ目は、新参者から古参者へと学習によって参加者がその位置を変え、それとともにアイデンティティも変化していくというモデルは、直線的すぎかつ、権力への視線に欠けるというものだ。レイブ・ウェンガーが行ったアルコール依存症の人たちの集まりである「アルコホーリクス・アノニマス（AA）」[11]の分析に対して、高木は、

> ここで問題にされているのは、AAという実践共同体が参加者に求める「断酒中のアルコール依存症者」という公的なアイデンティティの構築・維持が、あらかじめ十分に構造化された参加のステップにおける「パーソナル・ヒストリーの語り」の熟達化と不可分に結びついているという観察であり、たとえば個々の参加者が自分のパーソナル・ヒストリーや現在の生活状況とAAが求める「断酒中のアルコール依存症者」というアイデンティティとの関係のなかで葛藤をはらみながら構築していく複雑で、独自のアイデンティティ（断酒の失敗の危険性をはらんだアイデンティティも含む）ではない。
>
> 　　　　　　　　　　　　　　　　　　　　　　　　　（高木 1999: 5）

と、「断酒中のアルコール依存症者」として参加者を位置づけようとする言説と、それに応じよう、または、抗おうという参加者のせめぎあいをレイブ・ウェンガーが等閑視していることを挙げている。

　田中（2002）は、レイブ・ウェンガーが行ったAAの分析と、「女性の筋痛脳髄炎患者の自助サークルをフーコー・バトラー流に分析したシルドリックらの論文」を比較して、レイブ・ウェンガーを批判している。

　田中によれば、シルドリックらの分析では、女性の筋痛脳髄炎患者の自助サークルの中で繰り返される対話を通して、参加者たちが「医師に代わってみずからを監視する存在に変わる」点が注目される。それと同時に対話は「医学のまなざしに対する批判の拠点」ともなる。「サークル内での病気・障害をめぐる言語実践が生み出す障害者のアイデンティティは医学の領域に収まらない。それは、医学的主体化を攪乱することに

なるのだ」(田中 2002: 354)。

　このようなシルドリックらの分析視点とレイブ・ウェンガーのそれを比べれば、レイブ・ウェンガーのモデルは「きわめて調和的」であり、「悲しいまでに権力に対する感受性に欠けている」のがわかる(田中 2002: 352)。

　二つ目の批判は、学習者は、ある一つの共同体にだけ参加しているわけではないという指摘だ。家族、職場、学校、趣味のサークルなどいくつかの共同体に同時に参加している。その数は過去に参加した共同体、そしてこれから参加する（したい）共同体の数を入れると無数になるだろう。高木 (1999) は、レイブ・ウェンガーの状況的学習論の限界を、

> 学習者のアイデンティティ構築を「現時点」で学習者が参加している優位な実践的共同体との関係においてのみ把握するならば、学習者のアイデンティティはある実践共同体から他の実践共同体に移動した時点でいったん白紙化され、その後、あらたに参加した実践共同体との関係において再構築されることになり、学習過程の叙述は、学習者の体験主体としての連続性を無視した非現実的なものになってしまう。
> (高木 1999: 5)

と、いくつもの共同体を移動しながら（再）構築されていく個人のアイデンティティをとらえる射程がきわめて短いことを指摘した。

　これらの点に関して、ソーヤー (2006b) は、複数のコミュニティへ参加することで、実践コミュニティへの参加者は、「周辺から十全的参加へといった直線的な軌道の上にプロット出来ない」、「ユニークなポジション」を獲得するのであり、それはとりもなおさず「新しい自己の発見と創造であ」るとしている。しかし、新たな共同体への参加とは、「新しい自己」を発見させられたり、創造させられたりするものであり、問題はむしろ、過去の自分との連続性が持てなかったり、否応なしに、「新しい自己」を構築せざるをえないことであろう。それは、前章の水村 (1998) の Minae や、本章の冒頭の Katarina が、北米での自分を「（自分とは）別のもの」としている例からもわかる。

　このような問題点を、高木 (1999) は、「独自のライフコースをもった

固有名としての学習者」(p.8) の固有名性と共同体の中における役割アイデンティティを一元的な尺度でとらえようとしたときに生じた問題だとしている。

> Wengerのいう「調停」が複数の実践共同体への参加によって得られた複数の成員性の間の関係構築であるのに対して、Hodgesのいう「周縁化」は社会空間的な位置どりである成員性と、時間的に進展する個人の連続性である個人史との関係であるということができると思われる。成員性は（諸）実践共同体における関係性によって相対的に規定される学習者の位置にかかわる概念である。これに対して個人史は、その人だけが体験し得たこと、世界におけるその人の絶対的な位置にかかわる。このように成員性と個人史はその位相が異なるが故に互いに相手の「外部」である。（中略）（実践共同体における役割性の位相）の水準のみである人の体験を理解することは、個体の時間的な連続性、持続という異なる原理によって構造化されている個人史という位相を無視することになる。　　　　（高木 1999: 9–10）

この指摘を受け、當眞（2002）は、親の赴任に伴って在籍することになったアメリカの学校で、算数の天才としての評価を与えられた日本人の男子児童の、その評価に対するアンビバレントな感情を明らかにしている。英語ができなくても、その男子児童は、日本ですでに習った掛け算の授業では、周囲の生徒より圧倒的な正確さと速さで問題を解くことができた。彼を「算数の天才」と称するような共同実践が彼と教室のすべての人々との間で行われていたが、「算数の天才」という位置は、日本での彼の位置、また将来彼が帰った日本の教室の中における位置と重ね合わせて考えるとき、「二重の意味をもつもの」である。「オサム（協力者）にとって「算数ができる」ということの意味は一義的に決まらない。それは個人史のどこまでを射程に入れるかによって大きく異なってくる」(p.136) ものなのだ。

このように考えると、ある個人が、ある実践に参加し、そこでなんらかの位置を取ることの、当の本人にとっての意味とは、その場で構築されるアイデンティティだけではなく、その人の「個人史的意味」を考え

てこそ理解できるものだ。実践への参加は、参加による技能や言語の習得を伴うが、そこには、その習得を促進し、また排除する権力との関係、同じコミュニティに参加する者同士の妥協、競合、競争、葛藤などを含む政治的問題、そしてその結果としてのそこでの位置づけをも不可避的に伴っている。それを、体験した本人がどのように感じるかは、その時、その場における位置だけではなく、かつてその人が他の実践への参加で、どのような位置にいたのか、またこれからどのような実践に参加したいのか、それらの実践で占めた位置との参照関係によって決められるのだ。その位置づけをどのように感じるかという「主体」の問題として考えなければならないのである。

3.4 本研究のねらい

ここでNortonの問題に戻ろう。

Nortonは「正統性」という概念を使って、目標言語を話す学習者の体験や気持ちに迫ろうとしていた。しかし、その使い方には矛盾があった。「正統な話者」とは、話し相手との関係の中で決まる非常に相対的な概念であるにもかかわらず、それが自分自身に対する見方と混同されて用いられていたことに、その大きな原因があった。

この問題は、どのようにすれば解決できるのだろうか。

前節で見たように、いくつかのsite（場）を移動していく固有名を持った個人を、ある一つのsite（場）で構築される役割／ポジションに還元することはできない。ある一つの共同体だけではなく、いくつもの共同体を移動し、それぞれの場所で構築され、また日々（再）構築される位置取りを背負いながら過去と未来と現在を渡り歩く個人にアクセスしていくには、前章で明らかにしたようにライフストーリーが一つの手段として考えられるだろう。

Novitz (1989/2001) は、ライフストーリーでは、「私とは何者なのか」という問いに答え、その人の「自分らしさ (sense of self)」を伝えてくれる[12]と指摘する。

この「自分らしさ」とは、自己イメージとも言い換えることができるものである。Novitzは、現在はよく知られた哲学者となったAlfredが大

学生時代に参加したあるセミナーで犯したある小さな言い間違いのことをありありと記憶しており、今でも後悔の念にとらわれているという話を紹介している。Novitzは、人にはその人が好む物語の不可欠な「構造」のようなものがあるとしている。それは語り手本人にも気づかれていない場合もあるが、純潔さ、誠実さ、敬虔さ、謙虚さなどであり (p.150)、過去に起こった出来事を並べ、関係付けるのに欠かせない作戦のようなものだ (p.151)。Alfredが好むのは「刺激的で洞察力のある思想家」(p.151) という自己イメージであった。彼を悩ませ続ける言い間違いというエピソードは、このストーリーの構造の中にぴったりと収まらないため、Alfredは後悔を続けているのではないかとNovitzは考える。

　Novitzの言う「自分らしさ」とは、ある人のライフストーリーから読み取れるテーマと言い換えることもできるだろう。では、その「自分らしさ」を読み取る人は誰なのか。ストーリーを聞くインタビュアー、書く研究者、読む読者でしかありえない。一歩踏み込めば、もしインタビュアーや研究者、読者が意味を読み取ることができなければ、ストーリーの中で表現されている「自分らしさ」は解釈できないのだ。この点については4章で詳述しよう。

　Nortonのもう一つの問題は協力者の英語を話す自分に対する見方の中でも、特に正統性と関わりのあるものに注目していたことだ。しかし、前章で見たように、第二言語を話す体験には、その場とそれを取り巻く社会全体の社会的・経済的政治学が大きく関わっている。学習者は常に闘い、正統性を求めるべきなのか。例えば、水村 (1998) のMinaeは、英語の正統な継承者になるという戦いで最初から「負け」を認めていたではないか。私は、「闘い」の結果、韓国語を話す自分が好きになったのだろうか。さらに、多くの留学生は、来日何年かしかたっておらず、いつかは国へ帰らなければならないという条件を抱えている。それらの留学生が「闘い」の結果、「legitimacyを獲得する」、「ownershipを持っている」という状態になる（もしくはなってほしい）と考えてもよいのだろうか。第二言語で書く作家ですら、legitimacyやownershipをめぐる戦いを日夜続けていると言っているのだ。

　自分たちのアイデンティティを言語そのものに刻印したいという真

率さへの欲望と、理解可能な言語で書く必要をどのように維持し続けるのか。それは本の流れの中でたえず生成する弁証法であり、最初から固定された理論があるわけではありません。書いている瞬間に、その度ごとにバランスを取っているのです。この作業には編集者も参加しています。草稿に赤を入れて、「理解不能、理解不能、理解…」(笑)と書いてくるからです。言語に対する本物の戦いが繰り広げられているのです。日本でも作家は言語を変え、練り上げようとしているでしょう。しかし、他人が理解できるように自分の言語を変えるように強いられてはいないはずです。それに対して、私たちは他人に理解してもらうための努力を強いられているのです。

(ラファエル・コンフィアンの発言。青柳2001:7から再引)

そこで私は、水村の小説の「私」が、日本語での美苗を「自分」と感じ、Minaeを「自分ではないもの」と感じたように、ある言語を話す自分に対する見方のことを「自分らしい」という言葉でとらえてみたい。日本語を話す自分を「自分らしい」と思える、あるいは日本語を話す自分を「自分らしい」と思えないのはなぜか。「自分らしい(あるいは自分らしくない)」という日本語を話す自分に対する評価には、日本語を使った体験、またその人の個人史が複雑に絡み合っている。

ここで整理すると、本書では、「自分らしさ」[13]を二つの意味で用いる。一つは、ライフストーリーの中で表現される、語り手自身が考える「自己イメージ」であり、それは読み手(私)の解釈によって、立ち上がるものである。もう一つは、前節で見たように、場(site)を移動する際に新たに構築されるアイデンティティに対する自分史的な見方である。

さらに、本研究では、境界があり、そこで自律的に変動しているというイメージがあり、面をイメージさせる「コミュニティ」という言葉より、緩やかで、協力者とそれを取り巻く人々を点と点の結びつきとしてイメージできる「ネットワーク」[14]という語を用いたい。なぜなら、後述するように、本研究では、インタビューという方法のみを用いて、ライフストーリーを作成しているが、このようにインタビューだけを用いた場合、協力者がどのコミュニティに属しているのか、どのような頻度で訪れているのか、さらには、どのような位置が(再)構築されているの

か、コミュニティ全体を俯瞰して観察する機会はないからだ。

そして、ライフストーリーの中で語られるネットワーク内（の出来事）の中で負わされ、また引き受ける形で（再）構築される研究協力者の特徴的な位置をアイデンティティという用語でとらえたい。

注 [1] 社会言語学が、伝統的な研究方法である言語使用に対する言語学的、構造主義的なアプローチに加えて、社会理論（social theory）を応用して、言語使用を理解し探求していこうという方向に転回したことを指している（Block, 2003: 2）。

[2] 1993年「Theory construction in Language Acquisition」と銘打たれた特集号（Beretta編）、それに続くvan Lier（1994）、Block（1996）、Lantolf（1996）、Gregg et al.（1997）などを参照。

[3] 1997年の特集号と2007年の特集号（ともにLafford編）などを参照。

[4] Norton & Toohey（2002）によれば、アイデンティティと言語学習を考える研究にとって、ポスト構造主義は非常に重要になっているという。彼女らによれば、ポスト構造主義とは、ソシュールによって始まった言語を「ラング」と「パロール」に分けて考える構造主義を「同じ言語のコミュニティの中でも、話す人や場面によって、同じ言葉が異なった意味になる」（p.116）点を無視しているとして批判する。構造主義者たちは、記号を理想的な（idealized）意味を持つものとして、言語コミュニティを比較的単一で均質なものとして扱うのに対し、ポスト構造主義では、ある社会の中で言葉の意味を決定する実践を闘争として、そして真正さと権力を巡る葛藤の場所と考える。このような研究に影響を与えている研究者として、彼女らはミハエル・バフチン、ピエール・ブルデュー、グンター・クレスを挙げている。

[5] Constructionismという用語については、日本で一定した訳語が定着しているわけではない。このあたりの事情については、千田（2001）を参照のこと。本書における社会構成主義という用語はガーゲンの『社会構成主義の理論と実践』（2004a）という本の題名によっている。

[6] ポスト構造主義、社会構成主義的なアイデンティティ観が用いられる以前にも、社会言語学とバイリンガリズムでは、アイデンティティと言語の関係に、研究の焦点があてられていた。それは言語の選択とパフォーマンスとアイデンティティの指標をめぐってであった（Pavlenko & Blackledge, 2004: 6）。

[7]	Kanno も Clandinin & Connelly（2000）のナラティブ・インクワイアリー（以下、NI）の手法を使っているが、Choi は、NI をはっきりとは定義していない。Choi では、彼女自身のストーリーと研究協力者のストーリー、また研究の焦点の変遷についてのストーリーが述べられている。日本でも、いくつかNIを使った研究がある（李 2004a, 2004b, 2006; 川嶋 2006; 西田 2007）。これらは、Clandinin & Connellly（2000）の手法を使ったものだ。
[8]	子どもや初心者が、援助なくしてはできない問題を解決したり、タスクを実行したり。目標を達成したりすることを可能にする援助のこと（永見 2005: 85）。
[9]	フランス語の「capital culturel」の訳。ブルデューの「ディスタンクシオン」の日本語訳（1990）では「文化資本」と訳されている。ちなみに、訳者の石井洋二郎は、文化資本のことを「広い意味での文化に関わる有形・無形の所有物の総体を指す。具体的には、家庭環境や学校教育を通して各個人のうちに蓄積されたもろもろの知識・教養・技能・趣味・感性など（身体化された文化資本）、書物・絵画・道具・機械のように、物質として所有可能な文化的財物（客体化された文化資本）、学校制度やさまざまな試験によって賦与された学歴・資格など（制度化された文化資本）、以上の3種類に分けられる」と解説している（p.v）。
[10]	ソーヤーでは、「合法的」と訳されてる。
[11]	日本語では「断酒会」とも言う。この「AA」という断酒会は、1）断酒の継続、2）本人を包むつながり、3）病気についての情報提供、の三つを提供しつつ、断酒を続けるというアメリカ生まれのセルフ・ヘルプグループだ。その活動の変遷と、具体的な活動内容は葛西（2007）を参照のこと。
[12]	この「sense of self」をどのように捉えるかというのは、大きな問題である。Novitz は、「sense of self」を自分に対するイメージであり、小説やテレビ、日々接するちらしやパンフレットの中からその材料を拾い、人生を通して発展させるものだとしている。ここから、彼の sense of self が物語的アイデンティティと非常に深い関係にあることがわかる。しかし、ここで、私は、本質的で不変な「自己」があると考えているわけではない。なぜなら、ナラティブ・セラピーによると、「自己（についての物語）」とは書き換え可能だからである。ナラティブ・セラピーの実践では、ストーリーは上演されると考える（ホワイト 2004）。そして、クライアントの人生に関わる人々を私の物語の出演者とみなし、その人の役割を変えたり、役からはずして、自分のストーリーを変え、新しいストーリーを作る。さらに、その新しいストーリーは、ストーリーに関わる人々に手紙

を出す、セラピーへ参加してもらうなどして、実際の人々を巻き込んで形が整えられていく。一方で、selfを「○○の私」と名づけられるような個々の「私」を指すという場合もある。Mishler (1999) は、アイデンティティを「サブアイデンティティのダイナミックな組織のことを意味する集合的な用語」(p.8) としているが、この場合は、Mishlerのサブアイデンティティがセルフに該当するだろう。それぞれのセルフは、お互いに独立しているのではなく、お互いに複雑に絡み合った形で構成されている。ある言語を話す「私」に対する感情とは、「集合的な」アイデンティティからみた、「日本語を話す私」に対する感情のことだと考えていいだろう。しかし、selfとは何かはっきり定義することは、私の力量を超えることである。今後の課題としたい。

[13] 近年「自分らしく」話すことを目標とするような日本語教育研究や実践研究を見かけることが多くなった。私はそこには与しない。後述するように、ライフストーリーを聞き、書き、解釈するという行為自体が、聞き手、書き手、読者でもある研究者という存在なしには成立しないからであり、結論を先取りするが、ある場で構築される自分を自分らしいと思える／思えないということは、その人と社会との政治的交渉の結果であるからである。

[14] 言語学習者が目標言語に接触する機会を左右するものとしてしばしばとりあげられるのが、留学先での社会的ネットワーク（以下、ネットワーク）だ（Isabelli-Garcia, 2006）。90年代には日本語教育の分野でもこのネットワークの研究がさかんに行われていた（日本語教育学会 1996; 1997など）が、現在ではほとんど見られなくなっている。90年代の研究は、日本語学習の役に立つネットワークの特徴を調べて、その分布を考えたり、ネットワークの配置を上手くコーディネートしようといった即利的な考え方に基づいていた。

第4章 ストーリーとして理解する意味
ミメーシスという視点から

　ライフストーリーとは、ライフヒストリー、オーラルヒストリーなどと並んで、ある個人とその人の体験についての研究で、研究者に対して語られたことや文書などの記録をデータとして用いる「伝記的研究」(Creswell, 1998) に分類される質的研究の一つである。

　Mann (1992) によれば、文学の形式を持つ自伝や伝記、歴史的真実を追究するライフヒストリーに対して、ライフストーリーは体験的真実を表しているという。研究方法としてのライフストーリーは、社会学（ベルトー 2003; 山田 2005; 浅野 2001 など）、心理学（やまだ 2000b; 能智 2006 など）、第二言語習得研究（Pavlenko, 2004; Kinginger, 2004 など）などで用いられている。

　このようにライフストーリーに多くの注目が集まるようになったのは、他のインタビューを使った研究同様、テープレコーダーの発明という技術の進歩を抜きにしては考えられない（トンプソン 2002: 44) のであるが、技術的革新だけではなく、近代特有の「自己」のあり方も、研究者をライフストーリーに惹きつけていると考えられる。

　人々が自分史を語るようになったのは、近代になってからのことだと言う（矢野 2000）。今や、人々は自らのセクシュアリティ（プラマー 1998; 湧井 2006）や病（フランク 2002）について語り、自分の仕事（篠田 2006）や障害（田垣 2006）について語る。現代は、このように自分の生活史を語り直すことによって、自己を再帰的に理解する時代らしい（ギデンズ 2005）。

　「アルコホーリクス・アノニマス (AA)」の参加者は、「アルコールを飲んでいた自分」を語り続けることによって、「飲まない自分」を確立しているという（松島 1996）。

　また、ナラティブ・セラピーという心理療法の分野では、クライアン

トはドミナント・ストーリーと呼ばれるストーリーにとらわれ、生きにくさを感じているとされる（ホワイト・エプストン 1992）。セラピーでは、カウンセラーといっしょにドミナント・ストーリーの中から「ユニークな結果」を見つけ、それを手がかりに自らの新たなストーリー（オルタナティブ・ストーリー）を構築し、「自分の経験を独自の物語りにストーリングすることによって自分の人生や人間関係に新しい意味付けをしていく」（エプストン・ホワイト 1997）。これらの作業を経て、クライアントは生きにくさを克服していく。

　第2章に述べたように、外国語（第二言語）学習体験のストーリーが英語圏のみならず日本でも小説として、また体験記として数多く出版されていることを考えると、外国語（第二言語）学習体験も現代の社会で語るに値する体験だと考えられているのかもしれない。

　このように多くの学問分野で、また多くの場所で様々な形で語られるライフストーリーであるが、それを使った研究の目的、認識論は様々である。本書では、ライフストーリーをインタビュー時に研究協力者が語った過去と現在に関する事柄を、研究者が時系列に並べ替えて作ったストーリーという意味で用いる。このような定義を用いるにあたって、いくつかのトピックを取り上げて論じることで、本研究においてインタビューで語られたことをライフストーリー化するという一連の行為について考察しておきたい。

4.1　なぜストーリーの形にするのか──理解という方法

　「実証しよう」という研究では、人々の行為やそれに伴う心の変化を理解することは難しい（ガーゲン 1998）。他者や他者が生きている世界を理解するということは、「諺を解したり、ほのめかしに気づいたり、冗談がわかったり──あるいはここで示唆してきたように、詩を読んだり──することに近い」（ギアーツ 1991: 122–123）からだ。

　「他者」を知るためには、研究者が自分の経験と想像力を頼りに、他者が言葉にした経験を解釈するように努め、「共感」しようとすることが絶対的に必要だ（エプストン・ホワイト 1997）と言われている。しかし、他者の経験を解釈するとは、どのようなことなのだろうか。

ブルーナーはナラティブ・モードとパラディグマティック・モードの二つに、人間の思考方法を分類した。人間はナラティブ・モードによって、二つの出来事の連関を考えるという。よく使われる例に「王が死んで、そしてそれから（then）王妃が死んだ」（ブルーナー 1998: 17）があるが、「王が死んだこと」と「王妃が死んだ」ことの連関、つまり王妃が悲しみのあまり死んだのか、罪悪感にさいなまれて死んだのかという連関を考えるのがナラティブ・モードだと言われる（やまだ 2000a）。このナラティブ・モードによって作られるのが「ストーリー」である。このストーリーとは「時間を超越した真実を眺める全知の眼によるのではなく、ストーリーの主人公の意識というフィルターを通した現実の描写」（ブルーナー 1998: 41）であり、ストーリーが見事であればあるほど、「真実味」がもたらされ、「見る側の複雑な、ないしは洗練された解釈行為をなんら必要と」しない（p.27）。しかしながら、同時に「読者のイマジネーションの戯れを許し」（p.58）、読者自身がその物語の作者となる（p.62）のである。

　ブルーナー（1998）は「結局、実在のテクストをどうするのか、自分のしたいように自分で書かなければならないのは、読者なのだ」（p.38、強調ママ）と述べている。つまり、読者がストーリーの「題材」を、彼／彼女のレパートリーと調和させることによって彼ら自身のテクストを構築するということが読むという行為であり、それによって、ストーリーの中のキャラクターの経験が理解可能なものとなるのだ。

　ストーリーはキャラクターの経験を理解可能にする。なぜストーリーにはそのようなことができるのだろうか。フリック（2002）は、美学や文学理論で用いられるもともとは、「模倣」を意味する「ミメーシス」という概念がこの問いに答えるのに役に立つとしている。ミメーシスとは、「もともとは（たとえばアリストテレスの用語法では）自然の世界の象徴的世界への変換を表していた。（中略）ミメーシスの簡潔な例としてよく引き合いに出されるのは、自然あるいは社会における関係性を文学やテクストの中であるいは演劇の舞台上で表現することである」（フリック 2002: 42–43）。さらにフリックは、質的研究では、

・研究対象者の側で、経験を口頭の語りや報告などに変換する際に、
・これに基づいて研究者がテクストを構成し、それを解釈する際に、

・そのような解釈が日常の文脈に還元される（たとえば書かれた研究結果が読まれる）際に、

ミメーシスの要素が用いられるとしている（p.43）。

このようなミメーシス概念を発展させた1人として、リクールを挙げることができるだろう。リクール（1987）はミメーシスを「対象を模倣するものでありながらも、同時に新たな要素を付け加え、より優れたものへと向かわせる創造的な行為」（大塚 2003: 39）としてとらえている。リクールは物語るという行為を三つのミメーシス（ミメーシスⅠ、ミメーシスⅡ、ミメーシスⅢ）に分けて分析している。

説明の都合上、ここではミメーシスⅡから話そう。ミメーシスⅡとは、ある事柄をストーリーとして語ること、つまりストーリー化するという行為である。それは、体験された出来事を時間軸に並べ替えることだ。

ここで筋（プロット、リクールの言葉を使えばミュトス）が大変大きな役割を果たす。プロットの機能とは、ストーリーの発展や終結を作るいくつかの出来事を同定し、強調することによって、年代記や出来事のリストを一定のテーマを持った一つのまとまり（schematic whole）に変えることだという。このプロット化によって、様々な出来事を一つのストーリーとして編むことができ、自分の行動や他の人の行動を説明することができるようになる（Polkinghone, 1988: 20–21）。

筋は、個人的な出来事もしくは小事件と、一つの全体としての話とを媒介する。さらに、筋立てることによって、行動主体、目的、手段、相互作用、状況、予想外の結果などといったような要因の絡み合った全体を組み立てる。そして、固有の時間的性格を持ち、異質なものを統合する（リクール 1987: 119）。さらに、ストーリーの終点である結末の働きによって、ストーリー全体を見通せる点が提供され、一つ一つの出来事にその筋に適合した位置が与えられるのである。

　　話の筋を追うことは、偶然の出来事やどんでん返しの中を期待に導かれて前進することであり、その期待は結末において満たされる。この結末は、先行する何らかの前提により論理的に含意されている

ものではない。結末は話に「終点」を与え、終点は、話が全体を形成するものとして認められるような視点を提供する。話を理解するとは、継起するエピソードがなぜ、どのようにして、この結末に到達するかを理解することであり、その結末は予見されるどころか、話によって集められたエピソードと適合するものとして最後に受け入れられるものでなくてはならない。　　　　（リクール 1987: 121）

　この筋の働きによって、一連の出来事のつながりはストーリー全体として意味を持つものになり、反対にストーリー全体は、それを構成する出来事や行為を参照する相関物となり、結果として話が一貫するのである。

　しかし、どうして、筋立てることによって理解ができるようになるのだろうか。筋は、すでにある世界と響き合っているからだ。リクールによると「筋を組み立てることはすでにして、偶然的なものから理解可能なものを、特殊なものから普遍的なものを、総和的なものから、必然的または蓋然的なものを生じさせる」のだ（リクール 1987: 73）と言う。出来の悪いストーリーとして「非難されるのは、挿話間に脈絡がなく」、「ふさわしい蓋然的関係も、必然的な関係もなく続いているような〔そして連鎖しない〕筋」（リクール 1987: 72）のことである。プロットを作るとは、ストーリーを構成する出来事同士をある「普遍性」を持った筋に乗せることなのだと言い換えることができる。

　この「普遍性」に注目してもらいたい。プロットを作る作業に先立って、普遍的なもの、必然的なもの、蓋然的なものを決定づけているある世界が存在するということである。これをリクールはミメーシスⅠと呼び、①行動一般の構造的特徴を確認する行動の概念的ネットワーク能力、②慣習、信仰、制度などの全体を形成している文化の象徴的ネットワーク能力、③日常の実践の中に、現在から見た未来、過去、現在を相互に秩序づける能力だとしている。人間がある文化の中で生きていれば当然身につけているような能力なのであるが、それを使わなければストーリーは「永久に理解しがたいものになってしまう」（リクール 1987: 117）のだ。翻れば、文化的、慣習的な制限を受けないストーリーはありえないということにもなる。

第4章　ストーリーとして理解する意味

それでは、ストーリーを読むとは、ストーリーに先立って存在しているミメーシスⅠをストーリーの中に確認するという行為にすぎないのだろうか。リクールはミメーシスⅡの後に起こるものとして、ミメーシスⅢを取り上げている。ミメーシスⅢとは、「テクスト世界と聴衆または読者の世界との交叉を示す」(リクール 1987: 127) ものだ。先述したように、ストーリーを読むとは、「偶然の出来事やどんでん返しの中を」ストーリーに先立って存在しているミメーシスⅠによって響く「期待」に導かれて前進することなのであるが、そこには当然読み手の期待に反し、不協和音を響かせるものがある。ストーリーの世界と「読者の現実の世界とのあいだの対決」(リクール 1990: 290) が要求される。
　そのとき、「筋立ては、話の核心、主題、「思想」などとすでに呼んできたものと、情況、性格、エピソード、大団円をもたらす運命の変転、などの直観的提示とを混成した理解可能性をうみだ」(リクール 1987: 123) し、新たな図式（パラダイム）を作る。世界が「私が読み、解釈し、愛したあらゆる種類の記述的、詩的テクストによって開かれた指示作用の全体」(p.142) なのだとすれば、物語を読むことによって、「人間の行動^{プラクシス}という視点から」(p.143) 世界が再び意味づけられるのである。
　何を「再び」意味づけるのか。それはミメーシスⅠによって意味づけられていた世界である。ミメーシスⅢによってミメーシスⅠに変更が加えられるのだ。ミメーシスⅠ、Ⅱ、Ⅲは循環するものであることがわかるだろう。ストーリーを読むことは、ミメーシスⅠ、Ⅱ、Ⅲの循環によって初めて完了するものだ。このミメーシスの循環があって、ストーリーの世界は理解可能なものになると同時に、読者が新たな世界を作り上げる契機ともなるのだ。
　ここで、私がなぜ研究協力者がインタビューで語ったことをストーリー化するのかというこの節の最初の問いに戻るときがやってきた。私がストーリー化するのは、研究者である私自身が研究協力者の世界を「理解」したいというのが第一の理由である。同時に、本書の読者たちにも、研究協力者の体験を「理解」してもらいたい。
　私たちはストーリーを読むことによってしか、協力者の世界を理解することはできない、というのが、本研究でライフストーリーを用いる第一の理由である。また、私たちはストーリーを読むことによって、自分

の持っている世界図式を「革新」する可能性を手に入れることができる。その可能性に賭けたい、というのが本研究でライフストーリーを用いる第二の理由である。

4.2 その人の現在を語る物語的アイデンティティ

　以上、ストーリー化する理由について述べてきた。私が主に述べてきたことは、私と本書の読者にとってのストーリーの意味であった。しかしストーリー化にはもう一つの側面がある。それは研究協力者側からの視点である。なぜ研究協力者側からの視点がいるのか。それは、インタビューに応じて体験を語るという行為そのものが、これから述べるように、彼らの「物語的アイデンティティ」を再構築することに他ならないからである。

　他者からの「あなたは誰ですか」という問いに答えるには、その人の人生を物語るしかないという（リクール 1990: 448）。なぜなら人間は、刻々と流れる時間の中を生きる存在であり、その「時間経験は物語言述のおかげで言語のレベルで文節されてはじめて意味をもつもの」（リクール 1987: i）だからである。

　「悲しみや喜びといった直接的体験を一つの理解可能な出来事として分節化し、それを耐えられるもの、すなわち自己の経験として受容可能なものにするところに」物語の機能がある（野家 2003: 62）。「人生は経験をストーリー化することとそのストーリーを演じることによってその人自身の人生として定着する」（ホワイト・エプストン 1992: 145）のだ。

> 人生とナラティブとの間のミメーシスは双方向に行われる。ナラティブは人生を模倣し、人生はナラティブを模倣する。この意味でも「人生」は「ナラティブ」と同じく人間的想像力によって構築されたものである。人間の能動的な推論によって——われわれがナラティブを構築するのと同じ種類の推論によって——人生は構築される。誰かが自分の人生を語るとき（中略）それは一義的に存在しているものをありのままに描写するというよりも、常に知的に成されるものなのである。最終的にはそれは物語的に成される。心理学的にいっ

て、「人生それ自体」といったものは存在しない。控えめに言っても、「人生」とは記憶を選択的に呼び覚まして作り上げられたものである。それどころか、自分の人生を物語ることは解釈の妙技 feat とさえ言えるのである。

（Bruner, 2004: 692–693、翻訳はフリック 2002: 47 から）

　このように「あなたは誰ですか」という問いに答えて語られるストーリーをリクールは「物語的アイデンティティ」と呼んだ。物語的アイデンティティとは、過去の出来事をあるプロットに当てはまるように取捨選択して並べなおして作られた物語によって構築される。この物語では、「現在の自分」が結末となり、そこに至るまでの道のりが「今ここにある自分（物語を語っている自分）に説得的なやり方で」（浅野 2001: 10）語られる。

　ガーゲン（2004a）によると、物語的アイデンティティとは、ライフストーリーを語ることで、自分自身が誰かということを理解可能にする、語りによって構築されたアイデンティティである。その中で、語り手は、自分たちの人生と他者との関係性に意味を与えることができる。さらに、ストーリーを語ることによって、様々な事象は観察可能になり、また未来の事象への期待を顕在化させる。日常生活における事象は語りで満たされているがゆえに、意味に満ちている。「重要なことはわれわれが物語りによって生きているということである——自己を語るという意味でも、自己を実現するという意味でも」（ガーゲン 2004a: 248）。多くの人は、過去を語り、物語にすることで人生のつながりに関する一貫性の感覚、つまり「私」はほかならぬ「私」であるという「未来・現在・過去を包摂する全体」（フランク 2002: 92）を得ることができるのだ。

　このような物語的アイデンティティの機能は、前節で見たミメーシスⅠ、Ⅱ、Ⅲの循環を応用することでも理解することができる。物語的アイデンティティが語られるストーリーは筋立てと、現在という結末を持っている。そのことによって、過去に起こった様々な出来事を現在という地点から照らし出し、それぞれの出来事のストーリーの中における意味を明らかにすることができる。そのストーリーが作られる以前には、どのようなストーリーに価値を置くのか、何に話すべき価値があるのかを規定するミ

メーシスⅠがあり、さらにストーリーが語られた後には、それをストーリーとして聞き取る者（語り手自身、ストーリーの聞き手）がいる。

> 自己性を構成する物語的自己同一性は、生の連関のうちに変化、動性を内包することができる。そのとき主体はプルーストの決意にしたがえば、自分の人生の読み手であると同時に書き手として構成されて現われる。
> （リクール 1990: 449）

この物語的アイデンティティを考える際に特筆しておくべきことは、ある人が自分のライフストーリーを語ることによって構築される物語的アイデンティティとは、一度作られると変わることのない、安定し、首尾一貫した同一性ではないということだ。同じ出来事について、いくつかの筋を創作することが可能なように、自分の人生についても異なった筋を織り上げることが可能なのであり、現在の自分に対する見方が変われば結末も変わる。物語的アイデンティティとは、絶えず作られたり、壊されたりし続けているものだからだ（リクール 1990: 452）。

ガーゲンを批判的に踏襲した浅野（2001）は、ライフストーリー[1]の大きな特徴の一つとして、物語の一貫性や完結性を突き崩してしまうような「語り得ないもの」をはらんでおり、これを隠蔽し、見えなくすることによって、首尾一貫性が産み出されることを挙げている（p.15）。この語りえないものが生まれる理由は、人生が、語られるストーリーよりもずっと豊かであるからだと考えることができる。

> 人生の経験はディスコースよりも豊かである。物語の構造は経験に意味を与え組織化するが、必ず、優勢なストーリーによって充分には含み込まれていない感情や生きられた経験が残る。
> （E. Bruner, 1986/2001: 143; ホワイト・エプストン 1992: 30 から再引）

また、この語りえないものは、ストーリーを作る際、優勢なストーリーにそぐわないような出来事を私たちの経験から除外することによっても生まれる。語りえないものとはさらに、話そうとすれば話せるような「語り尽くせなさ」（浅野 2001）にではなく、経験そのものがストーリーだ

てることのできないものであったり、ボキャブラリーが不足していたり、物語る手段がなかったりして「組織化も形さえ（も）与えられず、無形のままで留まる」多くの「生きられた経験の在庫」である（ホワイト・エプストン 1992: 31）。

フランク（2002）は、病いをめぐる現代の語りの一類型として「混沌の語り」を析出している。

この「混沌の語り」とは、体験に対して意味を与えることができず「それから」が続くような語りのことを指す。病い、特に慢性的な病いは、人々から未来を奪う。自らも慢性的な病に苦しみながら、アルツハイマー病の母親と生活しているナンシー（語り手）の話を見よう。

　　それで、私が夕飯のしたくをしようとするでしょう。私はその時点ですでに気分がよくないのね。母が冷蔵庫の前にいるの。それから母はオーヴンの中に手を突っ込もうとするの。私が火を入れたやつにね。それから母は電子レンジの前に行き、それからシルヴァーウェアの引出しのところに行き、それで…。　　（フランク 2002: 142）

フランク（2002）は、この話に対して「（この）話の中に物語を聴き取るのは容易なことではない。（なぜなら）まず第一に、物語は語りとしての継続性を持たず、記憶されるべき過去も予期に値するだけの未来も伴わない、絶え間のない現在だけが存在している。第二に、この語りの形式を持たない「反－語り」の中には、誰もがナンシー（語り手）のような状況を生きながら一生を終えることになるかもしれないという点で、誰もがそれを恐れているような生活の可能性が含まれているからである」(p.142) と述べている。

このような物語りとしての構造化を拒むような語りえないもの中にこそ、ホワイト・エプストン（1992）が「書き換え療法」で「ユニークな結果」と名づけたものが含まれている。このユニークな結果を見つけることで、ストーリーが書き換えられていく。

以上、物語的アイデンティティとは、その人の人生についての物語で、その人が何者であるかを語る物語であること、それは書き換えられていくものであり、さらに語りえないものを含むことを見た。

本研究では、研究協力者とのインタビューで、日本語学習や日本での生活、子どものころからのことなどを語ってもらった。研究協力者にとって、インタビューで語るということは、現在の自分が誰であるのか、幼いころの体験や日本語学習中の体験などを取捨選択しながら説明したということになるだろう。つまり、彼らの日本語を使って生きる人としての物語的アイデンティティを再構築してもらったのだということができる。

　以下では、この物語的アイデンティティには、いくつかの意味で他者の存在が不可欠であることを述べ、本研究におけるライフストーリーとは、実は私と研究協力者が協働して作ったものであることを述べる。

4.3　物語的アイデンティティにおける他者の役割

　物語的アイデンティティとは、一見するとある人の中に自律的に存在し、変わらないもの（McAdams, 1993）と見られることもあるが、実は、いくつかの意味で、他者の存在が不可欠である。ここでは、物語的アイデンティティにおける他者の役割を考える。

　ガーゲン（2004a）は、物語的にアイデンティティを構築するライフストーリーを「社会的説明ないし公的言説の形式である」（p.251）と考えている。つまり、ライフストーリーを個人の所有物ではなく、「（他者との）関係性の所有物」（p.249）であり、他人との関係の中で用いられる言語遂行であるととらえているのだ。このことは、ガーゲンが物語ることで達成される同一性を否定していることを意味するのではない。そうではなく、ガーゲンは物語的アイデンティティの構築における、他者の役割を重視しているのだ。

　ガーゲンが述べる他者の第一の役割は、登場人物としての役割である。

> 例えば、自分が常に正直であるという記述を正当化する場合には、友人からのカンニングの誘いを自分がいかに拒否したかを語らねばならない。（中略）能力が減退していることを語る場合には、若い人の活動が機敏であることを語らねばならない。これらすべての例に

おいて、他者の行為は、あなたの語りを理解可能にする上で、必須の役割を果たしている。この意味で、自己の社会的構成には、あなたという主人公のみならず、共演者が必要なのだ。
(ガーゲン 2004a: 276)

そして、さらに、その場に居合わせてストーリーを聞く者が、そのストーリーの中で与えられた役割を拒否するなら、その人の語りは構成できなくなると指摘する[2]。

他者が、自分たちはあなたとの競争に敗れたわけではないと語るならば、あなたはそのエピソードを自分の成功談のネタに語ることはできない。
(ガーゲン 2004a: 277)

例えば、インタビューの中で、料理が上手な「私」について語るのであれば、家族や友人によって私の料理がどのようにほめられたのか、小さいころから料理がどれほど好きだったのかを語らなければならない。しかし、もし、このストーリーを語っているときに、私の家族や友人が私の料理をけなしたとすると、「料理が上手な私」というアイデンティティは成立しない。

余談になるが、ガーゲン（2004a）は「あなた（語り手）のアイデンティティが、あなたの「自己についての語り」における他者の位置づけを当の他者が承認するかどうかに依存しているのと同様に、他者のアイデンティティも、あなたがそれを承認するかどうかにかかっている」（p.277）と述べており、社会生活が「互恵的」[3]アイデンティティのネットワークによって成り立っていることを指摘している。つまり、日常的な他者との交渉の中で、人々はお互いのアイデンティティを成立／維持させているのだ。

まとめると、ライフストーリーにおける他者の役割とは、第一に登場人物として、第二に語り手である「私」の位置づけを承認する人としてにあると言える。これをさらに発展させて、浅野（2001）は、自分についての話は、その物語が聞き手に納得され、受け入れられるなら、話し手は、聞き手と同じ価値観や人生観を共有している「道徳的共同体」（p.11）

に所属することになると述べている。「物語が聞き手に受け入れられるということは、その評価を共有するということでもあ」るからだ (p.11)。

上述のガーゲンが他者の役割としたことを、本研究の調査場面に当てはめて考えてみると、「日本語が上手になった軌跡を語ってくれ」と私が頼むことは、私が研究協力者を「日本語が上手だ」と認めたことをまず意味している。そして、研究協力者は私の要請に応えて過去の体験を語ることで、「日本語が上手なアイデンティティ」をインタビュアーである私といっしょに構築し、聞き手である私はそのアリバイを作っていると考えられる。

しかし、この説明では、インタビューで語られたことをストーリー化するという本研究の営為をカバーしていない部分がある。それは、インタビューという場面の特殊性、ミメーシスⅢに見られるような読み手であり、また書き手でもある私の役割である。

インタビューの特殊性とは、研究協力者に、臆面もなく自分の過去を語ってくれと頼むことができることにある。

まずインタビュアーである私には、私の研究目的があり、意識的か無意識かにかかわらず、私はその目的に適うように話題のコントロールなどの主導権を握る（Kvale, 1996; 桜井 2002）。

さらに、インタビューでは、研究協力者の語りは「出来事が筋によって構成されている」物語世界と「メタ・コミュニケーションの次元での語りであり、語り手と聞き手（インタビュアー／読者）の社会関係をあらわしている」ストーリー領域、さらに現在の「会話」を行ったり来たりしながら進む（桜井 2002）。それには聞き手であるインタビュアーの質問や相槌も含まれる。インタビューとは、根源的にインタビュアーと研究協力者との協働により作られるものである。

> この見解では、自己とはひとつの語りである。時により、そして人により、この語りは変化するのである。この語りの統一の程度や安定の度合い、そしてそれが告げられる立会人にとって信頼でき、妥当であるとして受け入れられる度合いによって変わるのである。
>
> 　　　　　　（Scahfer, 1989: 31、翻訳はブルーナー 1999: 158 からの再引）

つまり、聞き手が誰であるのか、聞き手がどのように話し手の話を受け止めるのかによって、語りは大きく変わる。聞き手は、録音機ではない。話し手が自分のストーリーを語ることによって自らを再構築しているのと同じように、聞き手もまた、話を聞きながら、話し手の姿を再構築しているのである。言い換えれば、話し手のストーリーを聞きながら、聞き手は解釈を行っているということになる。その解釈が聞き手の反応を変え、それが話し手のストーリーを変える。それは、インタビューという場においても同じだ。

　本研究のデータとなったインタビューで語られたこととは、このようにインタビューという非常に特殊な場面であるからこそ語られ、構築された「日本語が上手になった軌跡」という語りであり、その語りは、私というインタビュアーがいなければ構築されなかったものである。もし、私以外のインタビュアーがインタビューしていれば違った話になる可能性も考えられる。なぜなら、ミメーシスⅢに見られたように、インタビューで研究協力者の話を物理的に聞きながら、その中でミメーシスⅠを参照し、私の意識の中でストーリー化するという「聴き取る」過程が私の中に存在するからである。私の相槌や質問とは、機械的に行われるのではなく、協力者の話を聞きながら、解釈していく過程で生じるものであり、それが研究協力者の語りを左右していることは否定できない。

　さらに、その語りを物語的アイデンティティとしての「ライフストーリー」に仕立て上げる「私」という存在がある。次章で述べるように、本研究では、録音されたインタビューを持ち帰り、文字化し、順番を並び替え、さらにある特定の人の話として再話した。言い換えると、これはインタビュー時にストーリーを解釈するだけではなく、これら一連の作業を通して協力者が語ったことを、研究者である私にとって首尾一貫した話として解釈し直す、解釈行為を行っていることになる。フランク（2002）は、先ほど挙げた「混沌の語り」を、現代の病いをめぐる語りの一類型だと気づくのにずいぶん時間がかかったとしている。「混沌の語り」は、聞き手にとって、不安を引き起こす「あまりにも脅威的なもの」だからである。多くの聞き手は、それに「「抑圧」と記録することで、臨床的に処理してしま」(p.156) おうとしたり、話を自分たちにとって受け入れやすい

ものしようと、「別の語りへと導いてい」(p.144) こうとしてしまう。ホロコーストの証人に対するインタビューでも、同じことが言える。

> 最も印象的なのは、ランガーが引用する一人の証人の事例である。解放の時にはどんな風に感じたのかという問いに答えて、彼は「その時、私にとっての困難がまさに今始まろうとしていることが分かったのです」と言う。ランガーは、この発言が、「伝統的な歴史の語り」の中で確立された期待を裏切るものであることを指摘している。(中略) ランガーが描き出したインタヴュアーたちは、〔収容所からの〕解放を、自分の聴いている物語とその物語の語っている恐怖の、目標とは言えないまでも明確な終結点として、押しつけようとしたのであった。この語りの押しつけに抵抗するホロコーストの証人は、解放に終結を見いだすのは不適切であることをインタヴュアーに教えることで、語りの秩序を覆そうとするのである。
> (フランク 2002: 150–153)

この例からもわかるように研究者は協力者の話を自分にとって首尾一貫した自分にとって聞き取りやすい話にしてしまう恐れがある。

再話するということは、協力者の話の中から研究者に届くストーリーを語るという行為に他ならない。ライフストーリーという研究手法には、本質的に研究者が抜き差しならないところまで深く関与していると考えたとき、恐れおののかざるをえない。

それでもなお、研究者であり、調査者である私が「ストーリー」を書こうとするのは、ストーリーこそが、その人の現在と現在に至るまでの軌跡を結びつけ、理解可能にしてくれる手段であるからだ。なぜ韓国語を話す自分を「自分らしい」と思うのか、日本語を話す自分を「自分らしい」と感じないのかという本研究の問いに答えるためには、ライフストーリーという方法しかない。

加えて、Bamberg (2004a, 2004b) が指摘しているように、若者が日常生活の中で、自分の過去のことを伝記を語るように語ることなどめったにないうえに、自分の過去を語るにはそれにふさわしい時がある (谷口 2015)。

第 4 章｜ストーリーとして理解する意味

本研究の協力者は、本書の題名が示すとおり、韓国人学部留学生だが、彼らは韓国語の世界の自分や日本語の世界の自分を首尾一貫した物語として語れるのだろうか。第2章で取り上げたリービも水村も、いわゆる第二言語学習などという枠をはるかに超え、どの世界でどの言葉を使って生きたいのか（生きられるのか）、自分らしく話すとは、どのようなことなのかという問いへ小説という物語で答えている。水村の日本近代文学への、リービの日本語への没入は、「自分の言葉を探す旅」とも言えるものである[4]。彼らと言葉との関係は、生き方そのものを問うものではないかと感じられる。しかし、本研究の対象である留学生に「自分の言葉を探す旅」を求めることはできない。第一に20代前半の彼らは、まさに旅の途中である。彼らが過去を振り返り、首尾一貫した物語を語るのにふさわしい時にいるのか、大いに疑問だ。

　また、どの言葉で生き、書くのかという問いが、まさしく職業的問いともなっている小説家と、学業を修めることを当面の目的としている留学生とは、（たとえ日本語で小説を書く元留学生がいたとしても）言語との向き合い方は根本的に違うだろう。よしんば彼らが過去を振り返るにふさわしい時期にいたとしても、必ずしも自分の言葉がテーマになるとは限らない。留学生たちに、小説家と同じように、自分と言葉との関係に敏感であれとは言えないし、小説家のように日本語と自分のことを考える必要もないのだ。

　それでは、本研究における「ライフストーリー」とは、研究者である私の創作物だと考えてもいいのだろうか。

　私は、本研究の「ライフストーリー」とは、（私の役割のほうが大きかったとしても）私と研究協力者との協働作業において作られたものだと考えている。このような考えは、木村敏（1988）の考察によっている。

　木村は、音楽を演奏するという行為を、「次々と音を作り出していく行為」、「自分の演奏を聞くという作業」、「演奏する音や休止を先取り的に予期することによって、現在演奏中の音楽に一定の方向を与えるという作業」の三つの契機に分けて説明する。さらに、そのうち、第一の契機が直接的な行為であるのに対して、第二、第三の契機は、「現実の非現実の関係」として、第一の契機を「ノエシス面」、第二、第三の契機を「ノエマ面」と呼んだ。「ノエシス面」がそのつど演奏行為であるのに対し、

音楽の「ノエマ面」とは、「そこで算出される音楽にそれ以前およびそれ以後の音楽との関係をもたせ、それによって全体的なまとまりを構成するために是非とも必要な「意識されている音楽」の面である。それは、すでに演奏された音楽として記憶の中に保存されている音楽であったり、これから演奏する音楽として創造によって先取りされている音楽であったりする」(木村1998: 24)。しかし、ノエシス的な演奏行為が、それ自体として独立に意識されることは決してない。なぜなら「純粋な現在の瞬間は絶対に意識されない」(木村1998: 25) からである。
　そして、ある人が奏でている音（つまり音や休止のつながり）が全体として音楽となりうるためには、「演奏行為によって意識のノエマ面に構成される音楽を絶えず参照することがどうしても必要」である。つまり、演奏するという行為において、演奏者は、「自らの「外部」の音楽的現実に関わると同時に、自らの「内部」で自己の音楽活動の生命的根拠とも関わり続けている」(木村1998: 27) 必要があるのだ。演奏とは、1人の演奏だけに限ってみても、世界とこのように「二重の関わりを保っている」と言える。
　それでは、合奏の場合は、どうなのだろうか。合奏になると、各演奏者1人1人の中に、三つの契機が生じる。実際、各演奏者が耳にしているものは、自分の奏でた音だけではなく、全体としての音であり、聴衆の熱気でもある。一方、その場にいる聴衆も、「熱気」という形で積極的に参加している。その際にも音楽を「ノエマ的・感覚的に知覚している」(木村1998: 34) ことは言うまでもない。つまり、その場に居合わせた人々の「あいだ」にノエシス的に奏でられた音楽や聴衆の反応があり、それを各人が自分の中の過去の演奏の記憶やこれからの予期としてのノエマを意識し、その演奏が鑑賞されると言えるのである。

> 「音楽する主体」は、ノエシス面での生命一般の根拠とのつながりである一瞬一種の演奏活動と、ノエマ面での音形態の形成の両契機から成り立っている。独奏や独唱のような自分ひとりでの音楽の場合にも当然成立しているこの「音楽的主体」は、合奏や合唱の中には右に述べたような非常に複雑な「間主体性」の構造を示す。つまり、それぞれがノエシス面とノエマ面をもっていて、そのノエシス面で

第4章　ストーリーとして理解する意味

> 各自の音の世界と出会っている主体どうしが、共通の生命的根拠とのこれまたノエシス的なつながりを共有することによって、はじめて間主体的な仕方で合奏音楽全体の世界と出会うということが可能となる。
>
> （木村 1998: 38–39）

　私は、インタビューという場、さらに語られたものを文字化し、その文字化を読み直すという作業を、ここで述べられた合奏のように理解したいと思っている。インタビューという場で語られたことは、文字通り、研究協力者と私の協働作業によって作られたものであり、またインタビューを何度も聞きなおし、文字化し、ストーリー化し、書き直すという「研究の場」（涌井 2006）の中で立ち現れてくる研究協力者の姿と私の協働作業がなければストーリーは作れない。彼らの語ったことが私の体験と響きあい、私自身に彼らのストーリーを語らせる。私という研究者は研究協力者の「脚本家でもなければ代弁者でもな」（涌井 2006: 30）く、共同執筆者と考えたいのだ。

　とはいえ、合奏のようにインタビューを理解するというのでは、研究者と研究協力者の間の力関係を無視しているという批判を免れないだろう。フーコーが一連の著作で述べたように、言説を生産することは、とりもなおさず、権力に関わることであり、そのことは、しばしば他者をどのように書き表すのかという問題と結びついている（岡 2000）。

　本研究では、ストーリーを協力者に返して、確認を取り、筆者の独善的なストーリー解釈をなるべく排そうとした。さらに、ストーリーの中に協力者のインタビューからの引用を多く残すことによって、協力者の「声」がなるべく大きく聞こえるように試みた。さらにインタビューの中では、相互に矛盾した評価が語られることがあったが、それをあえて残すことで、ある一つの出来事を評価している協力者の中での多声性を保持しようとした。

　以下では、インタビュー調査の実際とストーリーを述べる。どれだけ私の試みが成功しているのかは読者の判断にゆだねよう。

注 [1] ガーゲン（2004a）は、Self Narrative（自己についての語り、自己物語）という用語を用いているが、本書では、混乱を避けるため、ライフストーリーという語で統一する。
 [2] 他者のこの二つの役割について、ガーゲンもそれほど明確に区別していない。当初私もこの二つの役割を混同していた。二つに分類するというアイディアは、谷口すみ子氏のご教示による。
 [3] 本研究においては、「互恵的」であることをキーワードとして研究協力者のネットワークを分析しているが、ここでガーゲンが言う「互恵的」とは、相互に依存しているという意味である。
 [4] ここで思い出されるのは、植民地時代の朝鮮半島に生まれ育ち、終戦直前に父の郷里である福岡県に移り住んだ森崎和江のことである。森崎は、父の郷里の人々が話す言葉とそれが内包する心情に非常に不快感を覚え、自分が好ましいと思う言葉を捜して、九州各地や日本各地を動き回るが、水村やリービと言葉との関係もそのようなものなのではないか。

第5章 ストーリーを聞く
調査概要

5.1 フィールドに入ってから研究協力者が確定するまで

5.1.1 リサーチクエスチョン

　私が調査を開始した当初は、日本語を話す大部分の人が「日本語話者」となったストーリーをすでに言語化された形で持っており、それをライフストーリーを通して明らかにすることができると素朴に思い込んでいた。このような考えは、もちろん、私自身に「韓国語話者になったストーリー」があるからであり、そのストーリーを繰り返して自分に聞かせることで、私自身が「韓国語話者」であることを確認していたからだ。

　しかし、実際に調査を始めてみると、インタビューの中で「日本語話者」としてのストーリーを、私が予想していたような「物語」の形で語ってくれる人は少なかった。それどころか、個々のエピソードを語ってもらうことも難しく、友だちとの関わりや、現在の自分の悩み、将来のことなどの話が多かった。研究協力者（以下、協力者）はしばしば「これが言語とどう関係あるのかわからないが」と言いながらインタビューを続けた。

　Hatch（2002）は、「リサーチクエスチョンは、質的研究の過程を通してしばしば明確化され、時に変化するが、リサーチクエスチョンなしでは、研究は方向性と焦点を見失い、研究を評価する手段を失う」(p.42)と述べている。本研究でも、当初の素朴なリサーチクエスチョンを研究過程を通じて見直さざるをえなかった。最終的なリサーチクエスチョンは、以下のものとなった。

(1) 韓国人留学生が大学の中で日本語が上手になるということは、どのような体験として語られるのか。
(2) 韓国人留学生のライフストーリーの中では、どのような日本語話者としての「自分」が語られるのか。
(3) 韓国人留学生は日本語話者の「自分」を「自分らしい」と感じているのか。
(4) 何が日本語を話す「自分」への感情を決定しているのか、韓国人留学生のライフストーリーの中からわかることは何か。
(5) 韓国人留学生の中で、日本語を学ぼうとする人と、学びたくない人の違いはどこにあるのか。

5.1.2　研究協力者の確定

　当初、研究協力者を探すにあたって私がつけた唯一の条件は、韓国語を第一言語として話す留学生というものだった。それは一つには私が韓国語が話せ[1]、インタビューが韓国語で行えること、また、どの人がどのようなストーリーを語るのか全く見当がつかなかったこと、さらに、ストーリーにいくつかのタイプがあるとしても、そのストーリーがその人の属性と結びつくとは考えなかったからだった。

　第3章で述べたように、その人の日本語話者としてのアイデンティティと標準化されたテストで測れるような「日本語能力」は一致しないと考えていたが、日本語話者となったストーリーが語れるぐらいのエピソードを持つ人を研究協力者としたかった。その点で、来日してすぐの人を除くこととしたが、それ以上明白な条件をつけることはせず、ただ大学の単位を取れる程度の日本語力のある人という条件のみをつけることにした。

　調査を開始するにあたり、アクセスの便などを考慮し、虹野大学（仮名）をフィールドとした。そして、そこで留学生がよく集まるいくつかの場所に、許可を得た上で研究協力者募集の張り紙をした（付録1）。また、その中の一つの場所（自習室：仮名）では、日本語を教えるボランティアを週1、2回した。協力者に直接ではなくとも、留学生コミュニティに何かお返しができないかと考えたからだ。また、私の顔を知ってもらうことで協力者が得やすくなるのではないかという期待もあった。しか

し、張り紙を読んで自分のほうから申し出てくれる人はいなかった。そこで、私は自分から直接声をかけ、研究協力を依頼する方法に変えざるをえなくなった。

そのようにして協力者になってもらったのが、日韓プログラムで学んでいた朴さん（仮名、以下協力者の名前はすべて仮名）、JIN君である。朴さんもJIN君もかつて予備教育時代に私の授業を取っていた学生であった。また自習室で知り合ったり、偶然会った韓国人や中国朝鮮族の理系、文系の大学院生3人にも協力者になってもらった。この5人に加えて、朴さん、JIN君がインタビューに応じたという話を聞いて、フン君が自分から協力を申し出てくれた。

この時点で、私には6人の協力者がいたことになる。そして、この6人に並行してインタビューを行っていった。しかし、同じ協力者へのインタビューを2回、3回と行うにつれ、母国で大学を卒業し研究という目的を持って来日した大学院生と、高校卒業後すぐに日本に来た日韓プログラムの学部生の違いに気づくようになった。

その上、協力してくださった大学院生の人は、それぞれの日本語学習歴が大きく違っていた。3人のうち2人は国で日本語をかなり勉強していたし、その中の1人は来日後、日本語学校を経験していた。また、大学院生のストーリーの中には、研究、研究室、さらに指導教員との関係が抜き差しならぬほど大きな問題として現れていた。もちろんそれを中心に本研究を進めていくこともできたのであるが、文系と理系の違いも非常に大きいと感じられた。自習室などで留学生の生活を観察する機会を得て、教室とは違う留学生の世界を目にすることができたとはいえ、時給の安いバイトと日本語学校や大学院をかけ持つという彼／彼女が体験してきた世界、またべったりと研究室に張り付いていなければいけない実験中心の研究室の世界などを私が垣間見たことすらないという限界も感じた。

一方、日韓プログラムの学生たちの場合は、学部の大人数の授業のこと、どのようにしてその中から友だちを見つけるのか、試験などの情報をどのように得るのか、クラブ活動でのこと、アルバイトのことなど、文系と理系の違いはあるとはいえ、日本の大学を卒業した私にはなじみのある光景が語られた。

私は選択を迫られた。理工系の大学院生を研究協力者とするか、文系の大学院生を研究協力者にするか、あるいは日韓プログラムの学生を研究協力者とするかという三つの選択肢があった。結局私が選んだのは、協力者が得やすい日韓プログラムの学生を中心に研究を進めるということだった。6人の研究協力者のうち、大学院生の3人のストーリーは本研究では使わないことにし、その旨を協力者にお伝えした。3人は快くそれを受け入れてくれ、「機会があったら使ってください」と言ってくれる人までいた。

　私は、3人の日韓プログラムの協力者を中心に研究を進めていった。そして最初に朴さんのストーリーを、次いでフン君のストーリーを作成した。この二つのストーリーを作成していく中で、なぜ日本語を話す自分を自分らしいと感じられないのか、日本語学習に投資できない理由はどこにあるのかにも関心が向けられるようになった。そこで、日本語をあまり学ぼうとしないイ君と韓国に帰りたいと何度か話していたW君に調査依頼を行った。

　JIN君は、インタビューのたびに研究室に対する彼の評価が変わった。それは日本語を話す彼自身に対する認識や、彼の将来とも深く関係していたため、JIN君と日本語の関係の終点を設定することが困難だった。そのため、ストーリー化が一番後になった。

　上述の大学院生の3人を含め、調査依頼は口頭で行った。調査は日本語上達に関するもので、ご自分の経験を話してもらいたいということ、2、3回のインタビューに協力してほしいこと、それをもとに私が作ったストーリーをチェックして、修正してもらいたいこと、いつでも調査から離脱できること、インタビューで話したことを撤回できること、プライバシーを守るためにできる限りのことをすること、話してもらったストーリーをもとに論文を書いたときは、それを見せることなどについて説明した。

　ライフストーリー調査は、「相互の信頼関係をもとにしているだけに、逆にプライバシーを犯す危険、トラウマ経験などの語りに見られる被害感情の追体験、時代や地域、民族性を反映した差別的・偏見的表現など、様々な倫理的諸問題が常に伴っている」(桜井 2005b: 20)。American Sociological Associationによると、調査開始にあたっては、調査の詳細を記し

た同意書が調査者と研究協力者の間で交わされ、双方が署名する。しかし、桜井（2005b）も述べているように、同意書のようなものを作ることで、かえって相手を拘束するような印象を与えてしまうことも考えられたため、あえて文書による依頼は行わなかった。

5.2 フィールド

5.2.1 日韓プログラム

　日韓プログラムとは、日韓両政府が費用を折半し、毎年100名の高校卒業者を選抜して日本の国立大学の理工系学部に派遣するという学部留学制度で、1999年から実施されている。4年間の学部生活に先立って、日本語および専門科目の予備教育を1年間（前半を韓国のキョンヒ大学で、後半を原則的に日本の配置先大学で）受ける。来日してからの予備教育期間、さらに4年間の学部学生期間は、文部科学省の国費留学生とほぼ同額の奨学金が支給される。しかし奨学金が支給されるのはこの4年半のみで、大学院に進学する場合は、私費留学となる。

　プログラム開始当初は、キョンヒ大学での予備教育中に実施される試験によって配置先大学が決定されていた。その後、日韓プログラム留学生としての選抜試験が配置先大学を決める試験も兼ねるようになった。

5.2.2 虹野大学

　本研究のフィールドである虹野大学は、日本有数の大都市圏に位置する総合大学だ。その歴史は比較的古く、戦前にまでさかのぼることができる。いくつかの理系の学部と文系の学部があるが、日本の多くの大都市圏にある総合大学の例に漏れず、いくつかのキャンパスに分かれている。各学部に留学生のための部屋が設けられ、留学生の生活全般の支援と事務を担当する係りの人がいる。そこで、どのようなことを行うのかは、学部ごとに非常に異なっており、一言でまとめることはできない。またこれらの各学部の取り組みとは別に、いわゆる留学生センターのように、日本語教育を含め、全学の留学生の諸般の支援をする施設がある。

　本研究の協力者たちが、第一志望ではないものの、虹野大学を志望大学の上位にランクつけていたことは、虹野大学と彼らの関係を考える上

で忘れてはならないことだろう。

虹野大学日韓プログラムの学生たちは、10月の来日後、日本語と専門の予備教育を受けるが、学部レベルの予備教育であること、半年という期間、また年齢などが考慮されて、日韓プログラム留学生たち独自のカリキュラムが組まれている。

虹野大学における日韓プログラムを語る際に、見落としてはならない点として、虹野大学では毎年日韓プログラムの新入生が途切れることなく入学してきており、先輩と後輩の関係が比較的緊密であることが挙げられる。新入生が来日する10月には、MT[2]と称して海や山など自然豊かなところに出かけて行ったり、学期の始まりと終わりには「開講パーティー」「終講パーティー」が行われている。さらに、卒業生を送る会などもある。先走りすぎかもしれないが、フン君が「日韓プログラムの学生は日本の家族のようだ」、イ君が「他の大学の学生はさびしいらしい」とインタビューの中でそれぞれ話していることを考えると、このいわゆる「まとまりのよさ」は、少なくとも、虹野大学日韓プログラムの特色を示すものとして、協力者の間に共有されているものだと思われる。

5.3 インタビュー

インタビューは、虹野大学内の空き教室、食堂、静かな休憩室、虹野大学近辺の食堂などで行い、協力者の同意を得てから録音された。研究協力の依頼の際、調査の目的は説明したのだが、「何を話せばいいのか」という質問が多かった。私は「いつから日本語を勉強し始めましたか」という質問からインタビューを始めることが多かった。

直接インタビューのトピックに関係のないことが話されている間も録音は続けたが、録音が終わってから長く話が続く場合もあった。

インタビューが終わってから、インタビューの間に受けた印象、インタビュー前後に協力者と話したこと、協力者の様子など気づいたことをフィールドノートとして書き残した。フィールドノートに書いたことは、参考として用いた。

表1は、各協力者のインタビュー時の学年とインタビュー回数と時間である。協力者はすべて男性で、名前はすべて仮名である。これらの仮

表1

協力者	性別	インタビュー時の学年	インタビュー言語	各インタビューの時間と最初のインタビューから最後のインタビューまでの期間
フン君	男	M1〜2	韓国語	1回目62分[3]、2回目86分、3回目41分（約5カ月）
朴さん	男	B4	韓国語	1回目67分[4]、2回目110分、3回目100分（約3カ月）
W君	男	B4	韓国語	1回目91分、2回目88分、3回目64分、4回目83分（約5カ月）
JIN君	男	B4	日本語	1回目100分、2回目121分、3回目128分、4回目92分（約11カ月）
イ君	男	B4	韓国語	1回目76分、2回目88分、3回目52分（約4カ月）

名に統一性が見られないのは、協力者と私が共同で考えたものだからである。また、協力者のプライバシー保護のため、具体的なインタビューの日時は明らかにしない。表に挙げたインタビューのほかに、協力者にできあがったストーリーを返し、内容確認を目的としたインタビューを1回行った。そのインタビューも他のインタビューと同じく文字化された。この内容確認を目的としたインタビューで話されたことは、ストーリー改訂時に補足的に用いた。

5.4 データ分析

インタビュー終了後、韓国語の母語話者に韓国語による文字化を依頼し、できたものを私が見直した。またその日本語訳を私がつけた。インタビューの翻訳に際しては、意訳は避け、日本語として意味が通じる限り、協力者の言葉を残すように努めた。

インタビューにおいては、どのように日本語が上手になったのかその軌跡を聞くことを主眼にしているといっても、それ以外について話されることも多く、かつそれが繰り返されることもあったが、それらもすべて文字化した。

その後、インタビューを何度も読み直し、話されていることを出来事

ごとに切り、その切った一まとまりを短い文にまとめ、項目とした。

そしてその項目を時間軸に並べ替え、日本語でストーリーを作った。その際、到達点として現在の協力者の姿を設定し、それが理解できるように、インタビューの中で語られた過去の出来事を配置した(第4章ストーリー化する意味参照)。できあがったストーリーは協力者に返し、コメントをもらい、修正した。

朴さんの1回目のインタビューを例として章末に挙げておく。

このような作業を通じて、さらに協力者のストーリーを書くことを通じて、私自身のことも大きく考えざるをえなくなってきた。今回の5つのストーリーには、明らかに私にとって書きやすいストーリーと書きにくいストーリーが存在した。それは、協力者の話し方や話の運び方ではなく、私の理解できるストーリーと理解しにくいストーリーの違い、すなわち私に届きやすいストーリーとそうでないものの違いであった。辞書を引いたり、文法を勉強したりということがあったのにもかかわらず、それよりは、対面状況の中での言葉の習得が、私の韓国語上達のストーリーの中心にあるということ、私が大学生のときあまり授業にまじめに出席するタイプの学生ではなかったことなど、知らず知らずのうちに私自身を形作っている様々な「私のストーリー」が、協力者のストーリーの書きやすさ、理解のしやすさを左右していた。

時間をおいて、何度もインタビューで話されたことを読み返していくことは、無意識の中にある、私自身の「言語学習のストーリー」「大学生活のストーリー」に私が気づき、当然のことながら私のものとは異なる「協力者のストーリー」を聞き取ろうとする作業であった。そうすることによって、私は協力者のストーリーを書くことができるようになった。それは、私自身の韓国語学習体験を動機として始めたこの研究を、私以外の人の言語学習体験に開いていくことであったと言い換えてもいいかもしれない。

5.5 研究協力者と私の関係

ここで協力者と私との関係について説明しておきたい。私は非常勤講師として、日韓プログラムの予備教育を担当したことがある。そのとき

に出会ったのが、協力者になってくれた彼らだ。私が韓国語が話せるということもあり、予備教育で学んでいる間、私と協力者らとの私的な会話は韓国語が中心であった。日本語で話したほうがよかったのかもしれない。しかし、彼らが「先生おいくつですか？」などと韓国語で親しくなりたそうに話しかけてきたとき、私は日本語を貫くことができなかった。もちろん日本語で返答する場合もあったし、私の韓国語がどんどん下手になっていったので、韓国語で答えたくても答えられないときもあった。本当にたわいのない話から、生活に必要なものをどう調達すればいいのかという話、時には授業でずっと寝ている彼らを怒ったこともあった。

　彼らが予備教育を終了し、学部生になってからは、定期的に会うことはなかったが、キャンパス内で偶然会えば短い近況報告などをしてくれた。私が彼らの後輩にあたる学生たちの授業をしていると、お菓子を持って入ってきて、いっしょに授業を受けていることもあった。

　このとき、韓国語のまま会話する場合もあれば、会話が日本語にシフトしていることもあった。いつの間にか私との会話がほとんどすべて日本語に切り替わっていたのはJIN君である。私も自然に彼とは日本語で話していた。協力者の他の4人は、私の前では韓国語を話すことが多かった。

　このコード切り替えは必ずしも彼らの日本語能力の実際を反映したものとは言えない。事実フン君は、私と日本語では話したくないと言っていた。誰とどの言葉で話すのかという問題は、その人の言語能力だけを反映するのではなく、その人のアイデンティティや両者の関係、そして両者が置かれている状況などとも不可分に結びついているものである。インタビュー時にどの言葉でどのように話すのかというのは、彼らと私の関係と結びついている。

　もう一つ付け加えておきたいのは、留学生がよく集まる自習室にボランティアとして週1、2回通う中で、私と協力者の関係は、かつての教師と生徒という関係より深まっていったかもしれないということだ。いくら予備教育の間、毎週接触していたと言っても、それから4年近くが経過していた。自習室で出会い、お茶を飲み、冗談を交わしながら、私は協力者を観察し、彼らの現在に起こっていることを垣間見る機会を得たし、彼らにも私のことを知ってもらったと思う。

　6章で示すストーリーでは、彼らのインタビューからの言葉を直接引

用する際、短い場合は「　」で、長い場合はインデントをつけた段落で表した。また長い引用には、彼らが韓国語で話した言葉そのものもつけた。引用中、ゴチック体で表されているものは、韓国語で話している途中で、日本語で話された言葉である。なお、JIN君のインタビューは日本語のみで行われたため、韓国語はない。JIN君のインタビューの中では、韓国語で話された言葉はなかった。

〈インタビュー文字化例（日本語訳）〉

中	質問はね　どういうふうに勉強しましたか　それだけなんだけど　勉強はしなかったと言ったでしょ
朴4	だから　過程を話すんでしょ
中	だから体験を話してくれたら
朴5	まず　日本語に初めて接したのは//うん//　日本に来る6カ月前//うん//そのときからひらがなを//うん//始めて　はじめは　ソウルにある//うん//学院みたいなところ　学院みたいなところに//うん//登録をして　基本的なこんにちは　だからこんにちは　//うん//この程度のものから　**私の名前は何々です**　この程度までしたんですが　学院では　それ以上は//うん//私も集中しなかったし//うん//　だからそれ以上は　水準がなかったし//うん//　ひらがなと簡単な単語//うん//　その程度をして　キョンヒ大で//ふーん//　語学研修を受けて　基本的な文法　基本的な文法と単語を　だから　とても簡単な会話みたいなのはできるけど　それ以上はできない//うん//　その水準で日本に来たんでしょ//うんうん//　正直に　一つも聴き取れなかったでしょ　何も聴き取れなかったんです//おー//　ぼうっとしてました//おーん//　来て　ずっと日本語ができないから　そのときどうやったらいいか考えて　テレビでも　テレビでもいったんたくさん見よう　来てから1週間5日かな　テレビを買って　それだけをずっと　ずっと見ました//うん//　もちろん授業も　1週間か2週間してから出はしましたが　あれ　耳が開くと言うんですか　聴き取れるようになったのは　テレビを本当にたくさん見たから　1カ月ぐらいたってから　ショープログラム　だから　娯楽プログラムを見たから//うんうんうん//おもしろいのが出たら笑えて//オー//　テレビだけ　ずっと見てたから//オー//　それから3カ月ぐらいたってから　自分なりに聴き取れないものはないような感じになって　で　//うん//授業は本当に集中しなかったから　//ホホホホ//授業は本当に集中しなかったから　書く練習とか単語みたいなのは　授業を通して伸びたんだけど　聞くのは　聞くのは　TVで[[　TVを通して伸びて
中	[[ハハハハハ　思い出すわ　朴さんはずっと寝てたでしょ　ワハハハハ

〈インタビュー文字化例（韓国語）〉

中山	질문은요 어떻게 공부했어요 그것뿐인데 공부는 안했다고 그랬잖아요
朴	그러니까 과정적으로 일단
中山	그러니까 체험을 말애주면
朴	일단은 그러니까 일본어를 처음 접하는거는//응// 일본에 오기 6개월전//응// 그때부터 히라가나를//응// 시작해서처음에 이제 서울에 있는//응//이제 어학원 학원같은거 학원같은거에서//응// 등록을해서 이제 기본적인 안녕 그러니까 곤니치와이정도//응// 수준에서 와타시노 나마에와 나니나니데스 뭐 이정도수준까지는 했는데 학원에서는 그 이상은//응// 조금 뭐 저두 집중을 안했고//응// 그래서 그이상은 실력이 안늘었구요 일단은 히라가나랑 간단한 단어들 그정도를 하고 이제 경희대에서 어학연수를 받을때는 기본적인 문법 문법이랑 단어쪽 그래서 아주 간단한 대화는 할수있지만 그이상은못하는 그 수준에서 이제 일본에 온거죠 솔직히 하나도 안들였죠 처음에는 아무것도 안들렸어요 멍했어요 그래서 와서 그래서 일어가 안되니까 그때 이제 어떻게 할까 생각을하다가 그럼 티브이라도 일단 테레비라도 많이 보자 해서 온지 일주일인가 5일만에 티브이를 사서 테레비를 사서 그것만 계속 계속 봤어요 물론 수업도 이제한 일주일훈이 이주일부터 나가긴 했는데 솔직히 귀를 튀었다고 하는거 들리는거는 이제 티브이를 정말많이 보니까 한 일개월쯤 되니까 이제 쇼프로그램 버라이어티프로그램 보면은 이제 웃긴거 나오면 이제 웃을수있고 티브이만 계속 주구장창보니까 한 3개월쯤 지나니까 그래도 나름대로 못알아듣는거는 없는것같은 느낌이들고 수업은 워낙집중을 안해서 쓰는 연습이나 단어같은거는 수업을 통해서 늘었는데 듣는거는 솔직히 티브이로 늘고
中山	기억이 난다 계속 자고 있었지

項目例

- キョンヒ大に行く前に少し日ソウルにある学院に通ったが、あまり勉強しなかった
- キョンヒ大で、日本語はあまり勉強しなかった
- 日本に来たときは、簡単な会話と単語を知っている程度だった
- 日本に来たときは、何も聴き取れなかった
- 日本に来て5日目に、聴き取りの練習のためにテレビを買った。テレビを本当にたくさん見た
- 1カ月ぐらいたつと、おもしろい番組を見たら笑えるようになった
- 日本に来てからも予備教育の日本語は熱心にしなかった
- 書くことと単語は、虹野大学の予備教育で伸びた
- 聞くのはテレビを通して伸びた

注 [1] 1章で述べたように、私は、4年間韓国で大学講師として勤務し、その間に韓国語を学んだ。公的な資格としては、帰国後、通産省の観光通訳試験に合格している。

[2] メンバーシップトレーニングの略。韓国の大学で学科やクラブなどの単位で、学年を超えていっしょに参加する合宿のような行事。いわゆる「自然の家」など都会を離れたところに出向き、みんなでレクリエーションに興じて、団結を強める目的で行われる（ナ・ユンジュ氏のご教示による）。筆者が韓国の大学に勤務していたときも、同様の経験をしている。

[3] このインタビューでは、空き教室に向かう途中で日韓プログラムの後輩に出会い、同席することになった。後輩は、インタビューが行われている席から離れた窓際で外を見ていたり、携帯電話を使って何かをしていた。後輩が同席したことは、インタビューの内容に全く影響がないとは言えないが、1回目のインタビューが比較的短時間だったこと、1回目とその後の2回のインタビューで内容に大きな変化が見られなかったこと、作成したストーリーのチェックを受けていることなどから、1回目のインタビューのデータを使うことにした。

[4] このインタビューでは、インタビューを行っていた空き教室に同じプログラムの後輩が入ってきて、インタビューが中断した。その後輩は私がかつて担当した学生だ。

第6章 | 5人のストーリーと自分らしさ

6.1 | 自分らしく学ぶ

6.1.1 W君のストーリー

〈子どものころ〉

W君は大都市近郊の田園地帯の農家に、男3人兄弟の末っ子として生まれた。家の周辺は今でも「本当に360度田んぼ」だ。村の人々はほとんど知り合いで、「農繁期は仕事がすごく多いんだけど、ないときは悠々自適」の生活をしている。

田舎の生活は、空気もおいしくいいことはいいのだが、「文化生活（は水準）が落ちる」。幼いころ、W君がすることと言えば、テレビでアニメを見るか、友だちと遊ぶか、本を読むことしかなかった。しかし、家の周辺にはいっしょに遊べる同じ年の子が少なかった。W君は兄や兄の友だちと遊ぶか、でなければ本を読んでいた。

> 僕の村に同じ年の子が3人しかいませんでした。僕を除いて（中略）。だから自然とテレビを見るか、じゃなかったら本を読むことになるんだけど、小さいときはテレビで見るものがありますか？アニメを見れば終わりで、残るのは本しかないじゃないですか。それで本を読んだ記憶があります。

> 저희 마을에 제 또래가 세명밖에 없었어요, 저빼고. (중략) 그래서 자연히 티브이 아니면 책인데요, 그 뭐 어릴적에 티브이 볼게 있겠습니까, 그 만화보면끝이죠. 만화보면 끝이고 이제 남은건 이제 책밖에

없잖아요. 그래서 책을 봤던 기억이있어요.

　村には本屋がなかったので、学校の本を借りて読んだり、家の百科事典を読んだりした。

　　　W君：百科事典は意外におもしろいんですよ。
　　　中山：えー本当に？
　　　W君：小さかったときは
　　　中山：何がおもしろかったの？
　　　W君：化学とかがあるじゃないですか。化学とか見て、何かおもしろものは作れないかなって。へへへ。

　　　W君：아니 그러니까 백과사전이 의외로 재미있다니까요.
　　　中山：에 진짜로？
　　　W君：어릴때는요
　　　中山：뭐가.
　　　W君：그러니까 화학같은거 있잖아요. 화학같은거 보고 그러니까 뭔가 재미있는 것을 만들 수 있는 방법없을까하는 그런거있잖아요.

　またW君は「頭が切れる感じがする」ので、漢字が好きだった。「まず勉強して他の人より前にでなくちゃいけないと思っていた」こともあるかもしれない。小学校1年生からは、1人で千字文[1]を覚え始めた。小学校3年生までに400字まで覚えた。それ以降はどうやっても頭に入らずあきらめてしまったが……。それから学校で習うより「先に」1人で本を読んで勉強するのも好きだった。先に勉強すると、「頭の中で知識が熟成する」からか、学校で習うときは理解が早かった。W君はそれ以外特に勉強したわけではないのに、学校でよい成績だった。兄弟の中でも勉強が一番よくできた。漢字を知っていたり、勉強がよくできることは、親の関心を引いたり、兄たちからいじめられなくなる「防護膜」の役割もしてくれていた。

だから大きいお兄ちゃんが小さいお兄ちゃんをいじめているのを見て、僕はいじめられないようにハハしなくちゃって思ってそうしたんです。

　큰형이 작은형 많이 괴롭히는거 보고요 나는 안당해야지 (웃음) 하면서 그런거죠.

　その「措置」のおかげでいじめられずにすんだ。両親は仕事が忙しかったこともあり、「勉強は放っておけば自分でするだろう」という方針だった。漢字を勉強しているW君を見ても特にほめるということもなかった。
　今は、その気持ちを維持することができないのだが、小さいころは「何でもしたいと思う」子で、「変なことをたくさんした」。例えば、いらない電化製品などを分解するのも好きだった。分解したら最後、組み立てることはできなかったのだが……。
　最初W君がなりたいものは、韓国銀行の総裁だった。お金を「自分の心のままに」運用できるからだ。今でもそうなのだが、「農業で採算を維持するのは天の星を取るより難しい」。W君の両親が「農業をして帰ってきて、すごく疲れているのを見たら」、「子ども心に」孝行しなくてはと思った。その気持ちは今も続いていて、成功して「ある程度親孝行もしたい」と思っている。
　W君は、勉強以外のことはあまりできなかった。中学校は、抽選で決められた中学校[2]に進学した。同じ小学校から行った子は2人しかいなかった。そのころ、W君の「頭が若干儒教的にできている」せいか、四書五経の中の一部を韓国語で読んだ。儒教は、「長く続く概念」だし、簡単に言ってしまえば、「古典が好き」なのだ。そのころから、特に親孝行をしたいと考えるようになった。

　だからだから、両親が僕に悪いことをしたことがないのに、いいことをしてくれたから報恩でしょ。簡単に言えば。でも、（W君は今は）遊んでいるけど……。

부모님이 저한테 나쁜 거 해 주신 건 없는데 잘 해 주셨으니까 보은이죠 간단하게 말하면 근데 놀고 있으니. 이게…….

　中学校では模範生というわけではなかったが、「(宿題など)自分がするべきことだけは全部」していた。学校の定期試験より模擬テストのほうがいい点数が取れた。高校は、受験をして、その地域で一番いい高校に行ったが、入るのはそれほど難しくなかった。中学で親しかった子たちはみんな同じ高校に行った。クラブ活動などはなかった[3]。

　高校のときは、最初大学に行こうとだけ思っていた。国語で詩などを勉強しても感銘を受けたこともなく、英語は中学校のときに説教ばかりする先生に習ってから嫌いだった。数学や物理が理解しやすかったので理工系を志望した。

　高校時代は今と比べると「何かが活動的」で「一秒の長さが違っていた」。朝6時半に起きて、15分で支度して、6時45分には家を出る。学校までは自転車で行った。そのころは信号が変わるのを見たら全力でペダルを踏むことができた。そして学校に着いて授業を受ける。10時ごろになるとお腹がすきだすのだが、昼休みまで我慢して、4時間目が終わったら弁当を食べる。するとご飯が本当においしくたくさん食べられた。また午後には授業を受けた後、自律学習[4]をした。高校3年生になると、晩御飯は学校の近くで食べて、学校に12時近くまで残っていた。家に帰ると少し勉強して、寝た。

　このような家と学校の往復で、いわゆる「正しい生活」だったが、あのころは、本当に勉強しようというやる気にあふれていた。とにかく勉強は難しくなく、理解しやすかった。先生から特別に説明を受けなくても、本さえ見ればわかった。「それを考えれば今解けないのが不思議だ」。

　高校3年生のとき、担任の先生から日韓プログラムのことを聞いた。そのころは「特に外国に行きたいとかそういう考えはな」く、成績もそれほど悪くなかったので、韓国の大学に行こうと思っていたが、兄たちが大学に行っている時期で、家の経済的な状況はそれほどよくなかった。

　お金もくれるし、あのとき、僕の家を見ると、経済がよくない状態

だったんですね。上の兄が大学を出て、下の兄が大学に入って、僕まで大学に入ったら、かなりの負担になったんです。そっちのほう（日本）に行ってみようと思って、来たんです。それに一度外国に出てみるのもいいんじゃないかと思って。

돈주고 일단 우리집이 그때 보면은 좀 경영이 안좋게 될상황이였거든요. 일단은 큰형님 나오고요, 작은 형님 대학교 다니고 이제 제가 제까지 들어가버리면요, 상당한 부담이 생기는 거잖아요. 그냥 그쪽으로 빠져버려 해가지고 그냥 나온거죠. 그리고 뭐 한번 외국도 외국에 나가보는것도 좋긴 좋겠다 싶어서 그랬죠.

　W君は日韓プログラムに応募することにした。その合否が出る前に修能試験[5]があったので、修能試験も受けた。修能試験の結果は、W君の高校で2等の好成績だった。そのまま二次テストを受けていれば、学部学科さえ問わなければソウル大学にも行けたのではないかと思う。でも日韓プログラムに合格していることを教えてくれる人がいたので、二次テストは受けず、家の手伝いなどをしていた。
　日韓プログラムに合格したことがわかり、高校を卒業する前に、W君は同じ高校の日韓プログラムに合格した子たちといっしょに日本語の塾に通い始めた。W君はそこで初めて日本語に触れ、日本語の文法の基礎を学んだ。その程度勉強すれば「文法のほうは、だいたいコツがつかめた」。

〈キョンヒ大学〉
　高校を卒業し、予備教育のキョンヒ大学に入った。ソウルに向かう日はふるさとを離れるのが辛かったが、予備教育が始まってからは、寮に住み、日韓プログラムの雰囲気になじみ、楽しく暮らした。キョンヒ大の学生たちとは遊ばなかったが、日韓プログラムの学生同士でPC房[6]に行ったり、夜に配達を頼んでいっしょに食べたりした。「今までの人生の中で一番よく遊んだのがこの時期だろう」。
　政府からもらう「生活補助金」はあまりなかったが、両親からの仕送りを足すと十分に遊ぶことができた。

W君：韓国はまた、遊ぶのにあまりお金がかかりません。
中山：そうだそうだ。
W君：家からもある程度入れてくれるじゃないですか。だからちょっと気前がよくなって。だけど、日本に来たら確実にお金の使い方が変わります。お金がドンドン出て行きます。

W君：한국은 노는물가가 싸요.
中山：그래그래,
W君：집에서도 어느정도 도와주시잖아요. 그러니깐 좋다 인심봐서. 근데 역시 일본 와서는 역시 돈쓰는게 달라지더라고요, 돈이 줄줄나가요.

　キョンヒ大の予備教育では、日本語の語彙が伸びた。文法は塾で学んだこと以上には伸びなかったと思う。それに日本語の授業がどうだったかあまり覚えていない。
　専門の授業はおもしろかった。特に数学がおもしろかった。

中山：（学科の人たちだけではなく）Wも勉強が好きそうに見えるんだけど、Wも勉強が好き？
W君：だから解けるとおもしろいでしょ。問題を解くとき、解けなかったらすごく腹がたつ。

中山：니도 공부좋아하는것같은데 니도 공부를 좋아해?
W君：그러니까 풀리면 좋아하죠 문제같은거 풀때 안풀리면 엄청짜증나요.

　それで日本の大学はすべて数学関係の学科に志望を出した。今考えてみると、もう少し就職に有利な学科を志望しておけば、今将来の心配はあまりしなくてもよかったのではないかと思う。
　テストの結果、W君は虹野大学に来ることになった。虹野大学に関する情報が少なく「不安」な気持ちもあることはあったが、虹野大学という結果にそれなりに満足していた。10月に虹野大学に合格した他の日韓

プログラムの学生たちといっしょに日本に来た。

〈大学生活への期待〉
　虹野大学はW君に、同じプログラムの子たちがいっしょに住める民間のアパートを用意していた。同じプログラムの同期生は男ばかりで、ほとんどキョンヒ大時代から知っている子たちだった。
　虹野大学に入学するころは、W君はこんな大学生活を夢見ていた。

  W君：まず、対人関係が広く、
  中山：個人関係[7]が広く、
  W君：それから、暇な時間がない、
  中山：暇な時間がない人。
  W君：だから、だから、ずっと忙しいような感じ。
  中山：ずっと忙しいような感じ。
  W君：それでありながら、（やらないで）残っているものが、だから仕事でやり残しがあるじゃないですか。そんなのがない人。例えば皿洗いをずっとしないとか、そんなのはなくて、寝るときには、皿洗いがちゃんとできている。そんな家があるじゃないですか。そんなの。

  W君：일단 대인관계가 넓고요,
  中山：개인관계가 넓고,
  W君：그리고 暇な時間がない,
  中山：暇な時間がない 사람?
  W君：그러니까 ずっと忙しいような感じ.
  中山：ずっと忙しいような感じ.
  W君：예 그러면서도 이제 뭔가 안 남기는, 그러니까 뭔가 일이 남은 것 남긴 것이 없는 사람. 그러니까 예를 들면 설거지를 계속 안 해 놓는다던가가 없이 매일 잘 때 보면 설거지가 깨끗하게 되어 있는 그런 집 있잖아요. 그런 거.

　このように多くの友人を持って忙しく、また「社会現象に対して考え

を持って、何か探究心もあって」「活発」な生活を思い描いていた。こんな大学生像は、たぶんテレビの情報から出てきたものではないかと思う。そのような生活への期待とともに、W君はいい先生と出会って、「勉強を一生懸命すること」を期待していた。そして、「博識」になりたかった。

> W君：だから僕の昔の期待は、いい先生に会って、それから、ちょっと一生懸命に勉強をして。だから頭がよくなるってそんな感じがあるじゃないですか。何て言えばいいかな。いい先生に会って、勉強を一生懸命するっていう。
> 中山：それだけ期待してきたの？
> W君：それが一番、期待値が一番高かったものなんだけど……。
>
> W君：그러니까 제가 옛날에 그 기대는 인제 좋은 선생님 만나가지고 이제 좀 공부열심히 해가지고 그러니까 머리가 좋게 된다는 그런 느낌있잖아요. 뭐라해야되 나. 인제 좋은 선생만나가지고 공부열심히 한다는 게 있잖아요.
> 中山：아 그거 그것만 기대하고왔어?
> W君：그게 가장 이제 기대치가 가장 높았던건데요 말이죠.

そして、「何かに対する知識はないけど、何かしたいという思い」だけがあって、将来に対する期待が大きかった。また、そのころは、「みんなが緊密に協力して、お互いによく生きる社会」を理想としていた。

〈入学してから〉
　4月になり、虹野大学に入学した。W君の学科には留学生はW君しかいなかった。W君の学科は「虹野高等学校」と揶揄できるほど、とにかく授業の数が多かった。W君は20コマ登録したが、ほとんど必修で、しかも日韓プログラムの先輩の話によると、成績に占める出席率の割合が非常に高かった。授業の少ない学科の日韓プログラムの同期生が帰るのを見ると「いっしょに帰りたい」と思ったが、「一生懸命にしなくちゃと思っ」てW君はサボらなかった。

また、W君は体育会系のクラブに入った。しかし、そのクラブはとても「格式ばっている」感じがした。

　　W君：その、とにかく、〇〇部に入って感じたことは、日本と韓国の文化的な差とかあるじゃないですか。韓国では新入生が入ると、酒から飲ますじゃないですか。
　　中山：そうでしょう。体育会、**体育会はみんなそうや**。
　　W君：だけど〇〇部はそうじゃないですよ。
　　中山：酒を飲ませないの？　わー。
　　W君：何かあるじゃないですか、びたっと格式の則る主義があるじゃないですか。格式ばっている主義。

　　W君：하이튼 〇〇부에서 들어가서 느낀게 이제 그 일본이랑 한국의 이제 문화적차이 같은거 있잖아요. 일단 한국은 이제 신입생 신입회원딱들어오면 이제 술부터 먹이고보잖아요.
　　中山：으응 그렇지 체육회는 **체육会はみんなそうや**.
　　W君：근데 뭔가 〇〇부는 좀 안그렇던데요.
　　中山：허 술을 안맥여?
　　W君：뭔가 있잖아요 뭔가 머라해야되노 딱 그 격식을 차린주의 있잖아요. 격식을 딱딱 차린주의.

　それで、興味が急になくなってしまった。その上、昼休みに道具の手入れがあった。W君は授業も多くて忙しかったので、すごく「疲れた」。「これはダメだ」と思ってクラブを2週間でやめてしまった。

　結局、朝から4限目、5限目まで授業を受け、暗くなるころに疲れて家に帰るという毎日になった。家に帰れば、近くのスーパーへ行って材料を買い、簡単な晩御飯を作って食べる。それから大学入学前に買ったパソコンでコンピューターゲームをしたり、テレビを見たり。退屈すれば日韓プログラムの同期生の部屋に行って遊んだ。そのアパートでの生活は楽しかった。

　みんな集まっていたから。退屈だったら、みんな遊びに行くことが

できるから、楽しいでしょ。そのときは。今は集まろうとしても難しいですからね。

그러니까 다 모여있으니까요 뭐 심심하면 다 놀러갈 수 있으니까요 재미있죠. 그땐. 지금은 다 모일라 해도 좀 힘들잖아요.

虹野大学の授業はあまりおもしろくなかった。たくさん授業があるのに、内容が「段階的になっていなくて、重なっている」部分が多かったのが一つの理由だ。

授業は多いでしょ。なのに進度は遅くなるでしょ。進度はそれほど早くないです。だから同時に授業二つか三つで同じことをしてみてください。どれほど授業がつまらないか。

수업은 많아지잖아요, 그런데 진도는 늦어지잖아요. 진도는 그렇게 빠르지 않잖아요. 그러니까, 동시에 수업 2개인가 3개에서 똑같은 걸 해보세요. 얼마나 수업이 지루하겠어요.

W君は虹野大学を卒業するころには、専門に関することが全部わかっているようになりたかったし、それが「正常」だと思っていたが、その目標は達成されそうになくて「イライラ」した。学生たちもそれほど「意欲がなかった」し、先生も「エリートを作る」という意識が不足していた。

また、授業の中では「やりとり」がなく、ずっと「一方的」に進んでいた。

 W君：先生が、その黒板の前でこれは何だと聞いても静かじゃないですか。
 中山：答える人がないでしょ。
 W君：何か、(学生は)間違えようと絶対しません。だからといって、(先生が)強制的に指名することもありません。だからお互いにコミュニケーションがだめなんですよ。そんなのが問題

だと思います。誰かが、主導権を握らなくちゃいけないのに、主導権を握る人もいないし、ただお互いに避けようとだけしてるでしょ。僕も避けようとする1人だけど。

> W君：선생님이 칠판 앞에서 이게 뭐냐고 물어도 조용하잖아요.
> 中山：음 대답하는 사람이 없지.
> W君：뭔가 뭔가 사람들이 뛸려고 절대로 안 해요. 그렇다고 해서 선생님이 강제로 지목하는 것도 없어요. 그러니까 서로 서로 커뮤니케이션이 안 되는 거죠. 그런 게 문제라고 생각해요. 누군가가 주도권을 잡아야 되는데 주도권을 잡는 사람도 없고 서로 서로 피하기만 하는 거죠. 네 저도 피할려고 하는 한 사람이지만.

この「やりとり」のなさは、授業中だけではなく、教室の外でもあった。

> W君：だから、初めて来たとき挨拶をしたんですけど、先生のほうで挨拶を受け入れてくれません。
> 中山：受け入れてくれないってどんな意味？
> W君：挨拶をぺこっとしたら。
> 中山：こんにちはって言ったら。
> W君：ただ行き過ぎてしまうっていう、そんなふうな感じだった思います。

> W君：그러니까 옛날에 그 처음왔을때는 인사를 그 했는데요. 선생님께서 인사를 안받아줘요.
> 中山：안받아준다는 어떤 뜻이야?
> W君：아니그러니까 인사를 꾸벅하면요,
> 中山：응 안녕하세요 하면은.
> W君：어 그냥 지나가는있잖아요 그런 식이였던것같은 느낌이.

先生だけではなく、学生も先生のことを無視して通り過ぎる。このよ

うに先生と学生の間に「親しさ」がないことをW君は今でも「変だなと思ってい」る。

> W君：友だちも自分の担当の先生じゃなくて他の先生が通り過ぎたら、気を遣わないみたいだし。変だなって思っています。最近、最近も。
> 中山：今でも？
> W君：ええ、とにかくそこから**歯車**が狂いだしたって言わなくちゃいけないのかな……。
> 中山：えっ！　そうなの？
> W君：だから、学生生活がおもしろくないじゃないですか。
>
> W君：아들도 그냥 선생님 다 그 자기 담당선생님 아니고 다른 선생님 지나가면은 별로 신경을 안쓰는것같기도 하고. 좀 이상하다 싶더라고요. 요새 요새도.
> 中山：지금도？
> W君：예 하이튼 그 뒤부터요 이제 그래야 머래야되나**歯車**가 어긋나기 시작한거래라고 해야되나…….
> 中山：에 그래？
> W君：아 그러니까 뭔가 학교생활이 재미가 없잖아요.

このように授業はおもしろくなかったが、「問題を解いているとすごくおもしろいことが多い」。教科書を買いに本屋に週に1回行ったりしながら、W君は専門の勉強を続けていた。

〈友だちを作ろう〉
　予備教育のころからW君は、昼ごはんを日韓プログラムの同期生や先輩たちといっしょに食べていた。1年生の後期になると、W君は、「日本人の学生と融合ができていない」と思うようになった。いろいろ考えてみると、日韓プログラムの子たちとは、いつでも遊ぶことができるし、「日本人と親しくなる一番早い道はいっしょにご飯を食べることだ」。W君はこう考えて、1年生の初めのころに授業で知り合いになった日本人

の学生といっしょにご飯を食べることにした。
　その子たちは、勉強の話や「どうして木曜日には（大学に）人がたくさん来るのか」などの「おもしろい現象」の話、「万が一、何々が何々だったら」という「空想科学」の話などが好きな「どうしようもない」子たちだが、「おもしろいときはおもしろ」く話すことができる。
　昼ごはんを食べながら日本人の学生と会話をすることで、W君の日本語は友だちの言葉のようになり「外国人っぽい言い回し」がなくなって、より自然になっていった。このような体験は、子どもが育ててくれる人の言葉を学んでいくのと同じだとW君は考える。

　　子どもが、だから言葉を習うとき、だからおじいさんおばあさんの下で大きくなったら、おじいさんおばあさんの言葉づかいになるでしょ。それと同じなんですよ。だから周辺の人と話してみると似てしまうんですよ。

　　어린아들이 그러니까 그 말을 익힐때 그 할아버지 할머니 밑에서 배워버리면 할아버지 할머니 말하는 투가 되버리잖아요. 그것과 같은거에요. 그러니까 주변사람들이랑 말하다보면은 닮아가게된다니까.

　幼いときから漢字を勉強していたこともあって、「日本語の勉強はやさしかった」と思う。韓国にいたときは、漢字の言葉だと思っていなかったのに、日本語でも同じ漢字を使うことを発見したり、漢字のよく似た読み方を発見するのがおもしろかった。なんとなく話していると、周囲の友だちがW君が言いたいことを理解して、発音を直してくれたりした。それに、テレビを見ることが多かったので、日常語や会話のパターンなどを覚えることもできた。
　2年生の後半になるころには、どう言えばいいのか「迷う」ことも少なくなり、自分が「言いたいことが日本語で言えるようになってきた」。ある程度は「これぐらいでいいのではないか」と思うこともある。ただ、日本語に「精通することは難しい」。

　　W君：学びやすいから、あんまり努力をしなくなるでしょ。

中山：ふーん。
W君：だから。
中山：ふーん。努力っていうのはどんな努力のことを言ってるの？
W君：だから、ちょっと語彙を広げたりとか、表現をちょっと多様にしたりする努力が不足しているでしょ。だから今は、ただ日本語の中核となる構造とかあるじゃないですか。それを使って、それを適当に調節しながら使うんですよ。

W君：그 배우기쉽다보니까 아무래도 노력을 안하게 되잖아요.
中山：오오.
W君：그러니까.
中山：노력이라는게 어떤 노력을 말하는데?
W君：좀더 어휘를 넓힌다던가요. 그러니까 표현을 좀더 다양하게 한다던가 그런 노력이 부족하죠. 그래서 이제 그냥 일본의 핵심 구조같은거 있잖아요. 그런걸가지고 이제 그걸 적절히 변화시키면서 쓰는거죠.

同じ学科の友だちばかりだから、使う言葉も専門用語に限定されている。本や教科書を読んでも「解ける、定義する、解が得られる」などの言葉しか増えない。今でも「ひらがな語は慣れるのに時間がかかる」。

〈2年生になってから——いろいろな悩み〉
2年生、3年生と学年が上がるにつれて、授業の数は少なくなった。といっても2年生で14コマ、3年生で10コマだから文科系に比べればずいぶん多い。その上実験があり、実験レポートなど宿題が非常に多くなってきた。友だちと分担して宿題をする子もいたが、W君は「1人でもできるよ」[8]というタイプだったので、徹夜してでもレポートを書いた。わからない部分があるときだけは、友だちに相談した。
そのころは、授業が終わって家に帰り、ご飯を作って食べ、しばらく休んで、夜の10時や12時から宿題に取り掛かる。終わると朝で、そのまま1時間目の授業に出るというふうだった。ほとんど毎日レポートが

あったので、毎日徹夜をしていたということになる。このころは本当にしんどかった。勉強は量も質も含めて、総合的にしんどかった。ストレスがたまってくると、声が小さい教授の声が聞こえにくくなり、非常に集中しなければならなくなった。ひどい日は、授業に出ても全く聞くことができず、板書を写すだけ写して、後で自分で勉強した。

　2年生の途中から、虹野大学が準備したアパートを出て、民間のマンションに同期生といっしょに2人で住んでいたのだが、いっしょに住んでいる友だちはガールフレンドができて、あまり帰って来なくなった。授業のない土日になると、家で寝てばかりいることが多く、時間があれば、コンピューターゲームをしたり、テレビを見ることしかしなくなってしまった。結局誰とも話をせず、外にも出ないことが多くなった。

　　日本の娯楽番組があるじゃないですか。そっちのほうを見てもあんまりおもしろくないし、それに他のことをしようと思っても、コンピューターか勉強しかないでしょ。二つとも見方によれば選択が誤っているんですよ。それで、外に出てみようかと思うけど、外に出たらお金がかかるし。そうでしょう。だからちょっと難しいんですね、おもしろく暮らすのが。考えてみると学校の友だちと外で遊んだことがあんまりありません。

　　오락프로그램있잖아요. 그런쪽에서 이제 그다지 재미를 못느껴서요. 그리고 또 다른걸 할라고 하니까 다른걸 하면은 이제 컴퓨터나 공부밖에 없잖아요. 둘다 그 어떻게 보면 선택이 잘못되는거에요. 그래서 이제 밖으로 싸돌아다닐까 생각하는데 싸돌아다니면 돈이들고 그러는거죠. 그래서 조금 힘들다말이에요, 재미있게사는게. 확실히 친구들이랑 그러고보니 학교에 근데 학교친구들이랑 바깥에서 노는 적이 별로 없어요.

　外に出ないと「水が澱むように、生活のリズムが悪くなる」。「引きこもり」になってしまったようだった。このような状態になって、W君はすごくいろいろ悩んだ。今から考えると「しても仕方のない悩み」なのだが……。

一つ目は、いっしょに昼ごはんを食べ、Ｗ君の日本語が上手になっても、学科の日本人の友だちとの関係がそれほど広がらなかったし、深まらないことだった。
　Ｗ君の学科の特徴かもしれないが、「1人でいてもあまり問題がない」子が多く、自分のほうから、「遊びに行こう」や「飲みに行こう」とは言わない。なんとなく行きたそうにはしているのだが、結局誰も言い出さないので、そのままになってしまうことが何度もあった。
　また、Ｗ君も日本語韓国語を問わず、「話す才能がな」く、「言葉に詰まったら黙っている」性格である上に、村の全員が知り合いという環境に育ったせいで「人と交際するっていう技術」がない。

　　普通のときは用件もなくて電話する場合があるじゃないですか。だけど、僕は用件がなかったら電話しません。だからどうかすると1人で遊ぶ、こうなるんでしょ。

　　보통때는 그러니까 용건이 없어도 전화하는 경우가 있잖아요. 그런데 저는 용건이 없으면 전화를 안해요. 그렇기 때문에 이제 어떻게 보면은 혼자서 논다 이렇게 되는거죠.

　このように「連絡をしない」せいで、なかなか友だちに会うことができなかった。
　大学のシステムにも原因があるかもしれない。高校までは同じクラスだったらみんなで遊ぶが、日本の大学では「勉強は学校でする」が、遊ぶときはサークルに入って遊び、クラスの中では遊ばない。韓国では同じ学科の同級生だけではなく先輩や後輩との人間関係を重視し、ＭＴなど「強制」的に知り合いになるシステムが存在するが、日本の大学にはそのようなものがない。

　　何か韓国では、問題でもあるのですが、人と人の関係を重要視するんですよ。先輩と後輩も知っているし、ほとんど学科の友だちも知って、そんな関係だったんですね、僕の理想は。日本は先輩と後輩の関係も全くないじゃないですか。

한국에서는 문제이기는 하는데요 그 사람과 사람간의 관계를 중요시 한단 말이예요. 선배랑 후배랑 말고요 학과 친구들 그전에는 거의 알고 있는 관계였거든요. 제 이상적인 것은 그런경향도 많고. 그러는데 일본은 뭔가 선배랑 후배간의 관계가 전혀 없잖아요.

4年生の今まで、W君が日本人の友だちと学校の外で会ったことは数えるほどしかない。今でも、顔だけ知っているような学科の友だちなどとは、「よそよそしい感じがする」。

だから日本人に対して感じる全体的な感情は何かと言えば、簡単に親しくなることができません。

그러니까 일본사람들한테 전체적으로 느낀 감정이 사람들이랑요 쉽게 친해질수가 없어요.

二つ目は金銭的な悩みだ。両親が農業で一生懸命働いているのに、W君は奨学金をもらっているとはいえ、そのお金を浪費してパッと遊ぶ気にはならなかった。

だから、まあ、両親がそんなふうに仕事をしているのに、お金をばっと使ってもいいのかっていうのがあるでしょう。そんなことも考えなくちゃいけないし。そんなことも考えているうちに、あんまり遊びまわらなかったってことでしょう。

그러니까 이제 부모님께서 그렇게 일하시는데 돈을 막써도 되겠느냐 이런거 있잖아요. 그런것 때문에 그런것도 생각해야되고. 여러가지 생각하다보니까 이제 잘 안 돌아가는거죠. 뭐.

将来のことも心配だった。韓国にいたら、今ごろは他の韓国人の友だちと同じように軍隊に行っているかもしれなかった。

W君：だから、韓国にいたらもうちょっと楽じゃなかったかなとい

　　　　　う考えでしょ。
　　中山：楽？
　　W君：だから、自分が考えて、そうして決定して、そんなのがない
　　　　　でしょ。だから、周辺の子たちが行けばいっしょに行こうっ
　　　　　ていうそれで。だけど、軍隊に行くのも考えなくちゃいけな
　　　　　いし、苦しいです。

　　W君：그러니깐 한국에있었으면 좀더 편하지않았을까 하는 생각이
　　　　　죠.
　　中山：편하다？
　　W君：그러니깐, 자기가 생각해가자고 결정하는게 없잖아요, 그냥
　　　　　주변애들 가자 하면 이거고, 근데 군대가야하는거까지 생각
　　　　　해야하니깐요. 힘들어요.

　あれほど勉強していたのに、高校のときに比べると、「頭にちゃんと入らなくなった」。

　　W君：何か昔考えていたほどには勉強していません。勉強はしな
　　　　　くちゃいけないんだけど、何か混乱しているじゃないです
　　　　　か。
　　中山：混乱してるって？
　　W君：だから迷う。何か変わる……僕が変わったみたいです。

　　W君：뭔가 옛날에 생각했던 것처럼 까지는 공부를 안 하고 있어요.
　　　　　뭔가 공부는 해야겠는데 뭔가 혼란스러운 거 있잖아요.
　　中山：혼란스럽다는 거
　　W君：그러니까 迷う. 뭔가……뭔가 바뀐……그러니까 제가 바뀐 것
　　　　　같아요.

　こんなふうに悩んでいると、「頭がクリアじゃない」し、「日本にいると（何かを）するのがいやにな」った。お腹もあまりすかないし、自転車も昔ほど全力でこげない。何かしようと思っても「面倒くさいな」とな

ってしまう。「活発的ではない」感じがして、「家の中をグルグル回っている」だけのような気がした。「だんだんダメ人間になって」いくようだった。そして、韓国の自分の家に帰りたくなった。

 W君：田舎に行けば、関係がない人はほとんどいないんですね。
 中山：みんな知ってる人でしょ。
 W君：ええ。そしたら何か楽じゃないですか。だからたぶんそのせいだと思う。もともと田舎者だから、帰って不便ということもないし。

 W君：시골에 가면 관계없는 사람들은 거의 없단 말이에요.
 中山：다 아는 사람이지.
 W君：그러면 편해지잖아요 뭔가 심적으로. 그것 때문일 것 같아요. 그런 이제 사람 관계 그런 게 원래 촌놈이니 가서 불편한 것도 없고.

おじいさんが「都会は人が住むところではない」と言っていたことを思い出した。

〈おもしろくない大学生活だけど〉
 3年生になってからW君は芸術系のクラブに入った。大枚をはたいて道具も買った。
 そのクラブの人たちは、ちょっと変わった人たちが多かった。女の子なのに、残酷なものを見に行ったり、何気なく留年したり、日本に来て初めて出会った変わった人たちだった。本当に自分のやりたいようにしている人々で、その雰囲気が気に入った。W君は、レポートなどで忙しく、あまりクラブの活動には参加できないが、今でも週に1回ぐらいは顔を出している。
 歴史小説を読むようになったのも、このころからだ。1、2年生のころは小説などは全く読まず、ずっと専門的なことばかりしていた。でも、退屈だから韓国語のものを両親に送ってもらった。何度も送ってくれというのも気が引けて、よい教科書を探しに本屋に行ったついでに、日本

第6章　5人のストーリーと自分らしさ

の作家のものも読んでみた。気に入った作家もできた。特に中国の古代を描く作家が好きだ。

　最近は授業で出される課題も少なくなったし、自分で自分を管理して、「1時か2時の間に寝て、7時か8時の間に起きるから、ある程度規則的に暮らすから、前よりは（疲れも）かなりよくなったと」思う。

　今は「勉強の悩みしか」ない。研究室に配属されても自分の机もないし、教授がなかなか「管理」をしてくれない。教授は自分を大きくしてくれる人だと思う。教授のレベルまで1人で勉強することは本当に努力が必要だ。昔のように「本を読んだだけ」で理解することは難しい。ある程度指導してくれる人、それが教授だが、「自分で好きなように」勉強しろと言われても困ってしまう。それに「微妙な自尊心があって」なかなか質問をしにいけない。

　　　W君：僕の方針は、打倒〇〇（指導教授の名前）です。
　　　中山：打倒担任の先生。
　　　W君：だから、先生があれは何って聞いても、**これはこれですって**いうのがあるじゃないですか。

　　　W君：어쨌든간에 제 방침은 타도 〇〇.
　　　中山：타도 담당 선생님?
　　　W君：그러니까 선생님이 뭘 아레는 뭐냐고 물어도 이제. 이건 이 거예요 라고 말하는 거 있죠.

　院試が目の前に迫っている。研究室には机がないので、図書館などで勉強している。特に将来に対する希望はないが、大学院に行ったら、一生懸命勉強して、「新しい珍しい発見するとか、それを解読して発表する」とかしてみたい。そのように科学者として成功すれば、親孝行もできると思う。

　日本語もある程度は上手になったが、昔のように新しいことを学んでいくおもしろさはなくなってしまった。しかしまだ満足はできない。今のW君のレベルでは日本語で話していると、例えばユーモアをユーモアとして受け取ってもらえなかったりすることがあるので、表現できる

範囲が狭いと感じる。また、語彙がどうしても少ないので、物事を考えようとすると、考えが浅くなってしまう。

> まず語彙力が落ちるじゃないですか。だから、日本語で考えて話そうとすると、深いことが考えられません。だから、深い考えができないから、何か思考力が全体的に落ちてしまうっていう感じです。

> 일단은 어휘력이 떨어지잖아요. 그러니까 일본어로 생각해서 말할려고 하면요 그러니까 깊은생각이 안드니까요. 뭔가 사고력이 전체적으로 떨어지는 것같은 느낌인데요.

　W君の理想は「論争ができるぐらい」日本語が上手になることだ。論争には、論争で使うような「単語」「スピード」が要求されるだけではなく、「その言葉で、論理がなくちゃいけないし、その論理を使っていろいろと単語を総合して、相手にぶつけることだから。そうしなかったら相手が納得しないじゃないですか」。
　今、4年間の虹野大学での生活を振り返ってみると、いろいろと後悔することがある。学生生活は「おもしろくなかった」。もっと日本人の友だちとも遊びたかったし、アルバイトもしてみたかった。韓国の大学に通っていたら、思いっきり遊んだのは確実だろう。レポートや宿題ばかりではなく、自分の勉強も一生懸命してみたかったという思いがある。「今ごろまでには全部しなくちゃいけなかったのに、何か残してきたっていう感じでしょ」。これからは、自分の性格を変えるトレーニングをしたり、英語の勉強をしたい。

> だから…大学院に入れば英語の本とかも出てくるし、また時々英語圏の人たちとも何かのコミュニケーションがなければだめだっていうのがあるじゃないですか。そのために。また院試もあるし。そんなのでしょ。

> 그러니까 대학원쯤 들어가면요 영어서적같은거 나오고요. 또, 가끔씩 영어권사람이랑 무슨 커뮤니케이션이 있지않으면 안된다는 그런

거있잖아요. 그거때문에 또 입시도 있고 그런거죠.

「たくさんいろいろなことも決心さえすればできる」と思う。大学院を終えたら韓国に帰り、政府の研究所で仕事をしたい。30代後半になったら田舎に帰って田んぼを耕すのもいいなと思っている。

6.1.2 JIN君のストーリー[9]
〈運動ができないから勉強で一番〉
　JIN君は両親と兄の4人家族でソウルで育った。JIN君は小学校のころから習い事をたくさんしていた。

> 学校終わって家帰ってきて、ピアノ行ったり。小学校のときはそんなに勉強勉強っていうわけじゃなくっていろんな、体操と、あとピアノとテコンドとかやってたんですけど。

　この他にも、美術やスピーチの塾に通ったことがある。特に体操は週4回ぐらい長い間通っていた。こんなにたくさんの習い事をしたのは、お母さんの教育方針で、「何か特殊を探す。何か自分ができること」を探すためだったのではないかと思う。だから、「子どものときから、遊ぶばっかりじゃなくて、どっか（習い事などに）行かせた」のではないか。今でも音符が読めたりするので、「すごく感謝している」。でもそのせいで結構忙しく、友だちと遊んだりする時間はなかった。友だちに「遊ぼうよ」と言われると少し遊ぶだけで、その後は習い事のために帰るのが普通だった。

> 小学校のときも、ま、結構友だちの家に泊まったりするじゃないですか。そういうのも全くなくって。だから遊ぶのは遊ぶんですけど、ちょっと遊んでって言ったら（言われたら）、いっしょにちょっと遊ぶんですよ。その後すぐ、「あーどこか行かなー」って言って「ごめんな」って言って家に帰って、何か（習い事とか）やったり。

　また、JIN君はかけっこもサッカーもあまり得意ではなかったが、勉

強が得意だった。

　あんまり運動もそこまでできる子でもなかったし、勉強でがんばっていこうってずっと思ってた……。

　小さいときから負けず嫌いだったJIN君は、常に一番の成績を取るように一生懸命勉強した。当時の韓国の小学校では、中間・期末などの定期テストがあった。JIN君は、問題集をやったり、教科書を丸々暗記したりして勉強した。いつからなのかはっきりは覚えていないのだが、確実に、高学年になってからは、徹夜するのが当然のようになっていた。

　問題集とか本丸々覚えたりとかしましたよ。アハハ。漢字テストとかでもあるじゃないですか。美術テストとかでもあるし。うん、そういうの全部覚えなくちゃいけないやつを全部覚えたりして。

　そのかいあって、成績優秀者としてよく朝礼で表彰された。みんなの前で呼ばれて、前に行き、表彰状をもらう。それはとても気分のいいものだった。

　名前呼ばれて行ったりしてめっちゃ気持ちよかったんですけど。今考えると、なんであんなに気持ちよかったんやろうって。

　ちょっとでも成績が落ちると、勉強して挽回した。小学校でもらった表彰状だけで60枚はくだらない。

　　JIN君：いや、僕テストほとんど満点でしたよ。全科目。
　　中山　：それがすごいのよ。
　　JIN君：僕平均点数が、95点以下に下がったことほとんどないんですよ。
　　中山　：すごいよね。すごいと思うわ。すごいと思うねんけど、なんでそこまでしたんかっていうのが、疑問の一つやってんけど。まあ。

JIN君：そうですね！ 下がりたくなかったんじゃないですかね。平均点下がりたくなかったんじゃないですかね。いつもいい点数取りたい。僕小学校のときにだけもらった賞状だけで60枚あるんですよ。

そんなふうにJIN君が勉強することを、お母さんは応援してくれた。お母さんは韓国がまだ貧しい時代に大きくなったので、実力があっても大学には進学できなかった。そのため息子たちには好きなだけ勉強させたいと思っていたのではないか。JIN君がテスト勉強で徹夜をしていると、いっしょに寝ないで徹夜してくれた。また、表彰状を持って帰るととても喜んでくれた。

中山　：平均1年10個。すごいな。
JIN君：お母さんが結構欲張りです。ハハハ。
中山　：何それ？　母さんが欲張りって。
JIN君：お母さんに持っていくと喜んでたし。
中山　：あー。
JIN君：僕もやったーっていう気持ちもあるし。お母さんも喜ぶし。

小学6年生の卒業間近の時期、JIN君たち一家はお父さんの故郷に引っ越しした。そこは「結構ちっちゃい都市だから、で、何か、いろいろ噂とかも結構多」かった。転入した小学校では、ソウルからやってきた男の子としてJIN君は結構人気があったらしい。冬休みには知らない女の子からラブレターが届いたりした。でも、勉強の邪魔になると思って、もらったラブレターをろくろく読みもしないで捨ててしまった。

女の子とこういうように付き合ったりとか恋愛とかしてたら、たぶん勉強の邪魔になるんだろうなって思って。あれ見なかったのはちょっと悔しいんですけどね、今考えると。

〈科学高校に入るぞ〉

　そのころは、将来何になりたいかははっきりしていなかった。小学校のときは野球選手になりたいと思ったり、話がうまいとよく言われたので、弁護士になってもいいなと漠然と考えていた。

　中学校に入ってからもJIN君は学校でよい成績を取り続けていた。中学生と言えば、勉強のよくできる子がもてたりする年頃だ。

　勉強がよくできるJIN君に、運動はできるけど勉強ができない子や、勉強はできるけど、どうしても成績でJIN君に勝てない子たちが、「嫉妬」からかケンカを売ってきたりした。JIN君はケンカが好きではない。人を殴るのは嫌だ。でもそんなときはいつでも「止めとき」と中に入ってくれる子がいて、大きなケンカにならずにすんだ。

　　本当にこう、正しく、こういい子でこう生きていく道の、こう行って悪いことしたりとか、悪いことっていうのも何ですけど、いっぱい遊んだりとか、あまり友だちと絡んでこう、ちょっと悪いことしたりってあんまりしたくなかったんですよね。

　また1年生のときは、吹奏楽部に入っていた。顧問の先生が音楽の授業の後に「いっしょに吹奏楽をやらないか」と誘ってくれたのだ。吹奏楽部と言えば、中学校のくせにタバコを吸っている子がいる「遊んでる子の集団」というような悪いイメージがあった。それにその先生はとても怖い先生だったし、上下関係も厳しそうだった。でもJIN君はその誘いに乗って、吹奏楽部に入ることにした。

　吹奏楽部は部員が30名ぐらいで、創部して3年目の新しいクラブだった。入ってみるとタバコを吸うような人も中にはいたが、先生が厳しいので、ほとんど「きっちりした人」ばかりだった。そしてその先生の指導の下、毎日放課後に1、2時間練習をした。練習だけではなく、大会があるときにはいろいろなところに連れて行ってもらった。しかし、残念なことに、この先生はJIN君が2年生になる前に転勤になってしまった。JIN君も成績が落ちてきたこともあり、結局吹奏楽部をやめてしまった。

　そのころ、2歳年上のJIN君の兄が科学高校を受験して落ちた。科学高校というのは、1980年代から作られ始めた新しいタイプの学校で、一般

の高校に入るのとは全く別のテストが行われている。韓国全国でも「15個」しかない。特に理科系の能力に秀でた学生だけを集め、普通は3年かける高校のカリキュラムを2年間で行う。授業料がいらない、2年生修了時にKAIST[10]（韓国科学技術院）の受験資格が与えられるなどの特権がある。JIN君の地方の科学高校は定員が60名しかなく、全寮制だった。

　負けず嫌いなJIN君は、兄が落ちた学校を受験したくなった。それで、吹奏楽部をやめた後は、勉強に専念することにした。弁護士は、漢字を覚えるのがいやでやめた。

　　科学高校はいい高校だからっていうのがあるんですよ。みんな行きたがってるし。今の自分の成績から見ると、周りの学校に入るより一番いい高校に入りたいなっていうのが自分の中にあったんですよ。でも、科学高校に入ったら、みんなすごいって言うんですよ。だから一番上を目指したんじゃないですかね。そのとき。

　JIN君の住んでいたところは田舎だったため、科学高校入試専門の塾がなかった。JIN君は新しくできた塾に入り、そこの先生にお願いして自習室を作ってもらった。成績優秀だったJIN君はわがままを言うこともできた。先生たちが帰った後も1時ごろまで塾に残って勉強していた。1時に勉強を終え、1時半ごろ家に帰って寝る。また次の朝には学校に行くという生活を毎日続けた。「塾にちょっと住み込みみたいな」感じだった。それでもJIN君は科学高校に落ちるのではないかと不安だった。

　　自習室でちょっと勉強して、あとまあほとんど10時か11時ぐらいに塾が閉まるじゃないですか。それでも残って勉強したいって言って。無理やりに1時までそこで勉強させてって言って、勉強1時までして、また家帰ってって感じでしたね。

　結果、JIN君は見事60人中4番で科学高校に合格した。成績優秀者は奨学金がもらえる。この4番のおかげで、JIN君は3年間、寮費も払わずに科学高校に通うことができた。

〈科学高校での過酷な生活〉

科学高校は家から2時間ぐらいのところにあった。JIN君は、その地方の成績優秀な学生たちに混じって、寮生活を始めた。科学高校の授業は朝8時に始まり夜8時に終わる。その後は、強制的に自習の時間で11時半まで勉強する。

JIN君：それにもう8時に終わった時点で、まあもちろん朝昼晩ご飯食べてから。それで8時10分から20分ぐらいから11時半まで、強制的に勉強。自習室で。
中山　：すげえなー。
JIN君：11時半ぐらいから寝ていいよって感じで。でも誰も寝ませんよ。そりゃあそこは。
中山　：なんで寝ないの。
JIN君：みんな勉強してるんですよ。

月曜日から金曜日だけではなく、土曜日も授業があった。日曜日の午前中だけが自由な時間だった。全寮制だったので、友だちと親しくなり、暇を見つけてバトミントンをしたりするのは楽しかったが、そこでの生活は本当に過酷だった。試験の前は戦争のようだった。

試験のときめっちゃめっちゃ苦しかったんですよ、ほんまに。勉強するのが大変で大変で。科学高校では60人全員集めて試験受けるんですよ。おっきなところで……。そのときはすごく（すごく小さい声）いろいろ、思い出っていうのは、ようやったわっていうぐらい。

中には精神科に通っているような子もいたし、自分の意志で退学してしまう子もいた。

中学校までは学内トップだった子全員集めて、それでまた勉強させたら、それ結構大変なもんですよ。それでも60人ぐらいいるじゃないですか。一番トップやった子が入ってきた子が60位ですよ。それはストレスですよ。すごく。

第6章 ｜ 5人のストーリーと自分らしさ

このような学校だったので、さすがのJIN君も常に一番というわけにはいかなくなってしまった。最初は4番だったが、真ん中ぐらいにいることが多くなった。
　2年生の冬に、KAISTを受験した。一応合格だったが、面接で最終的な合否を判断するという条件つきの合格だった。JIN君はその結果を知って悩んだ。そのままKAISTに行っても「最後」からついていかなければいけない。

　　だからそこ（KAIST）に行かなかった理由は、そのまあ医師になりたいっていう希望もできたし、そのときにまあKAIST行っても、まあ最後から始まるってわけじゃないですか。KAISTの中で。

　その一方で、医者になって、「有名な心臓外科の（笑）医者になって」人がしないような立派な仕事をしたいとも思った。JIN君は迷いに迷った。JIN君は「どうすればいいかわからな」かった。両親は「したいことをすればいい」とJIN君の選択を尊重してくれると言ってくれた。

　　お母さんは、まあ自分が好きなようにしなさいって言ったんですけど、そのときもめちゃ悩んで悩んで。泣きながら、（KAISTには）行かないとか言って。

　結局、医学部を目指すことにして、面接は受けなかった。3年生になり勉強を続けたが、なかなか成績は上がらなかった。苦しくて教会に通ったりもしたが、あまり楽にはならなかった。
　ある日、同級生が新聞の切り抜きを持ってきた。その切り抜きには、日韓プログラムのことが書いてあった。

　　絶対日本に行くとかそういう気持ちはなかったですね。試験受けるのもまあ奨学金くれるし―みたいな。

　JIN君はそれに応募し、地区で一番で合格した。その一方で「医学部に行きたかったから勉強はずっと続」け、韓国内の医学部の試験も受け

た。しかし、国語の点数が悪く、残念ながら、医学部は落ちてしまった。

　僕、医学部ならどこでもいいって思ったんですけどね、そのときは。

　医者になることをあきらめ、奨学金のある日韓プログラムで日本の大学に行くことになった。
　キョンヒ大学での予備教育でも「(勉強を)急にやめるわけには」いかないので、結構勉強した。「ま、医者ができないから。だから日本に来ると、だからそのとりあえず生物に関わるものをやりたいって思って」医学の近接領域の学科を志望することにした。そして、韓国の有名な大学の先生たちにメールを出して、日本でいい大学を教えてもらった。

　(虹野大学は日本で)一番じゃないっていうのもわかってたけど、名門であることはわかってた。だって、日本に来るときに、大学、その希望あるじゃないですか、(中略)韓国の有名なトップ4の大学の各教授にメール送って、日本の大学でどこが一番いいですかって、メール送ったんですよ。僕。

　そして、テストの結果、JIN君は第2志望の虹野大学の医学の隣接領域の学科に入学することになった。

〈しんどくても乗り越える〉
　虹野大学に入学したJIN君はさっそく体操部に入部した。そのころ少しぽっちゃりした「お坊ちゃん」みたいな体型をしていたJIN君は、運動のサークルに入りたかった。

　ぽっちゃりの「お坊ちゃんさん」みたいな、お坊ちゃまみたいな感じやったんで、そういうのじゃなくかっこよく、こうシャープになりたかったんですよ。

　小学校のころに「4年間習」って、「他の運動よりできる自信がある」体操部に入ることにした。体育会だったので、その体操部は厳しく、練

習は週に3回あった。JIN君はみんなが「えっ？　あの子何言ってるの。そんなしんどいのやる？」と思うような技に挑戦することにした。

　　　JIN君：はい負けず嫌い。乗り越えますよ。何でも。
　　　中山　：すごいな。
　　　JIN君：だからしんどくてもやりますよ。死んでもやりますよ。ちゃんと、だから自分の何かの、こういうふうな役割を、分担が、まあこれは分担じゃなくて自分の種目やからあれですけど、自分に与えられたものがあったら、ちゃんと最後までやりますよ僕は。

　練習は、みんなでいっしょにやる練習と、種目別に分かれてする練習があって、メニューは先輩が決めていた。練習は「きつかった」。

　　だから痩せたんじゃないですか、僕って結構。痩せた理由はあるんですよ。

　でも、JIN君は体操が好きだった。「練習で技が成功したときは本当に気持ちよかった」。

　　他の人より上手になりたいって思うのが、やっぱり自分のモチベーション上げて、練習するわけですね、その中で。

　体操部では、ずっと日本語を話していた。韓国の事情について聞かれることもあるし、日本の事情を教えてもらうこともあった。それに、わからない言葉があれば、聞けばすぐに教えてくれた。JIN君が自分の日本語を振り返ってみて、一番話すのが上手だったと思うのは、ちょうど体操部をやめるころだったと思う。毎日「いっしょにご飯食べに行って、毎日いっしょに練習して、合宿もいっしょに行って、他のところに体操大会に行って」日本語を「しゃべる機会が多」かったからだ。

　　他の練習がないときには、友だちとしゃべって、いっしょに。韓国

どうなん？　とか言うじゃないですか。そういうのもあって、で、これって日本ではこういうのがあるんだよっていうのも教えてくれるじゃないですか。そういう、だからそういう交流もあって、そこでしゃべりながら。ごく普通じゃないですか。ほんまに。

　言葉を学ぶこととは、マネなのではないかと思う。テレビで見たこととかをメモしておいて友だちに聞いたり、辞書で調べたり、同じような場面があったら使ってみたりもした。

　　JIN君：テレビでこう、○○（タレント名）とか××（タレント名）とか言ったのを、そのまま言ってみたり。
　　中山　：それってそのまま口に出して言ってみるの？
　　JIN君：はい。だからまあ同じではないんですけど、そういう場面があったらそれを使ってみたり、覚えていることをまあ使ってみたり、あっこういうとき使うんだろうなっいうのがあって。
　　中山　：使ってみるっていうのは友だちと。
　　JIN君：みんなとしゃべっているときに。まあ日本人らしく、日本人が日本語しゃべっているらしくしゃべろうって自分の中でも思ってますし。

　間違った使い方をしたら友だちが直してくれた。

　　だって、日本人でもないし、間違っても多少、向こうでわかってくれるし、もし間違ってたら教えてくれるし。

　わからない言い方があったら、ちゃんと聞いた。

　　やっぱ自分がわからない言葉が出たときには、ちゃんと聞いて、日本語でこれはどういうときに使ってどういうときに使う言葉だよっていうのを教えてもらって、あっそうなんだっていう。そのときそれを使っていたら身につくんじゃないですか。

第6章　5人のストーリーと自分らしさ

またJIN君は、試合に参加するために、近隣はもちろん、日本全国に出かけた。メンバーと遠くまで行くのも旅行のようで楽しかった。試合では各選手ごとに歌を作って応援した。試合後、打ち上げがあるときは、みんなの前で点数を告白する。そのとき、点数が悪かったら「ふがいない」と囃したり、囃されたりした。

　　そのだから、大会とかあったら、後で飲み会とかあるじゃないですか。飲み会行ったら1人ずつ大会の点数を発表するんですよ。それで「JIN―何々何点。何点何々」って言うんじゃないですか。だったら、「ベストならずー」（リズムをつけながら）だったらその後「ふがいない」（拍子を取りながら）って。ハハハハハ。

　この「ふがいない」という言葉は、なんとなく雰囲気で意味がわかった言葉だ。

　　韓国語に完璧に訳さない（訳せない）言葉もあるから日本語で吸収したほうが早い。あっこういう場面にはこういう単語使うんだみたいな。

　いやだったのは他大学の学生たちとの交流会だった。みんなが無意味に酒を飲んで叫ぶのには閉口した。それにJIN君にはなぜか他大学の友だちができなかった。

　　だから日本人だったら他大学と気安く付き合えたのかなみたいな。知り合いが次の試合、だから次の試合行ってたらオッスって、久しぶりやな、って言うんですけど、僕はそんなことなかったかなみたいな。なぜか知らないですけど。僕もなぜかわからないんですけど。

　1年生の「パンキョウ（一般教養）」の授業は、もう科学高校で勉強していた内容だったので、いい成績を取るのは簡単だった。

数学とかあれば、高校のときに全部習ってたやつやから、勉強しなくても試験受けに入ったら全部書けるから、あれで1年生のときには成績よかったんですね。

　それで、勉強しない癖がついてしまった。授業には出ていたのだが、「一瞬気づいたら、まあ成績が取れなくなっていた」。結局、勉強に専念するために2年生で体操部をやめざるをえなくなった。

　もう仕方ないことだって思ってますよそれは。ずっとその生活続けたら、僕また何留したかわかりませんよ（笑い）。

　最初の試合では、最後まで演技することがやっとだったのに、「本当にきれいな形で技を決められるぐらい」になったし、最後の試合では、大幅に自己ベストを更新し、点数も結構よかった。

　自分の中ではこういうふうに成長したっていうのがあったから、それが一番いい思い出やと思うんですけどね。

〈大人になるぞ〉
　体操部をやめてからは、人付き合いが広がった。
　人から頼まれて、韓国語を教えたりもした。そこで知り合った人と友だちになって遊んだ。「僕が日本語結構話せるから、結局最後は、韓国語を教えることもなく、遊びに行ったり」の関係になった。彼女は、「バンバンこう言ってくる」人で、「竹島（独島）とか他に靖国とか」いろいろな問題について聞かれた。「韓国人はなんで日本人が嫌いか」と聞かれたこともあったし、「歴史を教えて」と言われたこともあった。そのときは、「家庭教師でもない」のでちゃんと教えてはいないが、話はしたと思う。でもどう答えたのかは覚えていない。

　靖国神社の問題とかの、あれを聞かれて、どう思うんみたいなこと言われて、んー悪いと思うよって。でも強くも語れず。

反対に、彼女から「いろいろ日本の文化」を教えてもらった。彼女の他の友だちといっしょに海で花火をしたり、彼女の結婚式にも呼ばれた。日本も韓国も含め、結婚式に呼ばれたのは初めてだから、すごく緊張した。スピーチも頼まれたので、韓国の歌を歌ってあげた。

　韓国人との付き合いも広がった。日韓プログラムで虹野大学に進学した同級生は、JIN君を除いてはみんな一般の高校出身だった。彼らの友だちは、大学に行ってる子も、行ってない子もいる。でもJIN君の高校の友だちは、ほとんどが医学部か、でなければ工学部に通っている。虹野大学に来てすぐは、日韓の同級生たちと気が合わなかった。

　　自分の考え、僕、前まではこう、おれがこう考えてたら、もちろん相手もこう考えてくれるんだろうなって思ってたんですよ。(中略) 僕は悪いことと思ってないし、全然正しいことやし、こうするのがたぶん一番、誰に対しても一番いいことやしって思ってた。

　でもそのうち、JIN君は自分が思っていることだけが正しいのではなく、「人間それぞれやし一」と思うようになった。そう思うようになってからは、同級生たちともうまくいくようになった。同級生もJIN君の考え方を認めてくれた。科学高校では、困難を乗り越える力は身につくが人間関係を学ぶことが少なかったと思う。

　　僕の(高校の)友だちは、まあ全部ほとんどほとんど同じですよ。何かこう頭のよさとかでも、考えることでも。この子何考えてるんだなーっていうのを想像できるんですけど、(虹野大学で会った日韓プログラムの)この子たちは何考えてるんだろうなっとかっていうのが想像つかないんですね。人それぞれだし、全然違うし。日韓プログラムの同級生たちに会って習ったこといっぱいありますよ。

　このように日韓プログラムの子たちと付き合ったり、他の韓国人の学生と付き合うことによって、いろいろなことを学んだ。しかし、肝心の単位はなかなか取れなかった。1年、2年のときに専門の単位をかなり落としていたことと、3年生になると毎日実験があり、落とした授業に出

ることができなかったからだ。

　JIN君：僕本当に、1年のときとか2年のとき、3年のときとかは、可で取るよりは優で取ろうみたいなのがあって、そう思って。ちょっと可で取るぐらいやったら優で取ったほうがいいから、もう来年再履修しようみたいに思って、試験をあきらめたんですよ。
　中山　：じゃあ　試験を受けなかったの？
　JIN君：受けて、受けてもし取れなかったら、自分で持って帰ったんですよ。答案丸ごと。
　中山　：じゃあ提出しなかったのね。
　JIN君：提出しなかったこともあるし、提出してもあんまり点数もらえなくて、不可って書いて（書かれて）終わり。

　結局、JIN君は4年生になれず、3年生を2回することになってしまった。留年が決まってからは、もし日本留学をせず、韓国で浪人をしていたら、医者になれたのではないかと考えたりもした。取らなければならない単位は30もあった。2回目の3年生のときは、教科書を全部精読し直した。

　　だから、ちゃんと最初から、隣にメモを置いといて、ノートおいて、書きながら読んで、書きながら覚えたんですよ。だから、それで内容もわかってきて、あーこうなんだろうみたいな。あーこれかって。これで結構単語の能力も上がってるかなってみたいな。

　勉強は、家ではできない。家はくつろぐところ、学校は勉強するところだ。図書館で遅くまで勉強した。どんな点数でもいいから、とにかく単位を取ることを目標にがんばった。それはかなりしんどかったが、無事単位が揃い、4年生に進級できた。この努力のおかげで、専門に関しては、韓国語より日本語で考えるほうが楽になった。

　　本当に僕、専門の本は韓国語の見たことないんで。日本語を見たほ

第6章　5人のストーリーと自分らしさ

うがもっと簡単です。あと、本当に難しい単語を、日本語で難しい単語は、仕方なく韓国語を見るんですけど、英語の論文見て訳すときも、日本語でやったほうが簡単です。

〈研究室に入ってから〉
　4年生になると、研究室に配属される。JIN君は、自分の希望で比較的医学に近い分野の研究室に入った。やっぱり医学に近いことがしたかったからだ。アミダくじの末、この研究室に入れることになった。
　研究室の他の学生が、裏でコソコソ人の噂をしたりするのには閉口しているが、それ以外は雰囲気もいいし、気に入っている。先生も「高校の先生みたいな感じ」で、冗談を言ったり「何か親し」く付き合ってくれる。
　研究のテーマは、先生が出したいくつかの候補の中から選んだ。研究室では10時から5時までいることが当然のように考えられている。留学生はJIN君だけだ。夏休みなどの長期休暇のときも、学校に出てくることが求められる。なんとなく会社に入ったみたいだ。

　　僕もね、去年までは、研究室に入ってなかったときには、（中略）あんまり所属感学校にもなかったんですけど、（中略）研究室行ったら、結構僕のパソコンとかも置いてるし、ちゃんと専門の本とかも全部学校にあるし。（中略）なんか、完全に、ま、会社に入ったみたいですよ。今。

　院試が終わるまでは、研究室で院試の勉強をしたり、他の人が書いた論文を読んで、自分の実験計画を立てたりしていた。院試に合格してから、実験が始まった。実験でいい結果が出れば専門雑誌にも投稿するかもしれないから「データを整理しておいて」と先生に言われた。
　でも、3年生を2回したために、奨学金が切れてしまった。家に援助を頼めるような状況ではなく、学費と生活費をまかなうためにアルバイトをしなければならない。授業料免除を申請しても通らず、生活は苦しい。
　4年生になってからファーストフードのバイトを始めた。週3回ぐらい、実験の邪魔にならないように5時以降に働いているが、そこで働いている若い高校生や店長とも仲良くなった。

そこでの仕事は、最初はゴミ捨てから始まって、徐々にレジやドリンク作りに上がっていく。そして最後はバーガー作りだ。JIN君は、ドリンクはだいたいできるようになったのだが、バーガーはまだできない。

JIN君　：たまたま自分が食べるときに、たまに1人、そういうたまにお客さんが居ないときにはちょっと教えてくれたりとかするんですけどね。ん。ほんまに、ドリンク、仕事学ぶじゃないですか。いったら最初はゴミ捨てから始まって、接客を学んで。
中山　　：接客の言葉とかも教えてくれるの？
JIN君　：接客の言葉っていらっしゃいませから、こういうこういうのでございますとか。これでよろしいですかみたいなのを、ちゃんとどういうタイミングで、どういうふうに言うんだよっていうのを教えてくれて、あとはレジ取って。レジ取るときには、メニューの進め方と、と、そういうメニューを取ってから、後ろに通し方とかをそういうの教えてくれて。
中山　　：何かごいっしょにいかがですかみたいな、○○もそれ言う？
JIN君　：ごいっしょに何かっていうよりは、セットメニューでこういうこういうのがございますよっていうのがあるんですけどね。ハンバーガーとセットメニューになると、こういうこういうのがあって、これにドリンクは何々がつきますって。それからドリンクは何々がありますってそういうのを習って、それからドリンカー。ドリンクを作る方法があるんですよ。普通の落としてだけ作るのもあって、ミルクシェークとかシェークも落とすだけでいいんですけど、その抹茶シェークだったら作らなくちゃいけないんですよ。いろいろ混ぜて、混ぜ方も教えてもらって。あともうモカとか、アイスモカの作り方とか。

　また、日韓のスポーツ戦があったりすると、それについて話したりす

第6章　5人のストーリーと自分らしさ

る。この前の試合では、日本が勝ったので、店長たちに「文句なしの勝ちでした。おめでとうみたいな」メールを送っておいた。

　研究室とアルバイトの2箇所で日本語をたくさんしゃべるようになったから、どちらの影響が強いとは言えないが、また日本語が伸びていると思う。

　　目標じゃないんですけど、ただ自然に、日本人がしゃべるようにはしゃべれたらいいなって思うのはあるんですけど、そんなどこまでのレベルで、どういうふうに達したいていうのはないと思います。でも、まあ普段の、まあ自分の今の体操やったら、どこまでどうやっていきたい、研究やったらやっぱりどういうふうにやっていきたい、やっぱ後で就職して、何々になりたいっていうのはあるんですけど、日本語がここまでになりたいっていうのは、今まであんまり思わないように思うんですけどね。（中略）だから、いつも日本語がどれぐらいになりたいと思って、それに目指してがんばっているのはないと思うんですよ。

　ただ勉強とアルバイトの両立はとても難しい。「バイトでなくなった分は、ちゃんと研究室で取り戻そうと思って」、他の人が「めちゃめちゃ早」く「6時ぐらいに帰」っても、「バイトがない日は、夜中1時まで残って」がんばって実験している。それでも「バイトとかで忙しすぎて実験が進められない」。
　この前、実験についてあまり理解していないうちに実験をしてしまって、先生に叱られた。

　　生活面で厳しいこともあって、実験をするときにちゃんとした理解ができなかったうちに実験を進めたときに、結構先生が考えたのと僕が考えてやったのとは全く別のことがあって、それでJIN君、それは違うんちゃうかって言われたことがあったんですよ。それは明らかに（JIN君の）ミスで、（中略）先生は結構それにがっかりしたらしくて、ちゃんと自分のことがわかっていないのに、そういうふうに実験するのはJIN君って何考えているのかが、自分の中ではわか

らないっていう、先生の中でそういうのができたらしいんですよ。

もっと言い訳とかをすればよかったのかもしれないが、韓国人は先生に叱られても「申し訳ありませんでした」としか言わない。

だから先生にそういう叱られたときには、僕は何も言わないんですよ。そういう何か返事をあんまりしないんですよ。だから言われたことに対して、韓国の中ではためとくって言う。やっぱ申し訳ございませんっていうそれだけで、何も返事しないから。

そのせいで、先生から「JIN君とちゃんとコミュニケーション取れない。やっぱり留学生だからちゃんとコミュニケーション取るの難しい」と言われてしまった。それだけではなく、テーマを変えるか研究室を変えるかどちらかにしてと言われて、すごくショックだ。

留学生って言って、そういう何か考慮を求めているわけでもないんですけど、ん、まあ普通の学生としてみてもいいんですけど、他の学生がこんなことしても、たぶんなんかそんなに言うのかなって感じですよ。第一に取り上げたのが、JIN君とちゃんとコミュニケーション取れないですからね。

いろいろと言われて、JIN君自身も先生に対して失望している。

ちゃんと面倒見てくれる先生だと思ったけど、(中略)すぐあきらめる先生なのかなって[11]。

これからどうするか、結論はまだ出ていないが、大学院に入ったら、なるべくなら奨学金をもらって、勉強に専念したい。

やっぱバイトやって、実験に対する自分の、僕は熱心にやろうと思ったことが、まあそんなうまくいかなくて、そうなった(叱られた)わけやし。

日本で修士を取った後は帰国するつもりだ。兵役の代わりに企業で働く制度を利用して、韓国の企業で研究者として働こうと思っている。もともとはまず帰国して兵役をすませ、その後大学院で勉強しようと思っていたが、兵役の2年間も研究をしていなかったら、また一からやり直しになってしまうと思って、考え直した。

　　研究室入って、院試の勉強しながら思ったんですけど、うわこれ2年ぐらい勉強しなかったら、たぶんこの道は選べないだろうなっと思ってきて。科学者として生きていけられないなって思って。

　「上まで上がっていって、最後頂点に立とうみたいな、っていうのは、自分の中の一番夢」だったが、最近は、

　　勉強もそこまでめちゃめちゃうまいわけでもなく、留年してるし、お金ないし、就職してないし。いろいろがんばらないとなーと思ってきましたね。

　修士が終わって韓国に帰ったら「あー日本にいたときいいなって思うかもしれない」。「日本語も習えて、いろいろまた友だちもできて」よかったことはよかったと思う。

6.1.3　日本人ネットワークの中での彼ら
　W君とJIN君は、虹野大学に入学後、日本人の友だちを作り、日本語を上達させていった。W君から先に詳しく見てみよう。
　ストーリーの中に出てくるW君のネットワークはそれほど広くない。田舎の家族と友だち、日韓プログラムの友だち、学科の昼食をいっしょに食べる友だち、そして研究室の先生だ。
　W君は、入学直後に体育会系のクラブに入ったが、勉強と両立が難しかったこと、さらに人々があまり酒を飲まないなど「格式ばってい」たためにやめてしまった。その後しばらく、日韓プログラムの学生たちといっしょに住んでいるアパートと大学の授業を往復する生活をしていたが、日本人と仲良くなりたいと、同じ学科の友だちといっしょに昼食を

食べるようになった。

　W君と友だちとの間で話されることは、専門についてや自分が見つけたおもしろいこと、さらに空想科学といった彼が子どものころから親しんできた百科事典的知識であり、彼にとってなじみの深いものであったろう。そのネットワークでW君は、予備教育機関入学前に日本語学校で学んだ日本語の基礎的な構造を使いまわしたり、韓国語の漢語を日本語風に発音することによって友だちと話したと述べている。友だちと会話するとき、その日本語風の漢語の発音が間違っていれば、友だちがW君が何を言いたいのか推測して、正しい発音に直してくれたり、日本語での表現の仕方を教えてくれた。このように会話することによってW君の日本語は上手になった。

　W君にとって、日本語の上達とは、韓国語、特にその中の漢語というW君が韓国社会の中で育んできた資本を翻訳し、それを友だちに訂正してもらうという方法によって成し遂げられたものであると言い直してもいいだろう。

　一方、JIN君は、日本に来てからW君よりも広いネットワークを作った。体操部の仲間、日韓プログラムの友だち、それに日韓プログラムではない韓国人の先輩、研究室の人々、現在のバイト先の人、かつて韓国語を教えてくれと言われた友だちなどだ。これらのネットワークの中で、JIN君が日本語が上手になったと言っているのは、最初の体操部でのネットワークだ。体操は、彼が小学生のころにしたことのあるスポーツで、虹野大学入学後、「すっきりした体型」になるためにスポーツをしたいと考えたJIN君が他のスポーツより有利だろうと選んだものだった。彼は、このクラブ活動に参加しているときは、日本語ばかりに囲まれており、そのおかげで日本語が伸びたと言っている。

　体操部のネットワークの中では、体操に関することだけではなく、韓国の状況を説明するなどJIN君にも話す機会が与えられていた。JIN君はクラブの内で使われている言葉やテレビで聴いた言葉などを文脈ごと捕まえ、似たような状況で、それを使ってみて、間違っていたらその場にいる日本人から訂正されていた。JIN君の場合もW君同様、友人との関係の中では、日本語を訂正／承認されるという位置に置かれていたということができる。

彼らのストーリーの中の、日本語が上手になったネットワークでは、まず、学科の学生であるということやクラブのメンバーであることによって、彼らは友だちとの会話や練習後の食事に参加する機会を得ていた。そのネットワークは、W君の場合は百科事典的な知識を交換し合ったり、JIN君の場合も彼になじみのあるスポーツをしたりと、2人の文化資本が生かせるネットワークであった。そこでは、慣れ親しんできた世界に関する話や韓国に関する話などで、彼らに話す機会が与えられ、さらに彼らは、彼らが話した（内容ではなく）日本語が正しいか正しくないか、話し相手から訂正／承認を受けるという位置に置かれていた。

　このようにネットワークへの参加を通じて、W君の日本語は「子どもが（育ててくれた）おじいさんおばあさんの言葉づかいになる」ように、いっしょにお昼ごはんを食べる友だちの言葉になった。また、JIN君の場合は、テレビで覚えておいた言葉を同じような状況に出会うと使い、その言葉を自覚的に「まね」して、それを覚えた。

　Hall（1995）は、言語を学ぶということは、声（voices）の幅を発展させられるかどうか、その人が使えるリソースから発言を「腹話術」する術を学ぶかどうかの問題だとしている（p.218）。W君もJIN君もテレビや友だちなど自分の周囲にある日本語をまねることによって日本語を上達させてきたと言っていることは興味深い。問題は何をまねたのかということだが、W君は学校の友だちの言葉をまね、JIN君は日本人のように話そうと、周囲の環境の観察に余念がなく、「ふがいない」という言葉の例からもわかるように、テレビや体操部の中で使われている言葉をその文脈ごと捕まえたと語っている。

　社会文化的な言語学習観（Hall, 1993, 1995, 2002; Lantolf, 2000など）[12]では、言葉とはその文脈から切り離されて存在しているものではない。W君とJIN君にとって、テレビや友だちは、彼らが「腹話術」する対象、つまり「リソース」であったと言える。しかし、腹話術の相手が見つかっただけで彼らの日本語は上達したわけではない。彼らは自分の日本語を正しいと承認されたり、間違っていると訂正されたりという位置にいたが、逆に言えばW君とJIN君の日本語習得にとって友だちの存在は、W君とJIN君が使った日本語を訂正／承認するという大きな役割を担っているということができる。

W君とJIN君にとって、彼らの日本語を習得する軌跡は、自分がすでに持っていた言葉や、周囲の環境の中からその文脈や「声」とともに拾った言葉を使ってみて、そして周囲から訂正／承認を受けて自分のものにするという周囲の環境と彼らとの往還関係の軌跡であったと言ってもいいのではないだろうか。

　逆に言えば、ネットワークとは、日本語の上達に関する限り、W君やJIN君に新たな言葉を提供してくれる役割、JIN君やW君が使った言葉を訂正したり、補ったり（スキャホールディング）してくれる役割、また彼らが使った言葉を正しいと承認してくれる役割を持っていたとまとめることができよう。

6.1.4　ストーリーの中に見える彼ららしさ

　もう一点、W君とJIN君に共通する点として、友だちと話しながらも、（それほどあからさまな形ではなくても）訂正／承認を受けなければならないことに対する葛藤が、ほとんど語られていないことが挙げられる。これは、後述するように、他の3人のライフストーリーと大きく異なる点である。

　同様に、他の3人よりW君とJIN君が考えている日本語上達の到達点は非常に高い。W君は相手を説伏させるような論理とスピードを兼ね備えた日本語を話せるようになりたいと考えている。またJIN君は「日本人がしゃべるようにしゃべる」ことを目指している。これらの日本語に対する彼らの目標は、ライフストーリーの中に現れる「彼ららしさ」、さらに彼らの将来像と照応している。ここではJIN君から先に述べる。

　JIN君は幼いときから学校の中で一番として表彰されるために、一生懸命勉強に力を入れてきた。体操部の中でも、他の人より上手になろうと、苦しい練習にも耐えてがんばった。また、大学の授業や試験などの学業でも悪い成績になりそうになると、次年度にやり直して、もっとよい成績をもらえるよう、テストを放棄したりしている。「負けず嫌い」で頂点を目指すというのが、彼のストーリーの中に描かれた彼の特徴である。現在、JIN君は研究室の指導教員との問題で、彼自身の具体的な将来像を結べないでいる。しかし、「自分に与えられたものがあったら、ちゃんと最後までやりますよ、僕は」と、どこにいても最善を尽くして、

一番上を目指そうというのがストーリーの中で語られる「彼らしさ」だ。JIN君のストーリーを見ていると、幼いころから、学校文化の中での主流を目指してわき目も振らず走っていく彼の姿が見えてくる。
　医学部への進学をあきらめたからといって、腐るようなJIN君ではない。頂点を極めることが夢であるJIN君が、新たな専門となった医学の近接領域で、「一番上」を目指そうとしていたとしても、それは彼のライフストーリーから考えると非常に納得のいく実践だ。そのような彼が、日本語が主要言語である虹野大学の中で、他の人に質問をすることを厭わず、「日本語」や「日本文化」を学び、「日本人のような」日本語を話す自分であろうとすることは、彼にとっては、上を目指して走り続けてきた自分、また勉強で一番上を目指して走っている自分、さらに将来、一番上に立っている自分につながる彼自身のストーリーから外れない実践なのではないか。
　W君に話を移そう。W君のストーリーの中には、JIN君のように「上」を目指すために幼いころから非常な努力をしたという挿話は登場しない。むしろ幼いころの彼は、田舎の皆が知り合いという環境の中で、裏山で同じ村の数少ない子どもたちといっしょに遊んだ。また、1人で百科事典を読み、いらなくなった機械を分解して遊んだ。W君のストーリーの中に表現されている彼らしさの一つとして、他の人からどう思われようと、自分の気持ちのおもむくままに、その時々の好きなことを楽しむことが挙げられよう。しかし、このような「彼らしさ」は、「30代後半」までお預けされている。
　もう一つの彼らしさは、他の人より「頭が切れる」ようになりたい、「頭がよくなりたい」ということだ。小さいころから、W君は漢字を勉強したり、学校で勉強するより早く教科書や本を読んで、知識を頭の中で「熟成」させていた。大学生活に対して持っていた期待の中で一番期待が高かったものも「頭がよくなる」ことだ。このように「頭がいいこと」、「頭が切れること」は、「韓国銀行の総裁」といった立身に結びついており、農業で苦労している両親への親孝行にもつながることであった。
　彼にとっての「頭がよくなること」は、特別の学校に通ったり、友だちに頼ったりするのではなく、学校に行き、宿題をし、教科書などを読

むという彼自身の努力と、彼が自分で揶揄していたように「正しい生活」によって達成されたものである。単純だが、規則正しく、それなりに成果の上がった高校生活に対する彼の評価を見ると、このような生活は、彼にとって、不満のないものだったようだ。

さらに、彼は、虹野大学に入ってからも、授業がわからなければ本屋に行き、もっとわかりやすく書いてある教科書を探し、難しい宿題やレポートも体や心の調子が悪くなってからでも「1人でもできるよ」と1人でがんばった。自分でするということに対する強いこだわりが私には見える。

このようなW君が、目標としているのが大学の教員である。W君はインタビューの中で、何度も大学の教員のことに言及していたが、その中で、W君は、「1人で指導教員ぐらいのレベルになるのは大変だ」と言っている。一方で、学部生なのに「妙な自尊心」で担当教員にも質問できない。彼にとって担当教員は、教えを受ける存在であるだけではなく、どんな質問が来ても返せるように「打倒」する存在だ。こう考えると、彼が自分の日本語の到達点として「論争ができるようになること」を挙げていることは、非常に納得がいく。彼にとって、日本語でも、理路整然と「頭がよく」話し、論争をすることが日本語で彼がしたいことであり、その相手とは、大学の教員なのだ。

彼は大学の教員と話す機会を虹野大学入学後、あまり持つことができず、それが虹野大学に対する彼の不満の一つにもなっている。しかし、彼がこのように日本語で具体的にしたいことを持っていることが、彼が日本語を学ぶ大きな理由ではなかっただろうか。

このように、「負けず嫌いで努力によって（虹野大学で）一番になろうとする」JIN君と、「頭が切れて、大学の教員と理路整然と議論すること」を目指すW君。それぞれの姿がストーリーの中に見える。これらが、本研究のW君とJIN君のストーリーで語られた「自分らしさ」ではないかと私は考える。これから向かう先がどこなのか、彼らにもはっきりとはわかっていないが、現在まで、彼らはその「彼ららしさ」の上を歩いている。このように自分自身を位置づけている彼らにとって、虹野大学の主要言語である日本語を話すこと、日本語を学ぶこと、また目標に達するまでは自分が使った日本語が訂正されても、それを受け入れること

は、彼らの彼ららしさと葛藤の生じない行為なのではないか。

　Hawkins（2005）は、幼稚園に通う2人の子どもの社会化をエスノグラフィーの手法を用いて、明らかにしている。調査対象者の2人は、大きな対照を見せていた。1人は、友だちに手伝ってもらったり、間違いを訂正してもらうといったことを嫌がらず、自分1人では難しいacademicな事項を学習するときなどには、自分よりよくできる子の隣に陣取り、スキャホールディングを得ていた。Hawkinsはこれを、この子が、スキャホールディングを得やすいlearnerの位置に自分を置いたためだと考えた。一方、もう1人の子どもは、彼自身をlearnerの位置に置くことを嫌っていた。彼の自分に対する自己イメージは「かっこよく、友だちが多く、すごい」であり、実際多くの友だちがいたが、学習に関して助けを受けなければいけなくなると、活動をやめてしまうか、泣きだしたりした。また、この子は母語が同じ女の子といっしょにいることを好んだ。この2人の子どもは、幼稚園入園時には同じような英語のリテラシーテストの点数だったにもかかわらず、修了時には大きな開きを見せた。

　このHawkinsの例からわかることは、援助してくれそうな人を見つけ、自分をleanerの位置に置くかどうかが、いやむしろ置くことをよしとするかどうかが周囲からの援助を得られるかどうかの分かれ目になっているということである。

　JIN君はどんな場所にいても一生懸命努力して「一番を目指す」というJIN君のJIN君らしさをライフストーリーの中で語っていた。虹野大学という日本語を主要言語とする場所でも、彼は最善を尽くして「一番を目指し」ていた。わからない言葉は友だちに聞き、アルバイトでも難しいタスクができるようにがんばる、という彼の姿勢は、自分自身をlearnerの位置に置いていると考えることができるだろう。

　W君の場合も、W君が日本語で「理路整然と大学教員と話したい」と具体的な目標を持っていたことで、彼は日本語を話す際に、友だちに訂正／承認してもらうことを厭わないlearnerの位置に自分自身を置くことができたと考えられる。

　W君とJIN君の日本語を話すことについての葛藤の少なさはこのように理解できるのではないか。

6.1.5 彼らの挫折

　ある時期まで順調に見えたJIN君とW君のストーリーでは、日本人とのコミュニケーションで大きな挫折が現れている。JIN君は、指導教授とのコミュニケーションをめぐって、またW君は土日に友だちに「連絡」して会うということ、さらに指導教授から「自由に勉強しろ」と言われていることをめぐってだ。

　もう一度確認しておこう。JIN君は研究室の生活を楽しんでいたが、アルバイトが忙しかったせいもあり、実験に失敗してしまった。そのとき、先生から実験の仕方をめぐって叱責されたが、JIN君は自分の考えを述べたり、自分の事情を説明したりという「言い訳」をせず、ただ「申し訳ありませんでした」としか言わなかった。JIN君も述べているように、「韓国では、先生に言い訳とかをしない」からだ。

　JIN君が先生に叱られたとき、JIN君は韓国でそうするように、「申し訳ありませんでした」としか言えなかった。しかし、その後の先生の「JIN君は何を考えているのかわからない」という言葉からは、先生が叱ったときのJIN君の反応は先生の予想外のものであり、そのことが引き金となって先生はJIN君に「何を考えているのかわからない」人というレッテルをはっている。

　われわれにとって自明視されている「世界」が通用しないとわかったとき、人々はカルチャーショックを感じるが、この言葉は先生のカルチャーショック宣言としても読める。JIN君と先生は「叱る-謝る」という実践の中で、お互いに異なるものを期待し、それぞれが「こうあるべき（はず）だ」と考える世界の中で振る舞っていたと言える。端的に言ってしまえば、「叱る-謝る」という実践の中でお互いに使っている言葉づかい（ともに日本語を使っていながら！）が異なっていたということだろう。

　W君の場合も同様のことが言える。研究室では、先生と議論などを戦わせることを望んでいたが、研究室にはW君の机もなく「自由に学べ」という雰囲気だった。そのためW君は1人で図書館で勉強するしかなく、そのことが彼の今の悩みの一つになっていた。W君が指導教員に「自由に勉強しろ」と言われたとき、W君はその言葉の背後にある世界が理解できなかったと考えることもできるのではないだろうか[13]。

　W君が育った田舎では他の人に連絡をしなくても、常に会うことがで

き、高校に通っていたときは教室に行きさえすれば友だちに会うことができたため、「連絡をする」という習慣を韓国語でも日本語でも持っていなかった。W君にとって、電話などを使って「連絡する」というのは、今までのW君が慣れ親しんでいない、異なる世界の実践だったのではないだろうか。

　JIN君とW君の話から、大学内における同級生同士の付き合い方、教師と学生の付き合い方は、彼らが無意識の中で自明視していた韓国でのそれと異なっていることに気づかされる。

　社会文化的言語習得理論では、言語習得は、状況と切っても切り離せない関係にあるという。Hall (1995) によると、社会歴史的に色づけられた実践に参加することによって、われわれは、それを100％社会的に構築された枠組みとして経験する。そして、その枠組みで使われる言葉は、すでに歴史を伴った一まとまりとなっている。

　「叱る－謝る」「自由に勉強する」「友だちを誘う」という実践における彼らの問題とは、場面シラバスで教えられるような、日本語の技術の問題というよりも、その背後にある「世界」の違いによるものなのだとは考えられないだろうか。つまり、友だちや教員との間で使われる「言葉」には、お互いに何を期待すればいいのか、どのように振る舞うべきなのか、どのように学ぶべきなのかという社会歴史的な価値が色濃く付着している。W君とJIN君はそれぞれのやり方で日本語を学んだが、それはいまだに、研究の仕方、教授との関係を含まないものであった。つまり彼らは、研究というものに求められる「言葉づかい」をまだ学んでいないのだ。

　このように、彼らの挫折を、研究の能力ではなく、言葉づかいの問題として考えるとき、W君の場合もJIN君の場合も、そのストーリーには物質的な移動を伴ってはいるが、彼らから見える「世界」は変わっていなかったのではないかと思える。6.1.4で見たように、彼らは、「一番上になること」や「頭がよくなること」を目指し、韓国の高校から予備教育を経て虹野大学へ入学しても、一所懸命アカデミックな成功を目指して、日本語、テストや実験、レポートなどの勉強に打ち込んだ。しかし、虹野大学生活の半ばで彼らをおそった挫折が彼らに突きつけたメッセージとは、言葉づかいが通じない、すなわち研究室や友だちとの関係にお

いて、彼らのこれまでの「世界」が通じないということだったのではないか。

「言葉づかい」をまだ学んでいない。しかし、それはそれほど簡単に学べるものではない。

高木（2001）は、黒人大学生が論文作成時に感じる「軋轢」を、黒人コミュニティの言葉と、アカデミックな言葉（「白人的な言葉」）との葛藤として紹介している。以下の対話で、Zは論文を作成している黒人学生ザン、Jはこの学生のアドバイザーをしている博士課程在学中の白人学生ジュディを示している。

> Z：君が言うように、僕はものを書くことは、真空の中で書くということだと思っていたんだ……自分の中からやって来る、そういったものだと……今、僕は状況を探しているんだ……読み手たちとともに書くということ。聴衆と一緒に書くんだ……ああいう人の言葉をどうしても使いたくないんだけど、ああいう人にも聞かせたいんだ。僕が書いたもので、彼が僕たちにしたようなことをしたいんだ。
> J：彼の言葉を使わなきゃならないでしょ。
> Z：彼の言葉は使うよ。使います。でも！　自分の言葉も使うんだ……だから妥協するんじゃなくて、どうそいつらを混ぜ合わせるかということなんだ。　　　　　　　　　　［Cazden, 1993: 207］

ザンにとって、論文を書く、あるいは、書き方を習得していくという作業は、アカデミックな活動の世界の中にあって必要な技能を身につけ、正統な成員性を獲得していく過程の一部ではない。そうではなく、自分の慣れ親しんだ世界から、他者の世界に侵入し、違和感を抱えながらも、その違和感の起源となっている自己の移動の軌跡（あるいは出自）を消し去らずにその世界に踏みとどまろうとするアンビバレントで、綱渡り的な試みである。境界線を越えるという自己の行為を忘却していないザンにとって、大学というアカデミックな活動の場は、他の活動から完全に切り離され、自己を単一のモノローグ的アイデンティティとして取り扱おうとする場所ではな

く、越境してきた自己が積極的だが融和的でない形で関係を構築していくべき「他者の活動の場」として浮かびあがってきているのである。ここでザンは、「白紙の」あるいは素朴概念や誤概念をもった「学習者」や、ある活動の世界で共有されている「よいもの」を全面的に支持しそれに向かうという「動機」を親方や先輩と共有している素直な「徒弟」ではなく、どんなに現地の風習や言葉に習熟しようとも自分がどこか別の場所からやって来たことを意識し、意識させられ続ける「越境者」「移民」のようにアカデミックな世界との関係を構築しようとしている。ザンの現在の行為にとっては、今ある活動のコミュニティにいるということだけではなく、ある別の場所から「境界線を踏み越えて」このコミュニティに「やって来た」ということが決定的に重要なのである。　　　　　　　　（高木 2001: 99）

　W君の場合もJIN君の場合も、アカデミアにおける成功者になることが彼らの将来と結びついているだけではなく、彼らの「自分らしさ」とも結びついていた。だからこそ、友だちとの関係の中で、learnerの位置にいることも厭わず、それが日本語学習の成功に結びついていた。しかし、そのように日本語学習に成功してもなお生じてしまったW君とJIN君の挫折を見るとき、「日本語を学ぶ」ことの難しさを思わずにはいられない。
　彼らにとって、研究室という世界は、自分の言葉づかいの通じない世界であったのだ。繰り返せば、彼らを形作ってきた慣れ親しんだ世界で身につけてきた「学生と教師」との関係、「よい学生の勉強方法」が通じない世界であった。この「学生と教師」、「よい学生の勉強方法」こそ、韓国の学校社会の中での成功者であった彼らに、最も「慣れ親しんだ」ものであっただろう。言い換えれば、彼らと世界との関係を規定してきたものだと言っても過言ではない。新たに虹野大学の研究室で日本語を学ぶということは、この彼らと世界との関係の仕方を変えるような、「自分の慣れ親しんだ世界から、他者の世界に侵入」することに他ならないのである。
　彼らがザンのように、自分の越境の軌跡を消し去らずにいようとしているのか、それとも消そうとしているのかはわからない。しかし、この

彼らの挫折のエピソードを見る限り、「越境」先である虹野大学の研究室で成功するということは、彼らが慣れ親しんできた「世界」に何らかの変更を加えなければならないことを意味している。彼らを形作ってきた世界を変えながらも、彼ららしさをどのように維持していくのか。アカデミアにおける成功者になるということは、それほど平坦なものではないのである。

6.2 自分らしく遊ぶ

6.2.1 朴さんのストーリー

〈エジソンみたいに一生懸命に研究して機械を作ろう〉

朴さんの両親は教育熱心で、朴さんは小学校のころからスポーツや音楽などの習い事、家での勉強などをしなければならなかった。

> 学校が休みになると、遊びに行きたくても、両親が問題集を1、2冊買ってくるんですね。その日に決められた分量を解かなければ遊びに行けないって。そしたら、遊びに行きたい一心でするんですよ。ばーっと。

> 방학때가 되면은 부모님이 문제집을 한두권을 사가지고 와요. 오늘 정한 분량만큼 풀어야 넌 나갈수있다. 놀고 싶어서라도 하는거예요 미친듯이 막.

彼が幼かったとき、他の人と違っていたのはその点だけで、それ以外は友だちと遊ぶのが好きで、あちこち走り回ったり、サッカーをしたり、ゲームをしたりしていた。

あるとき、エジソンの自伝を読んだ。

朴さん：7歳のときかな。エジソンの伝記を読んだんです。エジソン。
中山　：あー。
朴さん：それを読んで、あー科学者になろうかなって。ハハハハハ

　　　　　　（後略）。
　　中山　　：でも、エジソンのどこがよかった？
　　朴さん　：一生懸命してるんですよ。
　　中山　　：エジソンが？
　　朴さん　：だから、自分が考えたことを作ろうとして、一生懸命1人
　　　　　　　でしたんですね。根気があるように見える人。

　　박　　：7살때였나? 에디슨 전기를 읽었어요 에디슨.
　　中山：아.
　　박　　：그걸 읽고 아이씨 과학자할까? (웃음)
　　中山：근데 에디슨이 어디 좋았어?
　　박　　：열심히 하더라구요.
　　中山：에디슨이?
　　박　　：그러니까 자기가 생각하고 있는거를 만들려고 하는거를 열심
　　　　　히 혼자서 하더라구요. 끈기있어보이잖아요 사람이.

　そのときから、朴さんは科学者になることにした。その中でも、電気機器を作りたいと思うようになった。
　中学校に入るころになって、習い事をやめて勉強するための塾に入った。その塾には知り合いも多く、楽しかった。平日ばかりではなく、土日も深夜まで塾に通い、そこで友だちと競争しながら勉強する味を知った。その塾でかなり勉強したため、学校に行ってももう習ったことばかりでおもしろくなく、寝ていることが多くなった。
　高校に入って、ガールフレンドができたり、学校の先生や友だちと遊びに行ったりして、成績はしばらく低迷したが、楽しく過ごした。遠足の日には、自分の学校の男の子20名と友だちの学校の女の子20名を集めて、団体合コンを企画したりした。しかし、夜になるとやはり塾に通い、熱心に勉強した。
　ガールフレンドと別れてからまた成績が上がり、高校3年生のときは「入試モードに入り」、遊ぼうという友だちとの付き合いも絶って勉強に精を出した。勉強の中では、美術や音楽、家庭科、英語と国語が苦手だった。

小さいときから本当に嫌いだったんです。本当に。工学部に行くのに、こんな科目の勉強しなくてもいいのに、どうしてこれをしなくちゃいけないのか。毎日こんなことを考えていたんです。

　어렸을때부터 싫어했어요. 진짜. 나는 공대로 갈건데 이런 과목공부 안해도 되는데 왜 이걸 해야되나. 맨날 그런 생각을 갖고있었어요.

　高校3年生のはじめの試験では国語と英語の点数がひどく悪く、1年計画を立てやり遂げた。そのおかげで、修能試験ではかなりの点を取れるようになった。
　ある日、「日韓理工系学部留学プログラム」のお知らせが学校に来て、担任の先生からその試験を受けてみるように勧められた。あまり気が進まなかった。

　担任の先生がこれを見て、一度受けてみろって。それで僕は関心がないって。留学に行く考えがなくて、家に帰って、家でお父さんとお母さんになんとなく言ったら「なんで外国に苦労しに行くのか」って。(僕は)そうでしょ。そうでしょ。修能の勉強でもしたほうがいいでしょ、なんで他のところに行く必要があるのって、勉強を続けていたんですけど。

　담임 선생님이 이걸 보고 한번 쳐보라고 시험을 봐보라고. 그래서 전 그냥 관심없다고. 나는 유학갈생각도 없고 집에가서도 집에다가 어머니 아버지 은근슬쩍 딱 말해보니까 "뭣하러 외국에 고생하러가냐"구. 그래서 그렇죠 그러구 수능이나 공부해야 될판데가요 하고 막 공부하고있는데.

　その後担任の先生から、試験の日は学校に来なくてもいいと言われたり、父親の友だちから強く勧められたり、試験会場が繁華街の中だったこともあり、友だちを誘っていっしょに受けに行った。しかし、日本に行くつもりは全くなく、修能試験に向けての勉強を続けていた。
　小さいときからエジソンのようなエンジニアになることが夢だった

第6章　5人のストーリーと自分らしさ

が、どの学科に願書を出すかをめぐって、朴さんは父親とぶつかった。韓国で尊敬される職業と言えば、政治家や医者、裁判官や弁護士などだ。工学部を出てエンジニアになっても、政治家などの意見に従っているというイメージがついてまわる。朴さんの父親は、医者になれば、収入が保障されるからと医学部に行くことを強く勧めた。修能を受けた日、あくまでも工学部にこだわる朴さんに腹を立てた父親は、「親に逆らうのか」と朴さんを殴りつけた。しかし朴さんは考えを変えなかった。その後父親はあきらめたようだった。

　その年の修能試験は、いつもの年より簡単で、全国で満点を取った人が何人も出るほどだった。朴さんもいい点数だったが、内申の点も加味されるため、希望の学科に合格するかどうかは賭けだった。高校では、安全なところに願書を出せと勧められた。

　　学校では（合格予想点数が）低いところに書けって。どっちみち大学
　　を出てから公務員になれば成功するって。

　　학교에서는 그냥 낮은대로 쓰라고. 어차피 나와서 공무원 들어가면
　　성공한다고.

　つまり、ソウル大学農学部に行って、農林水産省の官僚になればいいじゃないかという意味だった。しかし、朴さんは農学部に行くことは、絶対いやだった。

　結局、朴さんは願書が出せる四つの中で、二つは医学部、二つは工学部に出した。医学部は絶対通らないだろうと思われるところに出した。工学部は、自分の希望の学科に願書を出した。結果、残念なことにすべて落ちてしまった。

　希望の大学に行けなくなった朴さんは、浪人をしようか迷っていた。ある日、日韓プログラムのテストをいっしょに受けた友だちに会った。その子は、日本行きをすでに決め、日本語の勉強をもう始めていた。朴さんが浪人したとしても希望の学校に入れるという保証はなく、日本に来ることにした。

　韓国側の予備教育が行われているキョンヒ大学に入る前、朴さんは日

本語の学校にしばらく通った。しかし、日本語の学校の授業は眠いだけでおもしろくなく、キョンヒ大の授業も始まったこともあり、そのままやめてしまった。

キョンヒ大学でも、しばらくはあまり勉強しなかった。日本語の学校はとっくの昔にやめていたが、親には通い続けていることにして、授業料の名目でもらったお金を遊びに使った。キョンヒ大学は朴さんの家からそれほど遠くなかったが、親には遠くて勉強できないと言って下宿していたので、毎晩、友だちと遊び歩いた。朝鼻血が出たこともあるほどだった。

6月に再び勉強モードに入って、勉強しだした。配置試験には日本語の点数が入らないと聞いて安心していたので、日本語はあまり勉強しなかった。当然日本語の点数は悪く、あるときのテストでは100名中、下から10番以内だったが、たまに勉強すると成績はよくなり、同級生を悔しがらせることもできた。しかし、急に配置試験に日本語が入ることになり、慌てて勉強を始めた。

配置試験では、日本語の問題はさっぱりできなかった。その後の面接では、面接官に日本語と英語が悪いことを指摘された。

> 面接しに(部屋に)入ったら、教授が「英語と日本語がどうしてこんなにだめなのか」(中略)っていうから、それは、試験の点数を見て言ってるじゃないですか。他の学生と比べて本当にできない。だから、その日面接を受けて出てきて、ため息をつきながら、友だちに「僕はもうおしまいだ」って。「日本語と英語があまりにもできなくて完全に終わった」って(言ったんです)。友だちはたくさん慰めてくれて。

> 면접하러 딱 들어가는데 교수가 하는 소리가 영어랑 일어를 왜이렇게 못봤냐고 (중략) 하니까 그건이제 제 점수를 보고 말하는거 아니에요. 정말 다른애들이랑 비교했을때 진짜 못봤다. 그래서 그날이제 면접보고 나와가지고 한탄을 하면서 애들한테 "나 망했다"고 "일어 영어 너무 못봐가지고 나 완전 망했다"고 애들이막 위로해주구.

いい大学でなければ日本に来るのをやめたかもしれないが、なぜか虹野大学に決まり、慰めてくれた友だちに「殺されそうになった」。

〈日本に来てから——韓国を離れて〉
半年のキョンヒ大学での予備教育を終え、虹野大学に入った日韓プログラムの学生たちといっしょに、朴さんは10月上旬に虹野大学に来た。虹野大学では、半年の日本語と専門の予備教育を受け、4月から理工系の学部の1年生になった。

朴さんが日本に来たときは、とても簡単な会話しかできないような日本語のレベルだった。何一つ聴き取れずぼうっとしていた。この状況を打開するため、テレビでもたくさん見ようと、日本に来てから5日目にテレビを買い、しばらくテレビをたくさん見る生活を続けた。1カ月ぐらいたつと、娯楽番組を見ておもしろいところで笑えるようになり、3カ月ぐらいで自分なりに聴き取れないものはないような感じになった。

しかし、日本に来てからも予備教育の日本語授業は集中できなかった。それは、中学校のときに身についた授業を聞かない癖のせいだと朴さんは思っている。

大学入学後、授業中は先生の話があまり聞き取れなかった。朴さんが授業中に寝ていたせいもあるが、1年生のときは宿題が何かすらわからないことが多かった。

> 1年生のときは、学校で、教授が話してもわからないじゃないですか。ワーッと説明します。最後に宿題を出します。それが聞けないんです。寝てて聞けないときもあるし、わからなくて聞けないときもあるし。

> 일학년때는 학교에서 교수가 이제 말해도 모르잖아요. 막 설명을 하고 막판에 숙제를 냈어요. 그걸 못들어요. 자고 있다가 못들은 것도 있고 몰라서 못들은것도 있고.

また、漢字の略字などを知らなかったため、先生が黒板に略字を書いたらわからないし、先生によっては汚い字を書く人もいて、本当に授業

の内容を把握するのが難しかった。
　一方で、体育の授業などを通して、日本人の友だちも少しずつできてきた。

> 体育がいっしょだったでしょ、僕と親しい子たちはほとんど。体育がいっしょだったんです。授業のときは騒ぐんじゃないでしょ。話をしないから。正直、親しくなる機会もないでしょ。だいたい授業が終わったら、疲れてみんな帰るから。体育の授業は、話をしながら、そんなのをするから。

> 뭐 체육이 같았죠 주로 저 저랑 친한애들은 거의 다. 체육이 같았어요. 솔직히 수업때는 떠드는거 아니잖아요. 이야기안하니까 솔직히 친해질 기회도 없죠 솔직히 수업끝나면 다 피곤해서 그냥 다 가니까. 근데 이제 체육수업은 이야기하면서 그런거하니까.

　そのように親しくなった友だちに、授業の宿題がわからなかったら聞いた。

> 友だちに宿題は何？　毎日。でなければ、メールを送って宿題は何？　ハハ。こんなふうに宿題の話をしてて、主にそんな話をたくさんして。それから出席の話。ほとんどそんな水準。

> 애들한테 물어보면 숙제가 뭐냐？아니면 메일보내가지고 숙제가 뭐야？허허（웃음）이런식으로 그럼뭐 숙제얘기하다가 뭐 그런 이야기 많이 하고. 그담에 출석얘기. 거의 거의 이런 수준.

　また、たまには飲みに行った。でも、テレビとは違う日本人の学生たちの発音が聞き取れなかったし、自分が言いたいことも言えなかった。学生たちに「もう一度言ってくれ。もう一度もう一度」と何度も繰り返してもらった。中でも最初に親しくなったH君は、特にアクセントの癖があって、聞き取りにくかった。
　2年生になると、実験が始まった。体育で親しくなった友だちが実験

でも同じ班になった。実験では、実験だから多くの話をするし、宿題やレポートを助け合いながら勉強するようになった。友だちがノートのコピーをするときに1部、自分の分もしてもらった。その代わり、朴さんは日韓プログラムの先輩からもらった過去問を提供した。

　それから2年生のときは、実験みたいなの。実験があるから、話をたくさんしなくちゃいけないんですね。そんな場所が多くなって、宿題も前より難しくなるから1人ではできなかったんです。だから、宿題もいっしょにして、レポートとかもあって。そうしてたら、友だちと話をたくさんするようになって……。

　그러구 이제 이학년때는 이제 실험같은거. 실험있으니까 얘기를 많이 해야하니까요. 이제 그런자리 많아지고 숙제도 옛날보다 어려워지니까 혼자서 못 하겠더라구요. 그러니까 뭐 숙제 같이하고 레포트 같은것도 있고 이제 그러다보니까 애들이랑 이야기 많이 하고…….

そのころ、日本在住の韓国人のガールフレンドができた。そのガールフレンドは日本語も韓国語も上手で、彼女は朴さんに日本語で話しかけ、朴さんは韓国語で話したり、日本語で話したりした。大学の友だちに対しては、「言葉がわからないからといって一つ一つ聞くことはできないし」、「勘・機転でやりすごすことも多かった」が、ガールフレンドに対しては、日本語がわからなければいつでも遠慮なく韓国語で質問できたし、それに韓国語で答えてもらったので助かった。

　だから、辞書で探せるものは探して。でも生活表現みたいなのの中には、探すのもあれだし、わからないのがあるじゃないですか。そんなのをガールフレンドに対して、「これ何？」「何言ってるかわからない」。友だちと会話しててわからなかったら、ガールフレンドに電話して「おまえが話して」って。ハハハハハ。

　아니 그러니까 사전으로 찾을수있는거는 찾고. 그러다 그래도 생활표현같은 것중에는 찾기도 뭐하고 좀 모르는거 있잖아요. 그런거는 여자친구한테 "야 이거 뭐냐?" "이거 무슨소린지 모르겠어" 친구랑 대화하다가 모르겠으면은 여자친구한테 전화해서 "야 니가 대답해" 그래요. 하하하하.

　このように友だちと話している途中や、契約などを交わさなければならないときにも彼女に助けてもらった。この彼女のおかげで日本語の単語や表現など、上手になったと思う。その感覚というのは、使い方を知って、自然に話せるようになることだったという。

中山　：どんな感覚だったの？　どんな感覚だった？
（しばらく沈黙があって）
朴さん：話せなかったのが、話せるようになること。だから、何て言うかな。英語の勉強を今までしてきたけど、英語の会話を一度したこともない人だったら、正直に言って、英語の会話ができないでしょ。単語は知ってるけど文を作れないでしょ。作文もできないし。それを、練習したら、文を作ることもできるし。そんなの。そんな感覚と同じこと。だから、聞いたらわかる、見るのもわかるけど、使い方を知らなかったけど、ガールフレンドのせいで、どうしようもなく使うことになったから、それからだんだん、単純な文からもうちょっと複雑な文までできるようになって。冗談もできて、そうしていたら、実際に、友だちと話してみたら、もうちょっと自然になってるような気もするし。

中山　：어떤 감각이 였어? 어떤 감각이야?
박　　：말 못하다가 말하게 되는것. 그러니까 뭐라 그래야되지 영어회화를 영어공부를 여태까지 해왔는데, 영어회화를 한번도 안해본 사람이면 솔직히 처음 영어회화 할때 못 하잖아요. 영어회화 할때 문장을 못만들잖아요. 그런 그런 감각이나 똑같은 것죠. 그러니까 들어서는 알고 뭐 보는것도 아는데, 쓸줄을 모르다가 여자친구때문에 어쩔 수 없이 쓰게 되다보니까 그러다보면은 점점 단순한 문장에서 조금 더 복잡한 문장까지. 뭐 농담도 되고 그러보면 실제로 친구란 대화 할 때 보면은 그러니까 조금 더 자연스럽게 나오는것 같기도 하고.

　また、朴さんは、機械部に入って電気機械を作った。何かを作れば単位になる授業があったので、自分で小さな機械を作って提出したり、自分のお金で機械を作って、知り合いにあげた。資金が続かず機械作りは止めているが、自分の体を動かして、苦労しながら作業し、完成したときはうれしい。

　　作るときは本当にしんどいんです。1人で助けてくれる人もいなくて。1人で本を積んで読んで、1人で部品を買いに行って、1人で勉強して何ヵ月もかかって、完成したときは気分がすごくよくて。そんなのを感じて　（ここまで）来たかもしれない。

　　할때는 되게 힘들어요. 막 혼자서 아무두 도와주는 사람도 없고 혼자서 책사서 읽고 부품사러다니고 혼자 막 혼자 공부해서 몇개월씩 걸려서 완성했을때 그 기분이 죽여줘요. 그게 뭐 그런걸 보고 왔을 수도있구요.

　3年生になると、実験や試験がかなり多くなった。自分1人でできる量では到底なく、友だちと授業の後に講義室に残って、お互いにわかる部分を説明し合ったりした。ガールフレンドとは、忙しくなったこともあり、別れてしまった。でも、そのころはいやでも一日中、日本語を使っていた。

　　僕が勉強したところは僕が知ってるから、僕ができるところもあるから、僕が説明してあげなくちゃいけないでしょ。そんなときは、そんなときになれば、日本語を使わなくちゃいけないから。汗をかきながら、うまく言えなくても、まあ説明して。どうにかして。そんなふうに、日本語をたくさん使って。それからわからないところがあったら、聞かなくちゃいけないから。難しいところがあれば、また難しい言葉を使わなくてはいけないでしょ。そうしたら、そう

なって。日本語をたくさん使うようになって。使わなかった言葉も使うようになって。

제가 공부한거 이제 제가 아니까 제가 잘하는것도 있으니까 또 제가 설명해줘야 되잖아요. 그럴때는 그럼뭐 그때되니까 일어를 써야되니까. 땀 삐질삐질 흘리면서 말안되는거 그냥 막 설명하고. 어떻게든 뭐 그런식으로 일어많이 쓰고. 담에 모르는것있으면 물어봐야되니까. 어려운거있으면 또 어려운 말 써야되잖아요. 에 그러고보니까 그렇게 되고 그쵸.그러면서 또 일어 많이 쓰고. 안쓰던말또 쓰고 그런거 하고.

　3年生になってからは勉強だけではなく、H君たち1年生のときの体育の授業で知り合った友だちが集まって作った運動サークルに朴さんも参加している。サークルの中で気の合う友だちもでき、節約も兼ね、学校に近い朴さんの家によく集まって話したり、酒を飲んだりする。
　このように日本語の話せるガールフレンドができたことや、親しい友だちができたことによって、朴さんの日本語は上手になったと思っている。特に最近は、文法的におかしいところに気づくことができるようになってきた。日本語は「体で覚える」ものだと思う。

　僕の持論は、言語はガールフレンドとか友だちとか、とにかくどちらかがないといけない。そうしないと伸びない。友だちもみんなそう言いますよ。だからここに来た友だちの中でも日本人のガールフレンドができた友だちは、日本語の実力がパッと伸びます。そんな友だちは、ガールフレンドだから、毎日連絡して話すから。だけどそうじゃなくて、日本人の友だちもいない子たちは、日本語の実力は本の日本語の実力でしょう。単語の羅列。そうなったんですね。みんな。

저의 지론은 언어는 여자친구나 친구나 하이튼 둘중에 하나는 있어야 그래야 늘어요. 친구들도 그런 소리해요 다. 그러니까 여기 온애들 중에도 일본인 여자친구 생겼던 애들은 일어실력이 팍늘어요. 개

> 네들은 여자친구니까 맨날 연락하고 대화하니까. 근데 그렇지 않고 일본인 친구도 없는애들은 이제 뭐 일어실력은 책일어실력이죠. 책 단어나열하기. 뭐 그렇게 되더라구요.

と具体的に韓国人の友だちの名前を挙げながら話した。

　同じプログラムの友だちに比べて、比較的日本人の友だちが多い朴さんだが、自分の日本語の実力が十分だとは思わない。専門について勉強するときは、特に抽象的な内容については韓国語で読んだほうがわかりやすい。また、単語の勉強をしなかったから、聴き取れないところもあるし、病院などに行くとわからない専門用語も多い。

　朴さんが日本人の友だちと話す機会は多いが、いっしょに話していても、朴さんは結局聞く立場に回っていることが多い。その結果、性格が日本に来る前のような騒ぐ性格ではなく、だんだんとおとなしくなってきた。何よりも、日本語で話していると韓国にいるときとは違う性格になってしまうという。

> 自信があるわけじゃないから、話すのに。だから話して中間で詰まったら収拾するのもあれだし。できることを話すんですが、もともとは、人と話すとき、(韓国では) 聞く性格じゃないんですね。僕が話す性格で、他の人の話をよく聞かないんですよ。でもここでは、言葉がちゃんとできないから聞くことになるんです。それから、知らない話題が出ることも多いから。正直に言って、韓国では、わからない話題が出ても、だいたいなんとか聞けばわかるじゃないですか。こっちは話してもわからないから。誰かのことを話しているみたいだけど、それは誰かな。それもわからないし。そうしたら結局、聞くことになるんですよ。そしたらだんだん、だんだん聞くようになって、聞きながら笑っているんです、ウンウンウンウンって。そんなふうに変わるんです。僕は、心の中ではもどかしいでしょ。「チキショー、何か言いたいんだけど」。心の中では「でも、どうして話せばいいかわからないね」。それで止めるときもあるし。一番大変なことは、言葉遊びするのがダメなこと。言葉遊びするのがとても好きなんだけど、でもだめじゃないですか。ハハハ。わかりま

せん。話さないで生きていたから、最近になって性格に大きな影響を受けているような気もするし。昔の高校のときよりかなり静かになったと思う。

자신이 없으니까 대화하는데. 그러니까 말을 해서 중간에 막히면은 수습하기도 좀 그렇고 좀 그러니까. 이제 할수있는 말은 하는데. 그러니까 원래는 이제 한국에서는 듣는 성격은 아니거든요. 남이 말할때 대화할때 제가 말하는 성격이지 남 얘기를 듣지않아요 잘. 근데 여기서는 말을 제대로 못하니까 듣게 되요. 그리고 대화화제가 있을 때 모르는 화제가 나오는 경우도 많으니까. 솔직히 한국에서는 모르는 화제가 나와도 대충 어떻게 들으면 알잖아요. 이쪽에서는 말해도 모르니까 잘. 누구 이야기 하는것같은데 걔가 누구지 그걸또 모르겠고. 그럼이제 듣게 되는거예요. 그런식으로 듣다보면은 점점점점 듣게 되고 그러니까 그냥 웃고있는 거예요. 들으면서 그냥 뭐 그렇게 바뀌요 좀. 그러면서 속으로는 답답하죠. "아이씨 무슨 말을 하고싶은데" 속으로는 "어떻게 말하는지 모르겠네" 그냥 말고 그럴때도 있고. 이제 가장 힘든거는 이제 뭐라그러지 말장난 말장난하기 힘든거. 말장난하는거 되게 좋아하는데요 근데 그게안되잖아요 모르니까 (웃음) 모르겠어요 나름대로 말을 안하고 살아가지고 요새들어서 성격에 많은 영향을 가져온것같기도 하고. 그 옛날 고등학교 때 보다는 많이 조용해진것같아요.

韓国語で話すときよりもかなり静かになってしまう朴さんは、韓国に帰ると、その反動で爆発し、テンションがすごく上がるという。そのせいで、多重人格になったような気がする。
このような日本での性格はなかなか変えることができない。

1年生のときからしてきたから、変えることができないんですよ、今になって。「あーあ、これは僕じゃないのに」って思いながらいるけど、変えられないし、変わらないから。

1학년 때부터 이렇게 해와가지고 바꿀수없는거예요 이제. 그래서 아

이게 내가 아닌데. 이생각은 드는데 바꾸지는 못하겠고 안바꿔지니까.

しかし、サークルの中に、韓国にいるときのように振る舞える友だちが1人いる。M君だ。M君とは、1年生のときの体育の授業で知り合った。彼はただの友だちの1人だったが、次のようなきっかけで仲良くなった。

2年生のある雨の日、彼は朴さんの家に傘を借りに来た。彼はその日、ある女性に告白する予定だと朴さんに言った。朴さんは「成功してこい」と言って送り出した。しかし、真夜中になっても連絡が来ない。

「成功したら成功した、できなかったらできなかったって連絡が来なければいけないんだけど、変だな」。朝1時か2時になって電話がかかってきたんですけど、1人で酒を飲んでいるって。ハハハ。「どこ？」って言ったら学校だってハハハ。だけど、そのとき雨、雨がすごく降っていたんですよ。「そこでどうして酒飲んでるの」って聞いたら、傘もないって。失くしたって。ハハハ。学校に行ってみたら、あっちのほうの隅で雨宿りしながらビールを買ってきて、1人で傘もなく雨にぬれながら、酒を飲んでるんですよ。すごくかわいそうになって、いっしょにそこでまあ3時4時まで酒を飲んであげて。

"성공했으면 성공했다 성공못했으면 못했다 연락이 와야되는데 이상하네"새벽한두시 되니까 이제 전화가 왔는데 혼자 술을 마시고 있데요. (웃음). 어디 어딘데 "どこ？"했더니 학교래요. (웃음) 근데 그때 비가 비가 엄청 오고있었거든요. "거기 거기서 왜 술마시냐"고 하니까 우산도 없데요 잃어버렸데요. (웃음) 학교에 가보니까 저쪽에 구석진데 비피하고 맥주사다놓고 혼자 우산도 없이 비 다맞아가지고 저런체로 술마시고 있는거예요. (웃음) 하도 불쌍해가지고 같이 거기서 한 세네시까지 술마셔주다가 오고.

これがきっかけとなって、朴さんは彼と親しくなった。その後いっし

ょに合コンをしたり、飲みに行ったり、彼の家の近所の祭りに遊びに行ったりした。また彼は韓国に遊びに来て、韓国での朴さんを見た。

> その友だちには私がばっと叩いたり、いたずらしたりして、言いたいことが言えます。(中略) 親しい友だちのやつは、韓国に来たんですよ。韓国に来て、僕の性格を見たでしょ。ハハハハハ。

> 그 친구한테는 제가 막 때리고 장난하고 하고싶은말을 해요. (중략) 그냥 친한 친구놈은 한국에 와봤어요 한국에 와봐가지고 제성격을 봤죠 (웃음).

韓国で「クラブ」に行ったことが本当におもしろかったらしく、日本に帰ってからも、彼はいつも朴さんを「クラブに行こう」と誘うし、よく朴さんの家に遊びに来る。朴さんも自宅生の彼の家に遊びに行ったこともある。ちょうどそれは夏祭りの時期で、近所の人々といっしょに食事をした。

このように日本人の友だちといっしょにいても、韓国の友だちに比べると、「不足している」と感じるときがある。

> どうしても日本語での意思疎通はちょっと落ちると感じられるでしょ。話しながらもまた韓国の友だちたちは、時々もどかしくなったりするときは、その場で韓国の友だちに電話します。韓国の友だちと話して。でなければ、友だちにメールとかを送って。なんとなく韓国に帰ってしまうときもあるし。

> 아무래도 일본어로 의사소통을 하면 딸리는게 느껴지죠. 말을 하면서도 뭐 또 한국친구들은 가끔이제 또 답답할때는 이제 그냥 그자리에서 그냥 한국친구한테 전화를 걸어요. 그냥 한국친구랑 이야기하고 아니면 이제 애들이랑 메일같은거 보내고 Feel 받으면 한국가고.

朴さんはあえて今、日本語の勉強をしようとは思わない。その理由は、単位も取れたし、日常生活に不自由しないだけではなく、朴さんが

第6章　5人のストーリーと自分らしさ

習いたい日本語は勉強してもできないからだ。

> 僕はもともと、韓国語で話すときは、汚い言葉をたくさん使うんですハハ。汚い言葉で始まって、汚い言葉で終わります（中略）。でも日本語ではできないじゃないですか、これが。知っているのがあまりないから。丁寧な言葉になるし。フフフフフ。だから、気が狂うでしょ。「あーこれじゃないのに」って。これは勉強しても身につくものじゃないから。勉強して、身につけるものじゃなくて、もうちょっと、たくさんもまれなくちゃいけないのに。（中略）　もし、何も考えないで、遊ぶだけだとしたら、半年あったらできると思うんだけどハハハ。

> 제가 한국말로 할때는 욕을 되게 많이 써요. (웃음) 욕으로 시작해서 욕으로 끝나요. (중략) 근데 일본어로는 안되잖아요. 그게 또 그리고 아는게 얼마 없으니까. 정중한 말로 되고. (웃음) 그러니까 미치죠. 막 이게 아닌데 아이씨 그런게 있어요. 이거는 공부해도 익힐 수 있는게 아니니까. 공부해서 익히는게 아니라 조금 더 많이 부대껴야 하는데. (중략) 그냥 아무 생각없이 놀수만 있다면은 한 반년이면 할수 있을 것같기도 한데. (웃음)

しかし、今は遊ぶための時間がない。日本語はこの程度にして、5年後ぐらいに資格が必要になったらまた勉強しようかと思う。

　4年生になってから、研究室に配属になった。そこは、朴さんが望んで入った研究室だが、そこにいる先輩たちは、漫画やゲームの話ばかりして騒いでいるし、普通は使わないゲームや漫画に関する言葉を挿入する。いわゆる「オタク」のようだ。それだけではなく、コピーなどの研究室の規則にうるさかったり、他の4年生には「君」つけで呼ぶのに、朴さんに対してだけ「さん」つけで呼んだり、「なんとなく変」だと思う。

　それに朴さんは紙（理論）より人のほうが好きなのに、今の研究室では想像していたのとは違って、具体的な何かを作るのではなく、「理論が多」い。

今の研究室も機械の研究室なんだけど、僕が最初に考えたのは、何かを作るって、とにかくそんな感じで入ったんですね。だけどそうじゃなかったんです。もうできているのを使って理論を作って、適用するんです。だから作るのは全然ないんですね。

연구실도 기계 연구실인데 저는 맨처음에 생각한게 뭔가를 만든다 그런 느낌으로 들어왔어요 그런데 그게 아니더라구요 만들어져 있는 거를 그거를 갖고 이론을 만들어서 적용시키는거예요. 그러니까 만드는건 전혀없는거에요.

「これじゃないのに」と思うときも多い。大学院の研究室選びは慎重にしなければいけないと思っている。

〈アメリカに行こう——将来のためにもうちょっと我慢しよう〉
　朴さんは、卒業を目の前にして、自分の進路を決めなければいけない時期になった。
　最近の韓国では、工学部の人気がずいぶん落ちているという。海外の大学で博士号を取って帰ってきて民間の企業で研究員として働いていても、40歳ぐらいになれば、新しく入ってきた若い「博士」たちの技術についていけず、結局やめなければいけない場合が多い。そのせいで工学部の人気が落ちているのだ。有名な大学でも定員割れしている場合もある。周囲の友だちも工学部を卒業しても未来に希望が見えないと、一度入った大学をやめ、修能試験を受け、医学部に入り直したりしている。それに今の韓国では、英語ができないと話にならない。TOEICが950点でも入社試験に落ちる会社があるほどだし、40代の会社員も昇進のために英語を勉強しているぐらいだ。
　韓国社会の中には、アメリカの大学に入らなければ実力のある人間として認められない雰囲気もある。
　3年生の夏休みに国に帰ったとき、アメリカの大学に行こうとしている友だちに会った。その友だちは、日本のある大学に留学していたが、その大学をやめて、アメリカの大学に進学するため、英語の勉強をしていた。朴さんは、それまではなんとかく「大学院はアメリカに行かなく

ちゃ」と思っていたが、「その友だちがしているのを見たら、自分もしなくちゃいけないって思」い、韓国の英語の学校に通いだした。
　アメリカに行くことについては、両親も、周囲の人も行ったほうがいいと勧めた。

　　お父さんの友だちの話では、アメリカのほうに行って来るのが、韓国では認められる。いくら東京大学が高いといっても、英語通が韓国では強いから、アメリカに行って来るのがいいみたいだ。

　　아버지 친구분들도 계시니까 그런 사람들 말이 미국쪽에 갔다 오는게 한국에서 더 인정받는다. 아무리 동경대가 높다고 해도 영어빨이 좀 한국에서 더 세니까 미국갔다오는게 더 좋을것같다.

　夏休みが終わって、日本に帰ってきてからも自分の英語の勉強を一生懸命した。
　インタビュー前の春休みの間、韓国で英語の語学学校に通った。普通だったら授業中は眠くなるけど、今回は人生がかかっているから眠くならなかった。いろいろと悩んだが、今は、この夏にいくつかのアメリカの機械関係の大学院に願書を出すつもりだ。そして、将来は「社会に出て活発に生きたい」と思っている。

　　中山　：だけど、学校に残る考えはないって言ったでしょ。
　　朴さん：僕ですか。うんざりでしょ。学校は今出て、社会に出てみたいです。（中略）正直、研究室で時々助教授の先生を見れば、あるじゃないですか、本当に研究者みたいな姿。研究する人。そんな姿を見れば、私も、学校に残って、後で大きくなったらああなるのか。心配が増えるんですね。すごく疲れて見えるんだけど。ちょっといやなんですね。社会に出て、ただ活発に生きたいでしょ。そんなふうに、ちょっと、おもしろくなさそうです。

　　中山　：근데 학교에 남는 생각이 없다고 그랬지.

박　：저요? 지겹죠, 학교를 나가서 사회로 나가고 싶어요 사회로. 솔직히 연구실에서 조교수님들보면은 그거 진짜 연구자같은 모습 연구하는 사람. 그런모습보면은 나도학교에 남아서 나중에 크면은 저렇게 될까 걱정이 늘더라구요. 너무 피폐해 보이는데 좀 싫더라구요. 그냥 사회나가서 좀 활발하게 살고싶지 그렇게 좀 재미없어 보여요.

　実は、決してアメリカに行くことを心から望んでいるわけではない。うまくアメリカの大学院に入ったとしても、日本での体験と同じように、自分らしくいられるような人間関係を作るのは難しいと思うからだ。

僕が韓国にいたときは、この国を出て、どこか住みやすい快適なところで映画を見たら出てくるでしょ。海があって、そんなところで暮らすとか考えていたんですけど、日本で得た経験とかそれからヨーロッパみたいなところに旅行に行って、そこで経験を得た結果、僕の性格で人がいないところでは住めないと思う。人がいなくて、それから日本語とか英語とかその言葉を使っては、だから僕の主な言語じゃないから。僕がむっちゃ上手だったらわからないけど、僕の考えを全部表現することができないのに、そんなところで人間関係を作っても表面的なものが多いみたいだし。

그러니까 제가 한국에 있었을때는 그러니까 이나라를 떠나서 이나라를 떠나서 뭐 더 살기 좋고 쾌적한데 영화같은데 보면 나오잖아요. 뭐 바닷가있고 그러니까 그런곳에서 살생각을 했었는데 일본에서 산 경험이랑 유럽같은데 여행가보고 그런 경험을 얻어 얻은 결과 제 성격에 사람이 없는곳에서는 못 살것같더라구요. 사람이 없고 일본어나 영어나 이런 말을 쓰고 그러니까 원래 제 주언어가 아니니까. 제가 엄청 잘한다면 모르겠는데 제 생각을 다 표현하지 못 하는데 그런데서 인간관계를 해도 솔직히 더 피상적인게 더 많을것같고.

　先日も、韓国の友だちから連絡があった。友だちの1人が徴兵を終え

帰ってきたので、それを祝っての宴会があったのだ。

  朴さん：友だちが毎日早く復帰しろって。
  中山 ：韓国に復帰？
  朴さん：僕だけがいないって。友だちはみんな宴会してるのに、僕
     だけがいないって。早く帰って来いって。そんなこと言
     われたら気が狂いそうです。ちくしょーって。
  中山 ：そうだろうね。
  朴さん：早く終わらさなくちゃ。

  박 ：친구들이 맨날 빨리 복귀해라고.(웃음)
  中山：한국에 복귀？
  박 ：저만 없다고. 애들이 이제 술자리다 가는데 저만 없다고. 빨리
     돌아오라고. 또 그러면 미치죠. 그 소리 들으면 아이씨 이러구
  中山：그렇지
  박 ：빨리 끝내야지요.

　このような状況は、朴さんにとって、「友だちとか社会と隔離されて、他のところで」生きていると感じられる。
　さらに、日韓プログラムは歴史が浅いためモデルがない。将来について心配することが非常に多い。将来の選択に悩み、韓国に帰りたいという気持ちの中で、もし、高校3年生のとき、工学部ではなく、薬学部や医学部に進んでいたら今ごろ韓国で生活できていたかもしれないし、将来、楽ができたかもしれない。こんなに悩まずにいられたのにと思うこともある。

  医学部か薬学部は、何をしなければいけないってことがちゃんと決
  まっているじゃないですか。資格を取れば開業をしてもいいし、大
  きな病院に勤めてもいいし。決まっているから楽なんですね。(中
  略)工学部の学生はそんなのがないじゃないですか。大学院にも行
  かなくちゃいけないし。そんなことを計算したら、苦労も多いし、
  金を稼げる保証もない。成功するという保証もない。だから暗いん

ですよ。

의대나 약대는 뭘 해야된다는게 딱 정해져있잖아요. 자격을 따면은 개업을 해도되고 큰 병원에 있어도 되고. 그러니까 정해져있으니까 나름대로 생각하기 편한거예요. (중략) 근데 공대생은 그런게없잖아요. 그리고 공부도 대학원 막 다 가야되고. 그런걸 따지면 고생도 많이하고 돈번다는 보장도 없고 성공한다는 보장도 없고 그러니까 암울한거예요.

でも、今は社会で認められるために、アメリカに行ってもう少しがんばろうと思っている。

でも人生のためにもうちょっと投資しよう。うんざりだけど。海外生活はもううんざりだけど。もう少し投資しよう。そう考えていくことで、そうでなければ行きません。

그래도 이제 인생을 위해서 조금만 더 투자하자. 지겹지만. 해외생활은 이제 지겹지만 조금만더 투자하자. 이생각으로 간거지 그거 아니였으면 안가요.

　朴さんがアメリカに行くということを聞いて、M君など仲のいい日本人の友だちは「行くな」と言い、勉強して何になるのだと言わんばかりに、友だち同士で遊んでいる最中に電話をかけてくる。でも、朴さんの決心は変わらない。最近はH君やM君が家に来ても居留守を使うこともある。でも、アメリカの留学を目指している人は、日韓プログラムの中にたくさんいる。彼らと連絡を取り合って勉強している。アメリカだけではなく、ヨーロッパに行こうと思っている子もいる。
　英語の試験がうまくいってアメリカの大学院にさえ入れれば、「人生のゲームセット」だ。当分の間、試験に関わる苦労はしなくていいと思う。

6.2.2 イ君のストーリー

〈模範生だった僕が親元を離れてから〉

　イ君は、自然豊かな田舎で生まれた。小さいときは怖がりのやせっぽちだったが、よく友だちとサッカーをしたり、海で遊んでいた。それに、負けず嫌いの一番好きで、他の人に何かをさせられるのもすごく嫌いだった。

　イ君のお母さんは本が大好きで、家電の新製品が好きなイ君のために、毎月科学関係の本を買ってくれた。でも、実はイ君は本を読むのがあまり好きではなかった。

　イ君の両親は教育に厳しく、たくさん勉強しろと言ったし、学校で2番を取ってきたらイ君を怒ったりした。しかし、イ君はあまり気にせず、それほど勉強しなかった。それでもイ君はほとんど一番だった。なぜなら、田舎では、人々はあまり勉強しないからだ。イ君は学校代表として、絵、子どもの詩、科学、美術、組み立てなどほとんどすべての大会に出場した。そのころは、ソウル大に行って、電子工学を勉強し、ノーベル賞を取ろうと思っていた。

　中学校に入ると、相変わらずのやせっぽちだったが、背が高くなった。毎日近所の子たちとサッカーや体操をしていたが、相変わらず勉強はあまりしなくても成績がよかった。そのため、このころはいわゆる「模範生」イメージだったと思う。中学校のころ、友だちと夜遊びたくて塾に行き始めたところ、お母さんの友だちから頼まれて、他の塾に人集めのために通う羽目になったこともあった。中学生のときもソウル大で電子工学を勉強しようと思っていたが、男だったら最高の地位につきたいと思い始めていた。

　イ君の地方では、高校進学には試験が必要だった。田舎なので家から通える範囲にいい学校がなかった。両親は厳しい全寮制の私立高校にイ君を行かせようとした。でも、イ君は自由な雰囲気があって、しかもソウル大に毎年20名ぐらい合格者を出す名門公立高校に行きたかった。中学校のある先生がその公立高校に行っても「(イ君は)田舎ではよくできても、(その高校では)ビリしかできないだろう」と言ったからだ。それを聞いたイ君は悔しくて、その公立高校に絶対行こうと思うようになった。

（私立高校に）行けば奨学金もくれるというし、ソウル大にも送ってくれる。僕はこっち（公立）の学校に行きたい。そのときまで、両親がしろっていうふうにしたんだけど、泣きながら僕が、僕がしたいようにしたいって言いました。そのとき、お父さんが感銘を受けて、こいつ考えられるようになったんだな。今は僕の意見を尊重してくれます。

가면 장학금도 준다했고 서울대도 보내준다 근데 난 이 학교에 가고 싶다, 그때부터 뭐 부모님이 하라는데로 했지만, 그때 처음으로 울면서 제가 내가 하고싶은데로 하고싶다 이랬어요, 그때 아버지가 감명을 먹고 이놈이 생각이 다컸구나 이제는 저의 의견을 존중해줘요.

イ君はその公立高校を受験して合格し、家から遠かったので、田舎を出て学校の近くで下宿生活を始めた。そこは、10部屋ほどのまかない付きの古い下宿家で、イ君の部屋は3畳ほどの小さな部屋だった。食事は下宿のおばさんが用意してくれるものを1階の食堂で食べた。
　初めてその下宿で寝た夜は、涙が出た。

初めて（その部屋に）いたら涙が出るじゃないですか。本当に部屋が小さいんです。約3畳？　そこに1人で。お母さんといっしょに来て、家を見てその下宿に決めて。初めての夜に寝ていたら本当に涙が出るじゃないですか。どうしてこんな小さい部屋に僕は住まなくちゃいけないのか。すごく古い家だったんです。何日か泣いて。

처음에 가보면 막 눈물나잖아요 처음에요 진짜 방작아요. 한 삼조? 그래 혼자딱 이제 엄마랑 같이 왔다가 이제 집보고 들어가서. 이제 첫날밤자는 데 막 눈물나잖아요. 이래 작은방에서 내가 살아야되지. 억수로 낡은집이였거든요. 그래서 몇일 울다가.

「何か新しい世界の入りに立ったというような」感じだった。
　慣れてくると、下宿の生活は暇だった。イ君は1人遠くの中学校から来たために、友だちもおらず、その上その年は夜間自律学習が禁止され

ていたため、学校は3時に終わった。イ君は放課後、下宿に帰っても何もすることがなかった。友だちができるまでは、新聞を1日に4回ずつすみからすみまで読んだり、寝たりしかすることがなかった。

そうこうするうちに友だちができた。そして友だちといっしょにPC房に通うようになった。他の子は自宅に親といっしょに住んでいたが、イ君は下宿だから自由だった。PC房通いは、1年生のときだけではなく、2年生のときも続き、PC房で徹夜をしてそのまま学校に行ったりした。

　　スタークラフトとかのゲームがあるんですよ。戦争ゲームがあるんですよ。1対1でもできるけど2対2でも4対4でもできるんですよ。僕たち2人でチームを作って、（オンライン上にいる）あっちのチームと知らない子たちのチームと戦うんですよ。2対2で。韓国の子たちがPC房とかそんなところに行くのも、それをしに行きます。4人ずつ行って、4人ずつチームを作って1人ではほとんど行きません、PC房は。

　　스타크래프트나 이런 게임이 있어요. 전쟁게임이 1대1도 되지만 2대2도 되고 4대4도 되고 이렇거든요. 그럼 우리 둘이 같이 팀먹고 저쪽의 팀이란 모르는 애들 팀이랑 싸우는거죠. 2대2로. 애들 다 피시방가고 이런거 다 그런거 하러가요. 4명씩 가서 4명씩 팀먹고 혼자는 거의 안가요. 피시방은.

また、だいたいの高校生は、数学や科学の勉強に多くの時間を使うが、イ君は勉強しなくても、数学や科学は成績がよかった。だから人より暇な時間が多かった。その暇な時間に、イ君は自分の人生について、世界についていろいろと考えるようになった。そのころから、イ君は電子機器会社の創業者になり、会長になりたいと思うようになった。

　　中学校までは家に住んでいたから、学校と家、何て言わなくちゃいけないかな。家族の中にいたから、あまりいろいろなことを考えなかったんですね。たぶん僕が高校に入って1人で住むようになってから、いろいろと考えるようになったと思います。寝る前もいろい

ろ考えるようになったし、部屋に小さい部屋に1人でいるじゃないですか。(中略)することがないじゃないですか。そしたら考えるようになるものです。僕は本があんまり好きじゃないから、いつまでにこれをしなくちゃいけなくて。何歳にこれをしなくちゃいけなくて。

중학교때까지는 집에서 살았으니깐요 학교랑 집 그러니까 뭐 뭐라해야되지 뭐 가족안에 있었으니까 별로 딴 생각이 없었거든요. 아마내가 고등학교 올라가서 이제 혼자살때부터 여러가지 생각을 한것같애요. 잠 잠자기전에도 많은 생각을 하게 되고 방에 조금한 방에 혼자 있잖아요. (중략) 막 할일이 없잖아요 그러면 막 생각하게 되잖아요 사람이. 책을 별로 안좋아해서그래 몇시간씩 생각하다보니까 언제는 이걸해야겠고 몇살때는 이걸해야겠고.

そして成功に向けての計画を立て、友だちに自分の起業の夢を語ったり、賛同者を募ったりするようになった。おもしろがってくれる子もいた。2年生になり、夜間自律学習が復活したが、しかし、毎日何時間も座っていても結局、勉強ではなく考えることしかしなかった。
　韓国の男たちにとって、軍隊は自分の人生について考える多くの時間を与えてくれる。今考えてみると、イ君の場合、高校時代がそうだったと思う。両親のありがたさがわかるようになったのも、この時期だった。

だから僕の人生の転換点は、高校に入ったときでした。そのときいろいろなことを考えながら、やはり両親を離れて、両親のありがたさもわかって、いろいろ考えてみたら、いろいろと考えたから変わったと思います僕が。

그러니까 제 완전히 인생의 전환점이 고등학교 올라갈때부터였어요. 그때 많은 생각을 하면서 부터 역시 부모님을 떠나서 부모님의 소중함을 알듯이 그때부터 부모님의 소중함을 알게되고 이것저것생각을 하다보니까 생각을 많이 하니까 바뀐것같아요 제가.

まだイ君が両親といっしょに暮らしていたころ、両親からニュースをそのまま信じてはいけないと言われたことがあって、すごくショックを受けたことがあった。でも、高校生になってからよく考えてみると、両親の言うこともももっともだと思えるようになった。そして、創業者になるためには、政治のことも知らなければならないと考えるようになり、韓国だけではなく、世界の政治、権力の動きに関心を持つようになった。
　イ君は高校3年生のとき、日韓プログラムの存在を知った。イ君は大学になったら親から経済的な援助を受けずに生きていこうと決心していた。日韓プログラムは奨学金ももらえるし、外国でいろいろな経験も積める。もし落ちたとしても、試験や面接を受けにソウルには行ける。イ君はテストを受け、合格した。

イ君：他の経験ができるし、それにお金もあげるって言われて。経済的な問題が一番大きいでしょ。もともと大学のときから、両親からお金をもらわないことにしてたんです

中山：あー、イ君が決めたの？　うん。

イ君：それで、海苔巻きでも売ろうかって思ってたんですけど、高3の試験を受けて、でもこれに受かったからお金くれるんだな。しなくてもいいな。

中山：そうしたら、んー孝行じゃない。今すごく孝行をしてるんじゃない。

イ君：今、お父さんが経済的に難しくて、孝行のように見えますが。僕の家が財閥でも、僕は、お小遣いとかはもらわなかったと思う。そんなのいやじゃないですか。財閥の二世だからあの子は成功したって言われるの、恥ずかしいでしょ。自手成家ですよ自手成家。自分の手で。

이군：딴 경험도하고 돈도 준다하고 경제적은 문제가 더 크죠. 원래 대학교때부터 그 부모님한테 돈 안받기로 했었거든요.

中山：아 니가 맘먹었어.

이군：네. 그래서 김밥장사를 할까 생각도 했었거든요. 고3시험 치고근데 이거 딱 붙으니깐 아 돈주는구나 아 안해도 되겠다.

中山：그러면 효도잖아. 되게 효도했잖아.
이군：이제 아빠가 어려우셔서 효도인거 같은데 근데 우리집이 재벌이라도 저는 돈같은거 안받았을거같아요. 그런게 싫잖아요. 재벌 이세여서 애도 성공했다 이러면 쪽팔리잖아요. 자수성가에요. 자수성가. 자기손으로.

　同時に修能試験も受けていた。修能試験の結果ソウル大学を受験し、ソウル大学からも合格通知をもらっていたが、奨学金のある日本に来ることにした。

〈日本に行く〉
　3月になり、予備教育が行われているキョンヒ大学に入った。キョンヒ大学では、最初の何ヵ月かはイ君だけではなく、他の子たちも勉強しなかった。イ君はとにかく友だちと集まって遊んだ。

　まず集まろうっていうことでしょう。集まれば遊ぶことでしょう。無駄口を叩いて、ゲームもして。

　모이자는거죠. 모이면 그냥 노는거죠 모이는거 자체가. 수다떨면서 게임도 하고.

　しかし、配置大学試験が迫ってくると、イ君が誘ってもいっしょに遊ぼうという子がいなくなってきた。それでもイ君はあまり勉強しなかったため、日本語はほとんどビリだった。あまりにも勉強しなかったから、第10志望の大学にも入れないだろうと思っていたが、大学の選抜には専門しか関係なかったからか、第4志望の虹野大学に入ることができた。
　日本に行く前、イ君は新しい経験を前にドキドキしていた。そして、日本人の友だちも作ろうと思っていた。なぜか大学が「ぽつんと離れたところ（외딴데）」にあって、自転車で通い、その途中で商店街を通って、人々と「おはよう」と言い交わすようなイメージを持っていた。勉強もして、健全に暮らそうと思っていた。

しかし、実際虹野大学は、「ぽつんと離れたところ」にはなかったし、虹野大学が日韓プログラムの学生に用意したアパートから大学の間にも、商店街はなかった。
　予備教育の間は、同期生がいっしょに大学に行き、日本語などの授業を受け、そしていっしょに帰り、近くのスーパーで買い物をして、いっしょにご飯を食べ、同期生や先輩たちといっしょに遊んだ。大学に入学しても、基本的な生活パターンは変わらなかった。パソコンを買って、部屋にインターネットをつけ、日韓プログラムの子と遊ぶのに飽きたら、韓国の友だちとメッセンジャーをしたり、同時にオンラインのゲームをしたりした。
　虹野大学の日韓プログラムの子たちは非常に仲がいい。他の大学では、いっしょに遊んだり集まったりもしないらしい。同期生の性格がよかったということもあるが、他の外国人のいない民間のアパートなどでいっしょに生活したのが仲がよくなった理由ではないか。

　　他の子たち他の地域に住んでいる友だちを見たら（中略）、ほとんど別々に住んだんですね。韓国の子同士もあんまり会わなくて。とにかく友だちもいないから毎日TVばかり見たんですって。そんな子たちが多いです。TVを見たら、すごく伸びるって。日本語が。たくさん見れば。

　　딴애들 딴 지역에 사는 친구들 보면 (중략) 걔들은 거의 따로 살았거던요. 한국애들끼리 잘 안맞아서 하여튼 친구도 별루없으니깐 티비만 봤대요. 그런애들이 많아요. 그러니깐 티비보면 엄청 느데요 일어가. 많이 보면은.

　イ君は、テレビを見るより、友だちと話しているほうがおもしろい。このように日韓プログラムのメンバーの仲がよかったので、遊ぶ仲間には困らなかった。
　1年生のとき、日本人の友だちも作ろうと、日韓プログラムの友だちといっしょにある運動サークルにも入った。他の大学のメンバーもいたし、女の子もたくさんいた。いろいろな人と仲良くなりたいと思ってい

たが、運動の練習ばかりして、練習の場ではあまり親しくなれなかった。
　飲み会にも行った。その場では親しくなったような感じがした。

　　　イ君：親しくなるのが難しかった。酒を飲むときは親しくなるん
　　　　　　ですね。酒を飲んでしまえば、(親しい関係は) 終わりですよ。
　　　中山：そうなの。
　　　イ君：酒を飲んで騒いでも、次の日にすれ違ったら、すっと知らん
　　　　　　振り。
　　　中山：えっ？　だから、それ「こんにちは」という言葉もなし？
　　　イ君：それはするけど、酒を飲んでいたときのように……とにかく
　　　　　　違います酒を飲むときと。酒もあんまり飲まないし、みん
　　　　　　な。

　　　이군：친해지기 어려웠죠, 술먹을때면 막 친해지거든요 술먹고나면
　　　　　　은 다 끝이에요 다음날되면.
　　　中山：아 그래.
　　　이군：에 술먹고막이래도 다음날 되면 그냥 만나면 今 지나치고.
　　　中山：에 안녕 이라는말 안해?
　　　이군：아니 그런말은하는데 그렇게 술먹을때처럼…… 쫌 틀려요 하
　　　　　　여튼 술 먹을때랑. 술도 잘 않마시고요 애들은.

　結局サークルは1カ月でやめてしまった。
　学科には、留学生がイ君しかいなかった。留学生だからと、何人かの日本人の学生がイ君に声をかけてきた。中には、あまり学校には来ないが、1度会っただけでも親しくなるような感じの子がいて、その子が学校に来ると、話したりした。
　学科の中には、グループが二つある。よく勉強するマジメな子たちのニュース系と、あまり勉強しない子たちのバラエティ系だ。韓国語で話すときは、イ君には「生まれたとき」から持っている自分なりのスタイルがある。それはユーモアを飛ばして、相手をからかいながら話すというスタイルだ。

第6章　5人のストーリーと自分らしさ

本当にその子と親しくなるためには、定石的な話をすると、完全な**本音**だったら親しくなることができないんですね。だからからかってあげなくちゃいけないんですよ、人を。

　진짜 걔랑 더 친해지기위해서 이게 정석적인 대화을 하면 완전 **本音**가 친해질수가 없거든요. 그래, 막 놀려줘야된다고요 사람을.

　イ君はあまり勉強しない子たちと友だちになった。なぜなら、イ君のスタイルはニュース系の子たちとあまり合わないと感じたからだ。バラエティ系の子たちはお互い冗談を言い合っている。

　僕たち日本語を習うには、ニュース。外国人にはニュースが習いやすいでしょ。発音も正確に言ってくれて、ゆっくり話して。定石的な話をして。だけど今バラエティの子たちとたくさん遊ぶんですよ、バラエティ。虹野弁使って、僕はよく聞き取れない。

　우리가 일본어 배울땐 뉴스 외국인들이 보기엔 배우기 좋잖아요. 발음도 정확하게해주고 천천히 얘기하고. 정석적인 얘기도 하고. 근데 지금은 버라이어티 애들이랑 많이 놀아요 버라이어티. ××벤쓰고 하하 잘 못알아듣고.

　「バラエティ」系のあまり勉強しない子たちと仲良くなったものの、日本語の勉強にはあまり役に立たなかった。しかし、彼らはそれほど重要な話もしないから、イ君はそのまま「そうそう」とわかったふりをして聞き流してしまう。もし、全部わからない言葉を一つ一つ聴いていくとしたら、3分で終わるはずの会話が30分もかかってしまうだろう。
　それにイ君のスタイルである「からかいながら話す」ということも日本語ではなかなかできないし、やったとしても通じない。だから、あまり会話していてもおもしろみを感じなかった。

　言葉でお互いに怒らせながら遊ぶんですよ。友だちと。「からかう」って言うじゃないですか。そんなのが、外国人（日本人）に対しては

通じないんです。そこからおもしろみが落ちて。

서로 약을 올리고 이런식으로 논단말이에요. 막 약을 올리고 그러잖아요. 근데 외국인들이랑은 않통한담말이에요. 거기서 재미가 떨어지고.

　その状態は今でも続いていて、集団と仲良くやっていくために、「いっしょにご飯を食べに行ったり、研究室に行ったり、遊ぼうと言われたら遊ぶ」など、最低自分がしなくちゃいけないことだけをいっしょにして、自分のほうからは、遊ぼうとは言わない。このようなことから、日本人といるときと韓国人といっしょにいるときでは違う自分でいるように思う。

　　中山：日本にいるイ君と、韓国にいるイ君は違う？
　　イ君：どんなふうに？
　　中山：何ていうか、ただ。
　　イ君：韓国人の中にいるイ君と日本人の中にいるイ君が違うのではないでしょうか。
　　中山：あー、日本にいても韓国人の中にいるイ君。どんなふうに違うの？
　　イ君：まず会話がよくできないから。ハハハ。
　　中山：日本人と。
　　イ君：日本人の前ではちょっと形式的でしょう。
　　中山：形式的？
　　イ君：まあ守ることは守って、することしてそれで終わり。
　　中山：することって何？
　　イ君：自分がしなくちゃいけないことがあるじゃないですか。何かな？　集団と仲良くやっていくために僕がしなくてはいけないこと。最低友だちといっしょにご飯を食べに行ったり、研究室に行ったりハハハ。とにかくただ友だちが遊ぼうと言ったら遊ぶけど、自分のほうから遊ぼうとは言わないっていうことでしょう。韓国の子たちとは僕がどんな場合で

も遊ぼうって言うんですね。ただ遊ぶのが好きだから。

中山 : 일본에 있는 이군이랑 한국에 있는이군이랑 조금 달라?
이군 : 어떻게요?
中山 : 뭐 그냥.
이군 : 그냥 한국인 사이에 있는 이군이랑 일본인 사이에 있는 이군이가 틀리지않을까.
中山 : 아.. 일본에 있어도 한국인사이에 있는 이군이랑 어떻게 틀려?
이군 : 아 일단 대화가 잘 안돼니까 (웃음)
中山 : 일본인.
이군 : 일본인앞에선 좀 형식적이죠
中山 : 형식적? 음
이군 : 예 뭐 지킬거지키고 할거하고 그걸로 끝이……
中山 : 할건 뭔데?
이군 : 뭐 내가 해야할일들있잖아요. 뭐라해야죠 이 집단에 어울리기위해서 내가 해야 할일. 적어도 뭐 친구들이랑 같이 밥먹으러 가고 뭐 연구실나가고 (웃음). 하이튼 그냥 친구들이 놀아 놀자하면 노는건데 내가 나서서 놀자 이런건 아니죠. 한국애들은 내가 무조건 가서 놀자 이러거든요. 워낙 노는걸 좋아하니까.

　また、入学当初は授業のとき、授業のノートを取ることと、授業を聞くことが同時にできなかった。それで、授業を聞くことに専念して、ノートは友だちのノートを見せてもらうことにした。ところが授業を聞いても、先生の話がわからない。結局自分で本を読んで勉強することにした。

　大学で単位を取るのは「要領」が必要だ。高校のときと違って、あまりにも専門的で難しいから、応用問題などは出ない。過去問とほとんど似た問題が出る。テストの前になると、コピーの前に「バラエティ系」の友だちが集まっている。その中の1人が、親しい「マジメ」な子からノートのコピーをもらってきたり、どこかから過去問をもらってきたり

するのだ。

> 試験期間になれば、学生たちがコピー室の前に集まっているんですよ。その前に行って「**おれもちょうだい**」って100円渡せばくれます。ハハハ。

> 저는 가서 시험기간만 되면 애들이 복사실 앞에 모여있어요.그럼 저도 가서 "おれもちょうだい"이러고 100엔 딱주면 저도 줘요.하하하.

でも、このようにしてもらったノートのコピーもそれほど役には立たない。テストの前だから、何か参考にするものがほしくて見るだけだ。結局は自分で勉強したほうがよい。
　また、アルバイトも経験のためにしてみたいと思っていた。ある工場に電話してみたが、外国人はダメだと言われたり、なかなか思うようにできなかった。
　2年生になって、友だちに誘われたらたまに飲みに行ったり、パチンコへ行ったりするようになった。でもイ君の友だちはあまり学校に来ないし、今でもイ君が話すと、友だちに通じず、何回も同じことを繰り返さなければいけなかったり、スムーズではない。でもそれは気にしていない。単位も取れたし、ゼミの教授の話など重要なものは理解できるからだ。

> 支障がないでしょ、生きていくのに。この程度できればいいです。この程度できれば十分です。生活可能だから。

> 지장없잖아요 살아가는데. 그냥 이정도만 있으면 되거든요.이정도만 하면은 충분한 생활이 가능하기때문에.

イ君が日本に来たとき、先輩が「日本語はしなくてもいい。日本に住んでいたらそれなりに伸びる」と言った。しかし、実際にはイ君が期待したようには伸びなかった。後でよく聞いてみると「先輩たちも勉強を

すごく一生懸命した」らしい。今、日本語を勉強しようと思うが、勉強しようとすると、いつも起業や政治に関する「雑念」が浮かんできて、なかなか勉強できない。

　もし、日本人の友だちの中に、イ君と同じように起業に興味を持っている子がいたら、その子たちの話は聞きたいから、もっと一生懸命に会話をしようとしただろう。

　　事実、自分の関心分野があったら、そっちにはまるんだけど。僕が日本文化に関心があったり、勉強に関心があったりしたら、日本語をもっとするでしょう当然。だけど僕はそっちに関心があんまりないから。(中略)万が一事業のパートナーがいたとしたら、日本に関心分野ハハハ、僕が好きなそっちの分野に友だちがいたとしたら、当然日本語をもっとするでしょ、その子たちと話そうと。(中略)何か動機があったら、もっと一生懸命するんだけど、まだ日本には僕がそんな動機を発見できなかったということ。

　　사실 자기 관심분야가 있어야 그쪽에 빠지는데. 내가 일본문화에 관심이 있다는지 공부에 좀더 관심이 있고 이러면 일본어를 더 하겠죠 당연히. 근데 그쪽에 제가 별루 관심이 없거든요. (중략) 만약에 사업 파트너가 있다면 일본에 관심분야 하하 내가 좋아하는 그쪽 분야 애들이 있다며는 당연이 일어를 더 하겠죠 개들이랑 할라고. (중략) 뭔가 동기가 있어야 더 열심히하게 되는거에요. 아직 일본에는 제가 그런 동기를 못발견했다는거.

　何か「exciting」なことが日本の大学生活にはない。日本の学生は、アルバイトと運動にしか関心がなく、閉じこもっているような感じがする。イ君が関心がある世界のニュースの裏側についても、日本人の友だちに話してみたが「考えすぎ」と言って一蹴されてしまった。

　　話をしてあげたんですね（日本人の）友だちに。あんまりできない日本語で、テロ原因とかを。話にもならないって。(中略)それ以上、日本語でそれ以上説明することができなくてやめたんですよ。ニュ

ースをちょっと詳しく見たら、そんなのが見えるはずなのに。

이야기 해줬거든요 친구들한테. 잘안되는 일본어로. 테러 원인을. 말도안된데요. (중략) 그래서 제가 더이상 일어로 설명할수가 없어서 그만뒀죠. 여세 뉴스 조금 자세히 보면 보일텐데.

　この他にも、よく北朝鮮のことについて日本人の学生に聞かれる。そのときは、日本も今、中国を牽制するために、自衛隊を強くすることを望んでおり、そのために北朝鮮の核問題を利用しているということなどを話すが、日本人の学生たちは、北朝鮮が悪いとだけ考えているようで、なかなか話が通じずじれったい。
　自分の将来の計画や政治の話は誰にでもするというわけではない。親しい友だちにだけ言うが、韓国の友だちの中でも、将来の計画をマジメに聞いてくれる子は少ない。

2人ぐらい僕が抱き込んだ子たちは、僕が韓国でスタートを切れば、(それまで勤めている)会社をやめて、いっしょにしようという子が2人ぐらいいてハハハ。僕が先生にこんな話をするじゃないですか。話にならない話、聞いてくれる子と聞いてくれない子がいます。すごくとりとめのない話だから聞くのが難しいんですね。普通の子は僕に対して、大口を叩いていないでしっかりしろって、勉強でもしろって言って。ある子は真剣に聞いてくれて、大丈夫そうだ今回はって。

한두명 두명정도 이제 포섭해둔 애들이 네가 한국에서 딱 스타트 끊으면 회사 사퇴하고 같이 갈 애들이 한 두명정도 있고하하. 선생님한테 막 이런이야기 하자나요. 막 말도 안되는 이야기 들어주는 애들이 있고 안들어 주는 애들이 있어요. 그런 이야기 이건 하도 허무맹랑한 이야기 이기 때문에 들어주기 어렵거든요. 이게 보통애들은 내보고 되도 않은 소리하지말고 정신차려라 공부나 하라고 이러고. 어떤애들은 진지하게 들어주고. 괜찮은거 같다 그러고.

第6章　5人のストーリーと自分らしさ

もし韓国の大学に行っていたら、起業をしていたかもしれないし、同好会を作っていたかもしれない。

　　　イ君：韓国にはこんな子たちが結構います。日本にはあんまりいません。
　　　中山：そんなふうに会社を作ろうと思っている人。
　　　イ君：ええ。

　　　이군：한국에 이런 생각을 하는 애들이 꽤 있어. 근데 일본엔 잘없더라구요.
　　　中山：그런 회사를 만들려고 생각하고 있는사람.
　　　이군：예.

　日韓プログラムで虹野に来たせいで、イ君が持っていたもともとのプランは「若干ゆがんで」、何年か遅れてしまったが、「日本に来て、視野が広くなったから、それなりにいい点もある」と思う。日韓プログラムの子たちと日本中いろいろと旅行もした。
　日本の大学で友だちを作ろうと思えば、サークルに入らなければならないが、サークル活動もしていないから、それほど親しい友だちはいない。

　　　イ君：僕も事実日本人とあんまり会わないと思います。韓国人たちとだけたくさん会って。
　　　中山：どうしてそうかな。
　　　イ君：よくできないから日本語がハハハ。話したら50％ぐらいわかるかな。日本語が上手だったら……会う機会もあんまりないし。
　　　中山：会う機会もないし。
　　　イ君：日本というのは、大学の友だちと会う機会といったら、サークルじゃなかったら会わないじゃないですか。サークルをしないから、授業が終わったら時々酒を飲みに行くのを除いては会うことがないでしょ。

イ君：저는 저도 사실 일본인들이랑 잘 안만나는것 같아요. 한국인
　　　들이랑 많이 만나지.
中山：왜 그럴까?
イ君：그냥 잘못하니까 일어를 하하하. 하면 저는 50%알아듣고. 저
　　　는 일어 잘하면 또……만날기회도 잘없고.
中山：만날 기회도 없고.
イ君：일본이란게 대학 친구들이랑 만날 기회가 서클말고 잘 없자나
　　　요. 동아리. 동아리를 안하니까 뭐 수업끝나면 가끔씩 술먹으
　　　러 가는거 빼곤 만날 일이 없죠.

　でも、日韓プログラムの子といっしょに住んでいるからさびしくはないし、他にヒマなときは、インターネットでドラマや漫画をダウンロードしてみる。

　　急に韓国の何かのドラマが見たくなったら、ドラマ、1、2日間はそのドラマだけを見るし、今日は漫画の本を見たくなったら、50巻ダウンロードしていっぺんに見て。

　　갑자기 무슨 한국의 무슨 드라마가 보고싶어 졌다. 이러면 드라마 이틀간 드라마만 보는거고, 뭐 오늘은 뭐 만화책이 보고싶어졌다 이러면 만화책 한 50권 다운받아서 한번에 보는거고.

〈起業に向けて今は力を蓄えるとき〉
　日韓プログラムの学生たちは、勉強がよくできると、韓国企業で人気がある。イ君の専門も人気だ。日韓プログラムの奨学金は学部時代で終わるが、韓国企業に奨学金をもらって、大学院に行っている先輩もいる。そしてその奨学金をくれた会社で3年間働くと、軍隊が免除になる。イ君もそれを狙っている。とにかく軍隊を終わらせて、早く起業したい。
　事業をするという道を選んだら、家族で仲睦まじい生活はできないだろうなと思う。時々は平凡に暮らそうかなと思わなくはない。
　しかし「男だったら、大きい夢を持ちたいじゃないですか。最高の席に行くために事業」をしなければならない。

僕の町を見ても、田舎を見てもこんなのがあります。昔はそこそこに住んでいてもみんな集まったんだけど、今は集まりません。金持ちたちはバスを借りて集まります。名節になれば金持ちはちゃーっと集まって、そんなのを見ればいいなあと思います。ロッテの会長知っていますか？　ロッテの会長。韓国人じゃないですか。日本のロッテの会長、毎年何日かな？　お父さんの誕生日かな？　そのときごとに蔚山の小さな田舎に住んでいます、その人は。そこでパーティーをします。村全体でパーティーをします。（中略）韓国人は成功すれば、何か自分が所属しているところの人々の面倒を見るのが普通です。自分の故郷の人たちの面倒も見て、自分の家族たちの面倒も見て、そんなのがすごくかっこいいじゃないですか。僕はそうなりたい。

그러니까 우리 동네를 봐도 시골에 봐도 그렇게 있거든요. 옛날에는 다 고만고만하게 살때도 다 모이는데, 요즘은 잘 안모이는데 부자들은 다 진짜 버스를 대절해서 모여요. 명절만되면. 부자들은 쫙 모여가지고 그렇게 보기좋아요. 그런거 롯데 회장알아요 롯데 회장? 한국사람이자나요. 일본 롯데회장 매년 며칠이더라? 아버지 생일인가? 그때 마다 울산의 작은 시골에 살아요 그사람이. 그래서 파티를 해요. 마을 전체 파티를. (중략) 그렇게 다 있어요. 한국사람만 그런지 몰라도 한국사람은 성공하면 먼가 자기의 소속을 다 챙기게 되있어요. 자기 고향 사람들도 챙기고. 자기 가족들도 챙기고. 그렇게 너무 멋있잖아요. 저도 그러고 싶어요.

　日本にいる残りの時間は、日本の情報をできるだけたくさん集めたいと思っている。

6.2.3　友だちのネットワークの中での朴さんとイ君
　朴さんは、体育の授業でいっしょになった同じ学科の友だちを中心にネットワークを広げていった。そのほかにも、彼女、いっしょに実験をしたり試験勉強する友だち、研究室の友だちや先輩、日韓プログラムの友だちというネットワークがストーリーの中で語られた朴さんの日本で

のネットワークだ。

　朴さんは小さいときから運動が好きで、また友だちと集まって遊ぶことが好きだった。朴さんのストーリーの中では、朴さんは日本でも韓国でも友だちに囲まれている。遊ぶときだけではなく、勉強するときも朴さんは友だちといっしょだ。中学生になって塾に通いだしてからも、勉強がおもしろくなったのは、友だちと競い合うのがおもしろくなったからだ。朴さんが、体育の時間に知り合った学生や実験をいっしょにした学生など、何らかの活動をともにした日本人たちと友だちになれたことは、朴さんにとって、いっしょに活動することが知り合いを増やす契機であることを示している。

　韓国の友だちのネットワークにいるとき、朴さんは、悪い言葉を使いながら会話をし、どんな話題にでも入っていけるだけではなく、話をひっぱることができる。さらに、高校のときから合コンを主催したり、友だちと「騒」いだりと「うるさ」く、友だちの輪の中心にいる。

　しかし、虹野大学での日本人の友だちとのネットワークにいるとき、朴さんは、「もう一度、もう一度」と何度も相手に繰り返してもらわなければわからなかった。また、何が話されているのか、話題がわからないこともあったし、質問したくても「一つ一つ聞くことは」できなかった。

　日本語も韓国語も上手な彼女と付き合うようになってから、朴さんの日本語は上手にはなったが、今でも日本人の友だちとのネットワークで話しているときは聞き役に回ることが多く、話題についていけなくてただ笑っていなければいけない。そして、朴さんの日本語は、「静か」で「丁重な言葉」になってしまう。朴さんは、日本人の友だちとのネットワークにいるときは、そのネットワークの一員となっていても、積極的に話すことができない位置にいる。

　日本語で話す友だちとの間で構築される「朴さん」と、韓国語で話す友だちとの間で構築される「朴さん」に対して、朴さんは「日本語を話す自分」がうそであり、韓国語を話す自分が「自分らしい」と感じており、非常に対照的だ。あまりのギャップの激しさに、自分自身を「多重人格」になったのではないかと思うほど折り合いがつかない。

　一方、イ君のライフストーリーで語られたのは、日韓プログラムの友だち、先輩、後輩、ニュース系、バラエティ系を入れての学科の友だち、

すぐにやめてしまったサークルのメンバーなどである。小さいころから友だちと遊び、友だちと遊ぶために塾に行ったり、試験の前でも「遊ぼう」と友だちを集めて遊ぶのが好きなイ君にとっても友だちは重要な存在だ。

イ君も、「日本人といっしょにいるとき」と「韓国人といっしょにいるとき」の自分は違うと言っている。韓国語を使っているときは、「相手を怒らせながら」言葉で遊ぶことができる。それは「定石」的ではなく、「幼稚」に遊ぶ方法だが、そうすることによって、相手と親しくなることができる。

しかし、このように言葉で遊ぼうとしても日本語では通じない。イ君も日本人の友だちとのネットワークの中で、わからなければ聞くこともあるが、もし、すべてを聞いていたら、3分で終わるはずの会話が30分もかかってしまう。そのため、イ君はわからなくても「そうそう」と聞き流してしまう。結局イ君は、日本人の友だちといるときは、韓国人の友だちといっしょにいるときのように「遊ぼう」と友だちを誘うのではなく、最低限の付き合いだけ果たす「形式的」なイ君になってしまう。

イ君の虹野大学での友だち選びは、非常に興味深い。イ君は虹野大学で同じ学科の友だちをバラエティ系とニュース系に分けた。ニュース系の子たちは定石的な話をし、あまり冗談を言わない。しかし、バラエティ系の子は冗談が多く、方言を使って話す。イ君は自分の韓国語のスタイルと似ているバラエティ系の子たちを自分の友だちとして選んでいる。イ君は、「定石的な話をしない」という「自分らしさ」を日本語でも貫こうとした。しかし、それによって、イ君はわかりにくい日本語に接しなければならなかっただけではなく、わからなくても「そうそう」と流さなければならない周辺的な位置に置かれてしまったのだ。

朴さんとイ君が日本語を話す自分と韓国語を話す自分を異なった自分だと感じていることは、大文字の「日本語」と「韓国語」という言語の違いというよりもむしろ、友だちとのネットワークの中で構築される位置が異なっているということだろう。

注目したいのは、朴さんやイ君が自分らしいコミュニケーション「スタイル」だとしている韓国語での言葉の使い方である。朴さんは韓国語で話すときは、どんな話題にでも入っていけるだけではなく、話を引っ

張り「騒ぐ」ことができる。朴さんはいろいろな「話題」に精通しているだけでなく、その話題を知らなくても、どの分野の話なのか勘を働かせながら、または質問しながら話に加わることができる。また、イ君が韓国語で「相手を怒らせながら」言葉で遊ぶというのは、相手が本当に気にしているような「致命的」なものではなく、それ以外のところを指摘するという、日頃からの観察や勘、社会的な観念、常識や相手の性格などすべてを計算した上でできる実践だ。

　Hall（1995）は、対面状況の活動に参加するということは、ただ単にその場のセッティングと目的に応じたレパートリーから話をするのではなく、その場の状況に加えて、社会文化的にその語がどのように使用されてきたのか、その歴史的、慣習的な意味が参照されているとしている（p.208）。

　より具体的に説明しよう。Hall（1995）は夫が妻に「このシャツ、クリーニング屋に持っていってくれよ」といったのに対して、妻が「イエス、サー」と言いながら敬礼をするという例を挙げている。この短い対話の意味は、「イエス、サー」という言葉が慣習的に目下のものが目上のものに使う言葉であるということを知らなければわからない。妻はこの言葉を使うことによって、夫と自分の不平等を言いたかったのかもしれないし、ユーモアを交えたかったのかもしれない。あるいは、嫌味を言いたかったのかもしれない。バフチンはこのような言語使用を「二声性（double voice）」と呼び、その中でも特に意味をずらして使う使い方を「多声性」と呼んだ。

　朴さんやイ君が語っている韓国語を使って「言葉で遊ぶ」というのは、まさに、慣習的な意味を知った上で、それをずらし、笑いを誘ったり相手を軽く怒らせたりする多声的な実践のことを意味していると考えられる。どの言葉を選べばその場が盛り上がり、相手を傷つけずに「怒らせる」ことができるのか。こうした韓国語を使っての高度に社会文化的な実践を、彼らは自分のコミュニケーションスタイルだと言っているのである。

　言い換えれば、このような友だちを笑わせ、怒らせ、話を引っ張るという韓国語を使っての高度に社会文化的な実践の中で構築される朴さんとイ君のアイデンティティこそ、彼らが「自分らしい」と認めるもので

あることがライフストーリーの中からわかるのである。これに比べて日本語のネットワークで構築される彼らのアイデンティティは、受身で丁寧である。何度も言い直さなければならないし、何度も言い直してもらわなければならない。韓国語でのスピード感あふれる話し方とは全く異なり、ネットワークの中で、何度も聞き直したり、質問してようやく話についていく周辺的な位置にいると言わなければいけないだろう。

日本語のネットワークの中で構築される彼らのアイデンティティと韓国語でのそれは彼らのライフストーリーの中で統合されることなくバラバラなままなのだ。日本人の友だちの前では、「自分らしさ」を示すことができないというのが、彼らのライフストーリーを通して見た彼らの主張なのだ。

6.2.4　朴さんとイ君にとっての「成功」——彼らが将来属したいコミュニティ

朴さんとイ君が日本人の友だちとの間で交渉しているものは、言葉づかいを通して構築される朴さんやイ君だけではない。彼らは将来の自分の姿もネットワークの中で交渉している。

学校では友だちとよく遊んでいたが、家では両親の言うことをよく聞く子どもだったイ君は、高校進学をきっかけに、両親から離れ、自分の将来のことを考え始めた。そこで出た結論は、「男だったら最高の席につきたい」ということだった。そして、成功へのシナリオを自分の頭の中に描き始めた。このような将来像は、彼を日韓プログラムに応募させたり、いろいろなことを考えさせたりするドライブとなっている。このような将来像に向けて歩んでいること自体、ストーリーの中のイ君らしさを構成していると言ってもいいだろう。

では、彼の思い描く「最高の席」とはいかなるものなのだろうか。

高校時代、下宿や自律学習の教室で考え、現在も彼を動かす「成功」とは、決して、「本」に書かれていることではなく、大企業に就職することでもない。中小企業の社長のように、「大学に行」かずとも、自分の才覚で道を切り開くことによって手に入れることができる「成功」だ。自分の力で名を揚げた成功者というコミュニティに属すことが彼の望んでいる「成功」と言えるだろう。イ君が具体的に名前を挙げたのは、マイクロソフト社の創業者ビル・ゲイツ、アップルコンピューターの創業者

スティーブ・ジョブズ、そして韓国の財閥現代グループを一代で作り上げた鄭周永、ロッテの会長辛格浩など自分の手で会社を興し、大きくした現代の立志伝中の人物たちだ。さらに、その成功によって、イ君は親戚や知り合いから助けを求められたら援助できるような人になり、また、家名を揚げることができる。つまり、家族、親戚の中での彼の位置を頼りになる人物に変え、親戚たちに社会の中で成功者イ君の縁者としての位置を与えることになる。また、彼の成功は、彼の家族だけではなく、韓国という「国」にも繁栄をもたらすものであり、大きな意義があるとイ君は語っている。

その意味で、彼が考える「成功」とは、彼の家族、親戚にも独特の方法で連なるものである。彼の言う「成功」とは、そのような家族史的、さらに、社会的な広がりを持つものとして理解しなければならないだろう。

しかし、日本では、彼の夢を共有してくれる友だちを見つけることができない。イ君によれば、日本の学生は、大学生活とアルバイトにしか関心がなく、それ以外の世界の情報などにも、起業にも興味を示さない。イ君が政治の話をしても「考えすぎ」の一言で終わってしまう。

成功者となって、家族の支柱となり、韓国の発展に寄与したいという彼の将来と、その将来を語るイ君の言葉は、日本人のネットワークの中では、聞く価値を持つものとして聞かれず、理解されないまま宙を漂ってしまうのだ。

一方、韓国の友だちの中でも、この夢を共有できる人は少ない。「時代が違う」と言われたり、公務員になるための勉強する子が多い。日本にいる間にできる商売を模索し、韓国人の友だちを誘ったが乗ってくる子はほとんどいなかった。しかし、中には彼の夢を聞き、「今度は成功できそうだ」と支持し、起業したあかつきには、いっしょに仕事をすると約束してくれる友だちも中にはいる。さらに、インターネットのホームページを使って檄を飛ばし、賛同者を募ったところ、実際に何十人かの人が彼とともに仕事をしようと名乗りを上げてくれた。イ君は、韓国語の世界では起業家の卵でいることができるのに、日本語の世界では、そうなれない。韓国の友だちの間では、将来が共有されるのに、日本では共有されていない。将来の共有という点で、日本語のネットワークの中の

イ君と韓国語の中のイ君は大きく異なっている。

　では、朴さんにとっての将来の成功とは、どのようなものなのだろうか。朴さんは、幼いころから「エジソンのように」根気強くがんばって、何かを作り出す人を目指していた。そのことは、彼の夢であり、大学進学時には、両親の勧める安定した収入と世間からの尊敬を集める医者や、高校の先生の勧める高級官僚コースに乗れる進学先を蹴って、工学部に進学したことからもわかる。虹野大学に進学した後も、エジソンさながら、自分1人で機械作りに励んでいる。

　しかし、現在、韓国の中では日本の大学の修了証は、英語圏の大学のそれに比べて価値がなく、就職もそれほどいいところにできそうもない。両親や父親の友人の助言もあり、朴さんはアメリカ留学を決意する。朴さんの韓国にいる友だちだけではなく、日韓プログラムで日本に留学している人の中にも、朴さんと同じように、英語圏の大学の大学院を目指している人が大勢いる。朴さんのアメリカ行きは、「理系も文系も」英語ができない人は就職できないという、現在の韓国の状況が決定的に大きな要因となっている。

　一方、H君やM君など、朴さんの日本の友だちは、このような韓国の状況とは無関係の世界を生きている。彼らは、朴さんのアメリカ行きに理解を示さないだけではなく、「行くな」とばかりに電話をかけて、勉強を妨害してくるときもある。エジソンのような志の高い技術者を目ざしている朴さんと、H君、M君といった日本人の友だちとは、どのような世界で生きていきたいのかという将来が共有されていないのだ。

　研究室でも朴さんの将来は研究室の先輩たちと共有されていない。研究室の先輩たちは、朴さんにはわからない言葉で話し、漫画やゲームの話ばかりで騒いでいる「オタク」たちである。研究室の先輩たちは、朴さんにとって、全く魅力のない人々である。また、インタビューの中で朴さんが話してくれた1人の助教授は、まじめな研究者だが、非常に疲れてみえる。もし大学に残ったら、あのように暮らさなければならないのかと思うと「心配が増える」。ストーリーの中で、朴さんは、教授や先輩に、自分の未来の姿が重ねられるかどうか吟味していたが、研究室の先輩にしても教員にしても、朴さんに魅力的な姿を提示してくれてはいない。結果として、朴さんは社会に出て行くことを決めている。彼らの

姿は、朴さんの未来とは重ならないものなのである。

　理工系研究室の実践は、ソーヤー（2006a, 2006b）、柳町（2006）によって、LPPモデルを使って分析されているが、研究室という実践に参加しながらも、その研究室の親方や熟達者と言うべき教員や先輩は、朴さんのモデルにはなっていない。むしろ反面教師になっている。学部4年生として研究室に参加している朴さんは、先輩や教員の指導のもと、実験などに参加している。この面では、朴さんの研究室への参加は、正統的周辺参加として理解されるものだろう。理論が中心の研究室の実践や、先輩のオタクっぽい志向は、人と交わって生きたい、エジソンのように自分の体を使って何かをしたいと考えて生きてきた彼のライフストーリーと結びつかないだけではなく、朴さんの思い描く未来とも異なるベクトルに向かっていることがわかる[14]。

　もう一つ付け加えるとすれば、朴さんがH君やM君など、日本人の学生たちと将来を共有できないことの大きな原因の一つには、どこで暮らしていくのかという朴さんの事情が深く結びついている。

　ネットワークの中で、将来が共有されたり、されなかったりということは、朴さんやイ君にとっては、そのネットワークにどれほどコミットしていくか、またそのネットワークの人々とどれほどコミュニケーションしたいのかという問題と不可分に結びついている。

　ネットワークの中では、彼らの日本語能力やコミュニケーションスタイルだけではなく、将来も交渉されていると言ってもいいのではないだろうか。しかも、ネットワークの中で交渉されている彼らの姿は、過去、未来、現在が複雑に重なり合っていると言ってもいいだろう。

6.2.5　朴さんとイ君にとっての日本語ネットワーク

　もう一つ注目したいことは、日本語を話す自分を「自分らしく」ないと感じても、それを変えることはできないと述べていることだ。

　朴さんもイ君も日本語のネットワークでわからないことがあって質問したくても、わからないところを一つ一つ聞き直していたら、「3分で終わるはずの会話が30分かかる」と質問もできないまま、わからなくても、うなずいていた。

　朴さんやイ君がこのように、聞き直したり、質問することに気後れを

感じるのは、ネットワークの中で働いている力（権力）に朴さんやイ君が反応しているからではないだろうか。

ブルデュー（1993）は、気後れについて、

> 気後れ〔させること〕という（まさしくそれがいかなる脅喝行為をも伴わぬ場合もある限りにおいて）、象徴的暴力であることを自分でも気付かずにいる象徴的暴力は、ほかの人々はそうとは気付かないのに、（自分のハビトゥスにおいて）あらかじめその暴力を感じとる構えを備えた人にのみ効力を発揮する。　　　　　　　　　　（ブルデュー 1993: 46）

と述べている。

つまり、同じ場に同じように居合わせたとしても、すべての人が気後れを感じるわけではない。自分は劣っている、異なっている、場違いだという感覚を感じられる人にだけ、気後れは起こる。朴さんやイ君はなぜ気後れを感じるのか。

それについては、ストーリーから具体的な理由を探ることはできない。日本人の友だちに嘲笑されたのだろうか、迷惑そうな眼差しを感じたのだろうか。言葉の端々に現れる何かがあったのだろうか。しかし、一つだけ確かなことは、2人とも日本人グループの中における自分の立場に自覚的であったということだ。ブルデューも述べているように、そうでなければ気後れなどしない。朴さんが「いまさら日本語のネットワークの中で自分を変えることはできない」と述べているのも、同様に、日本人のネットワーク内で構築された「静かな私」というアイデンティティに非常に自覚的であるからこそであろう。

朴さんは、日本人のネットワークの中で、このように周辺化されるのは彼の日本語能力のせいだと考えている。しかし、ストーリーの中では、朴さんが望むような日本語を話せるようになるための方略はない。

朴さんは、日本語の「勉強」不足を認めているが、「勉強」によって彼が望むような日本語を話す自分になることは非常に困難であるとはっきり述べている。たとえ「勉強」によって日本語が上手になったとしても、それは朴さんの言う「丁重な言葉」になってしまい、朴さんが望む「悪い言葉」を使って、どんな話題にでも入っていき、話を引っ張れるよう

にはならないのだ。

　塩﨑（2000）は、日本語の教科書のフィクション性を次のように述べた。

> 学習者が教室で学ぶ日本語の会話のテキストは表象であり、フィクションである。テキストばかりでなく、テキストに表象される日本・日本人・日本的なものもフィクションである。好意的、かつ予定調和的に遂行される「日本人」とのやりとりは、学習事項の達成という点以外でも、一面では、事態成立の可能性において、学習者にはリアリティを持つ。しかし、そこに「個」が出現することはほとんどない。横柄な態度で接してくる「日本人」も、日本になじめず不適応を起こしているような「外国人」も登場しなければ、友人関係に悩む「学生」も、権威主義的な「教師」も登場しない。話題は当たり障りがなく、例えば、差別が話題になったとしても、差別的な状況に対し、文化的強者が憤慨し、それを受けて、こういうのはやはり問題だなどという展開になるものが多く、被差別的な状況自体が、教材化されることはない。会話における話者の当事者感覚は相対化され、「個」は脱色される。
> 　　　　　　　　　　　　　　　　　　　　　　　　（塩﨑 2000: 251）

　塩﨑は、日本語教科書の中のできごととは、予定調和を前提として書かれたフィクションであり、学習者（時に教師も）自分の体験に惹きつけて理解できる「個」を感じさせることはないことを指摘している。脱色され、脱臭された言葉の集積としての教科書には、朴さんが実際に使ってみたくなるようなフレーズはない。リービ（1992）も暗記させられた教科書のフレーズと現実が「どれほど離れていることか」（p.50）と述べている。教科書の言葉には、朴さんがまねたいような使われ方や文脈を伴っていないのだ。

　一方、イ君は日本語を上達させようと、教科書などを使って「勉強」することはある。しかしその途中で、事業や将来についての「雑念」が浮かんできて、「勉強」に集中することができない。イ君の日本語の勉強に対する集中力の問題ややる気の問題だと考えることもできるかもしれないが、私にはむしろ、これは、日本語の教科書による勉強が、イ君にとって、日本人学生との会話と同様に、彼にどれほど魅力を感じさせな

いものかを示していると思われる。つまり日本語での友だちとの会話がイ君にとって、つまらなかったように、日本語の教科書を使っての勉強も、彼の好奇心を刺激するに値するものではなかったのだ。

上述したように、イ君は日本語のネットワークでは「おもしろくない」のだが、虹野大学の生活が退屈になれば、インターネットを使って、韓国にいる友だちとオンラインゲームでいっしょに遊ぶことができる。また、虹野大学の日韓プログラムの友だちは仲がいいから、その友だちといっしょに遊ぶこともできる。韓国語のネットワークに帰れば、イ君は「相手を怒らせながら言葉で遊ぶ」こともできるし、政治の話もできる。自分の夢を話し、賛同者を得ることもできる。

インターネットの普及のおかげで、イ君、朴さんは日本のネットワークと韓国のネットワークを簡単に行ったり来たりできる時代を生きている。彼らが日本語のネットワークの中で「自分らしさ」を感じられなければ感じられないほど、彼らが韓国語のネットワークに傾注していく度合いは増すのではないか。

以上のように、イ君や朴さんにとって、日本語の「勉強」とは、このように、投資に値しないものであった。それでは、彼らはいつまでも日本語を話す自分を「自分らしくない」と思い続けなければならないのだろうか。

朴さんがM君や彼女という親密に付き合える関係を持っていたことは、その問いに答えるヒントにはなるかもしれない。しかし、現在の私には、それ以上、この問いに答える力はない。今後の課題としたい。

6.3 新たに生まれる自分らしさ

6.3.1 フン君のストーリー

〈日本に来る前——数学ができる僕とちょっとワルの僕〉

フン君は、ソウル生まれ、ソウル近郊育ちだ。フン君が育ったところは、ソウルからバスで30分ぐらいのところだったが、開発が制限されていて、牛を飼っている家があるなど、のどかなところだった。

母親によると小さいときのフン君は、今とは違って体も弱かったし、本当に内気でおとなしかったらしい。

フン君の具体的な記憶は、5・6年生ぐらいから始まる。そのころは、親が喜ぶから学校の試験もがんばっていた。「まあ大げさに言えば、生きる目標」が親を喜ばせることだったと言ってもいい。でも、それが中学校に入ってからは、親ではなく、友だちに注目されるようになりたいと思いだした。そして友だちに認められようと、「前に出る（나서기 좋아하는）」性格になっていった。

　高校入試は特に難しくはなかった。入試のための勉強もほとんどしなかった。ただ、中間、期末テストだけは、生活記録部（内申）に残るから、テストの前だけ少し勉強した。中学の先生が自分に合うレベルの高校を教えてくれるから、ほとんど落ちる人はいない。フン君も先生の言うとおりの学校を受けて、合格した。

　高校に入ってからは、友だちを先導して、授業を抜け出しパンを買いに行ったり、授業後の自律学習を抜け出して、校庭で遊んだりした。そのころからフン君を入れて4人の友だちがいつもいっしょに動くようになった。勉強は高3になったらするつもりで、思い切り遊んだ。学校近くの店に行くと「試験勉強大変だろう」と本当は売ってはいけないビールを売ってくれ、4人で校庭で寝転んでビールを飲んでいた。守衛のおじさんは見つけても「片付けて行けよ」と注意するだけだった。夏休みには「塾に行って何になる。いい大学に行って何になる！」とうそぶきながら、補習授業をさぼってソウルに遊びに行ったりした。今でも韓国に帰るとその子たちと酒を飲んだり、町をぶらぶらして遊ぶ。フン君がそんなふうに遊ぶことについて、両親は何も言わなかった。父親は「若いときは経験がすごく大切だ。何でもしてみろ」という哲学を持っている人なので、成績さえ悪くならなければ何も言わなかった。フン君も定期テストの前は一生懸命勉強して、結構いい成績だった。そのころは「ただ勉強は（無理はせず）するだけして、その成績に合わせて大学に行かなくちゃ」と思っていた。

　フン君がもう一つ好きだったものは、数学だ。よく考えてみると小学校5年生のときから数学の競技大会に出ていたから、小学校のころから数学が好きだったのかもしれない。高校のときは全国大会で努力賞のような賞をもらったこともある。

　高校1、2年のころは、大学で数学科に入って数学を専門的に勉強する

のが夢だった。でも数学科を出ても就職できるところと言えば高校の先生ぐらいだと、先輩や数学の先生が教えてくれた。フン君は数学を専門にすることをあきらめた。空軍士官学校に行くという友だちといっしょに、士官学校に行こうとも思ったが、先生にも両親にも反対された。結局、工学を専門にすることにした。

　3年生になると、フン君も一生懸命に勉強しだした。全国の中で1％以内の成績を取ったこともある。一生懸命勉強していたある日、学校の掲示板に日韓プログラムのお知らせが張ってあった。別に外国に行きたいとか、留学してみたいと思ったことはなかったのだが、フン君は先生に「受けます」と言って、試験を受けてみることにした。

　試験には受かった。それがわかってからは、勉強に力が入らなくなった。自律学習の時間も、「雰囲気を乱さないで、帰って遊べ」と先生に言われた。修能試験も受けたのだが、あまりいい点数ではなかった。「浪人するのがいやだったから」仕方がなく、日本に来ることにした。

〈虹野大学に来てから——日本人サークルでの疎外感と韓国人との付き合い〉
　キョンヒ大学と虹野大学での1年間の予備教育期間を終え、次の4月に虹野大学に入学した。虹野大学では同じプログラムの子たちと寄宿舎に住んだ。入学する前は、自分の日本語力にそれなりの自信を持っていた。しかし、授業に出てみると、教授が何を言っているのか全くわからない。レポートの締め切りも聞き取れなかった。レポートの締め切りや宿題などは、1人だけ声をかけやすい日本人の学生がいたから、毎日その子によく聞いた。

　　はじめは友だちもあんまりいなかったし、友だち1人だけ知り合ったんだけど、その子にだけ申し訳なかったんだけど毎日聞いて、そうしていたんです。

　　그 처음에는 친구도 별로 없어가지구 친구 딱 한명 알게 되었는데 개한데 막 미안하게 물어보고 맨날 그랬었거든요.

　「これは大変だぞ」と学校が終われば寄宿舎に帰って、同じプログラム

の子たちとご飯を作っていっしょに食べ、その後9時ころから集まって勉強した。また、いっしょにドラマを見たり、テレビを見たりした。学校でも、

> 休み時間になったらJ（同じプログラムの友だち）に電話して、「タバコ吸おう」ってタバコ吸って、それから各自授業に行って、夕方にはいっしょにご飯を食べて、ほとんどそうしてました。(中略) 1年生のときはほとんど同じプログラムの子たちとしか遊びませんでした。

> 맨날 쉬는 시간이면 J한테 전화해가지고 담배피자고 해가지고 담배피고. 그냥 수업들어가라고 다시 수업들어가고. 그 전주에는 같이 모여서 밥먹고. (중략) 일학년때는 우리넷밖에 안만났어요.

勉強以外には、最初は「おもしろいかなと思って」あるサークルに入った。しかし「完全にオタクの雰囲気で、1回だけ行って、あとは行かなかった」。その後ある人に誘われてテニスサークルに入ったが、1カ月でやめてしまった。

> おもしろくなくて。そのときは率直に言って、1年生のときは日本語もダメだったし、行っても誰も話しかけてくれなかったし、話しかけてくれても返事できなくて行くのがいやだったんですよ。言葉ができなかったから。部とかに入ればみんな積極的だからおもしろいかもしれないんだけど、サークルとかは自分が行ってするものじゃないですか。だから、部とかは先輩が何か言ったりするけど、サークルは自分から話しかけなくちゃいけないでしょ。だから。ちょっと部に入るのはしんどいみたいだし、サークルはおもしろくなくてやってみたけどやめました。

> 재미없어가지고. 그때는 솔직히 일학년때는 일본어도 안되고 그래가지고 가봤자 아무도 말도 안걸어주고 말걸어봤자 대답도 못하겠고 그래가지고 가는게 좀 싫었죠. 말이 좀 안되니까. 부같은거는 가면은

이제다 적극적으로 하고 그러니까 재미있을지도 모르겠는데 써클같은경우는 자기가 가서 하는거잖아요. 그래가지고 좀 부같은 경우는 선배들이 뭐라고 하기도 하고 그러는데 써클은 가지고 내가 인제 말을 걸어야되는거잖아요. 그래서 좀 부들기는 너무 힘들것같고 써클은 좀 재미없고 그래가지고 하다 말았죠.

　2年生になって、フン君はプログラムの子たちと引っ越しをした。そこは日韓プログラムの後輩たちが住んでいるアパートで、各部屋でインターネットができた。彼らといっしょにインターネットゲームをして「朝4時までいっしょに遊んで、起きたら、(昼の)2、3時になった」。車を買った子もいたので、「夜中の12時ごろ、お腹すいたなって、夜景を見に行って、そのついでに何か食べてこようか」と近郊の夜景の有名なところに男ばかりで行ってきたり、同じプログラムのJといっしょにまた夜中に車で中心街にある韓国式のインターネットカフェまで行ってゲームをし、明け方帰ってくるという生活をした。1年生のときはあれだけ勉強したおかげでよかった成績が、2年生になるとかなり悪くなってしまった。

〈虹野大学での生活2――日本人の中で自分を出す〉
　2年生の1学期に、日本人の友だち(A君)が1人できた。その子はある授業で知り合った子だったのだが、その子が「急に韓国人の留学生もいるんだから、韓国語でも習おうって言い出した」。フン君も授業中も、「韓国ではこう表現するって教えてあげたりした」。そのおかげで彼とはすごく親しくなった。
　彼は自分では「本当に日本人みたいな性格だ」という。でも、フン君から見たら、どことなく韓国人のような感じもする。

　　迷惑かけないとか、若干自分の中ですべてのことを解決しようとする、そんな内気。内気って言うじゃないですか。韓国人はその反対に、いっしょに集団的なのが好きで、酒を飲んで××[15]するのが好きで。若干そんな違いがあるじゃないですか。この子は韓国人と性格が似ている。僕に合わせてくれているのかもしれないけど、僕と

いっしょにいるときは韓国人みたいな性格だとよく思ったんです。自分が話すのによると自分は本当に日本人的な性格だっていうんです。とにかく、まあそんな子です。

迷惑かけない 그런거나 약간 자기 안에서 모든걸 해결할려고 그런거나 애가 좀 내성적이고 그렇잖아요. 한국인은 그걸 좀 반대로 좀 뭐 같이 집단적인거 좋아하고 같이 막 술먹고 막 ??거 좋아하고 하이튼 좀 약간 다른거있잖아요. 걔는 제가보기엔좀 한국인하고 성격이 비슷 저 저한테 맞춰주는지 모르겠는데 저랑 같이 있을때는 뭐 한국인 성격이라고 그런생각많이 했거든요. 근데 지가 말하기는 진짜 일본인같은 성격이래요. 그러면서 막 하이튼 그런앤데요.

例えば、「何か一つにとらわれたら、それ一つだけ一生懸命」したりした。

すごく酒も好きで、酒を飲みながら、(フン君が)キムチがすごく辛いっていうと、食べれないと思ってるんじゃないかってハハハ、無理にたくさん食べます。その後で、辛いって水を飲んで。その子も運動が好きで。

되게 술도 좋아하고 근데 한국인이랑 있으니까 막 술마시다보면서 김치이거 되게 맵다고 한번먹어보라고 하면은 오기로 막 먹어요하하하. 막 맵다고 그러면서 물 막 마시고 걔도 운동 좋아하고.

　その子は偶然、「あんまりマジメな子」ではなく、友だちも多くて「よく集まって、よく遊ぶ子だった」。その子の知り合いの友だちがたくさんできた。彼らは日本と韓国のサッカーの試合があるときも家に呼んでくれて、いっしょにサッカーを見たりした。
　3年生になってからは、今までのアパートから出て、大学の近くの民間のマンションに同じプログラムの友だちといっしょに住むことにした。それまでは、授業が終わったら、アパートに帰って韓国人の友だちと遊ぶことが多かったのだが、家が近くなってからは、授業の後には日

本人の友だちと卓球をしたり、いっしょに試験準備のためにファミリーレストランで勉強するようになった。

　まあコンピューターの歴史とか、覚えなくちゃいけないじゃないですか。そんなのは友だちにお願いして、ハハ数学は僕がするってハハハ。(中略) 数学の場合は理解ができなかったら勉強にならないでしょ。だからみんないっしょに勉強するんですよ。で理解できた人が説明してあげるんですよ。そんなふうに、勉強するんですよ。(中略) それから勉強するのが面倒くさかったら、友だちがお父さんの車持ってきて、どこかに遊びに行こうって。

　막 컴퓨터의 역사 이런거 막 다 외워야되잖아요. 그런거 인제 애들한테 부탁하고 그다음에 수학과목은 내가 한다하하하. (중략) 수학같은 경우는 모르면 공부가 안되잖아요 이해가 안되면은. 그래서 다같이 공부를 하는거예요. 그래서 인제 이해된사람이 설명을 해주는거예요. (중략) 공부하는거 귀찮으면은 집에서 아빠차 끌고와서 야 어디 놀러가자그러구.

　フン君の日本語はそのころ大幅に伸びた。
　それ以前は、学科の飲み会などにいっても、正直に言って聞いてばかりでおもしろくなかったが、日本語ができるようになってからは、積極的に話すようになった。学科の友だちは「おまえはそんな子だったのか。今まではすごくおとなしい子だと思っていた」と言い、友だちのフン君を見る目が変わった。
　合コンにもよく呼ばれた。「留学生ネタを使ってその場を盛り上げろ」と言うのだ。合コンでは、最初はお互いに何を話していいのかよくわからない。でも、留学生が1人いると、しばらくその留学生に質問が集中して、そのうちに場がなごやかになっていく。フン君は日本にいる間に1人ぐらい日本人のガールフレンドと付き合ってみたいと思っていた。それほど合コンに出たのに、「外見も性格も」気に入った女の子はおらず、その子たちがオーバーな話し方をするのが好きじゃなかった。

フン：はじめはみんな話すことがないから、留学生が1人いたらその子にばっと質問がいくんですね。韓国ではキムチが好きなのかっていうのから始まって、それから徐々に始まって、雰囲気をよくするんです。そうしようって2、3回行って。

中山：**あっそうハハ**

フン：そうしたら1回、僕の友だちが1人ある女の子が好きだったんだけど、その女の子が全然関心がなかったのか、話すことがないから僕に質問するんです韓国に関することを。友だちが後から、おまえそのつもりなのかってハハハハ。おまえ関心もないくせにそうするのかって。質問に答えてあげただけなのにハハハ

훈군：처음에는 인제 다들 할말이 없으니까 처음에 유학생이 한명끼어있다 그러면 저한테 이제 질문이 다오거든요. 한국에서는 뭐 김치 좋아하냐에서 시작해가지구. 그러게 인제 점점 시작하다가 인제 분위기를 좋게 만들어가지고. 이렇게 하자고 그래가지고 두세번 갔다오고

중산：**아쏘우 하하**

훈군：그러다가 한번은 내친구한명이 어떤 여자애를 좋아했었는데 그 여자애가 다 관심이 없었는지 할말이 없으니까 저한테 계속물어보는거예요 한국 그런걸로. 그러니까 걔가 나중에 나와가지구 너 그러는거 아니라구. 하하 너 관심도 없으면서 그러냐구 난 대답해준거밖에 없는데 하하하

　友だちから「低級な」日本語も習って、今フン君の話す日本語は虹野方言になっている。友だちには、話すと普通だが、文章を書くとおかしいと言われる。

〈研究室の中の僕〉
　4年生になってからは、研究室に配属になった。その研究室はフン君が希望を出した研究室で、工学の中でもどちらかと言えば、数学と関係が深いところだ。理論を中心に勉強しているため、自分で調べて答えを

出せばいいという雰囲気で、何日か学校に来なくてもそれほど問題にはならない。自由と言えば自由な研究室だ。友だちとスキーをしたり、富士山に登ったりした。研究室の雰囲気は自由なのだが、最初は空気を読むのが難しかった。でも、最近は慣れてきた。

　新聞を見たり、そんなのが許容されるのもあるし、教授がこれをしてほしいんだけどって言ったとき、僕の国の場合は100％しなくちゃいけないじゃないですか。でも日本ではしてないこともあるし。そんな小さなことだけど。家に帰るとき「お疲れ様です」って言って帰らなくちゃいけないのか、言わないで帰らなくちゃいけないのか。そんなのもあるし。先輩がご飯を食べに行くときついていってもいいのかどうか。そんなのもすごく多いじゃないですか。そんなのが韓国の場合はだいたい雰囲気でわかるんだけど、日本の場合は、初めはつかめないから、教授がさせたら韓国式に一生懸命まあしてそうしてたんだけど、今は適応がかなりできたんだけど。

　막 신문같은거 보고 뭐 그런것도 허용이 되는것도 있었고 교수가 이걸 해줬으면 좋겠다 라고 얘기했을경우에는 우리나라같은경우에는 백프로 해야되잖아요. 근데 일본에서는 안하는 경우도 있고 그런 쬐 그만한거지만. 또 집에 갈때 お疲れ様です라고 말하고 가야되나 안하고 가야되나 그런것도있고. 또 선배가 밥먹으로 갔을때 갈때 같이 쫓아가도 되는건가 안된는건가 그런것도 되게 많잖아요. 그런게 인제 우리나라같은 경우에는 대충 눈치로 그게 다 잡히는데 일본에선 처음엔 안잡혔어요. 그런게 교수가 시키면 제가 한국식으로 열심히 하고 막 하고 그랬었는데 지금은 적응이 되게 많이 됐는데요.

　この研究室の中でもフン君は日本語をたくさん習った。研究室の人と話したり、また発表の準備などをして、日本語がまた伸びた。特に先輩の1人に、体育会出身の先輩がいた。研究室では、フン君と先輩しかタバコを吸う人がいない。研究室は禁煙なので、よく先輩に「フン君行こう」と誘われて、1時間に1回ずつぐらいタバコを吸いに喫煙所まで行った。それに彼は酒をよく飲む。飲むと他の人にも勧めるという典型的な

体育会スタイルだった。でも、研究室の中で、その飲み方に合わせられるのはフン君1人だった。

> 僕の研究室で**飲み会**をしても、みんなあんまり飲まないんだけど。韓国人の学生はすごく酒たくさん飲むじゃないですか。そんな**飲み会**したら、飲めなくても無理やり飲むじゃないですか。僕が同じように飲んだら、運動をした人から見ればすごくいいんですよ。ハハハ。ウワーッと注いで回るじゃないですか、運動部の人は。それに合わせていくのが僕しかいないから。そこでもすごく気があって。

> 飲み会를 해도 애들 다 안먹는데 한국애들은 괜히막 술되게많이 먹잖아요. 그런 **飲み会**하면 못마셔도 억지로 막 마시고 그러잖아요. 저도 인제 똑같애가지고 그렇게 막 마시면은 그 운동부였던 사람으로 보기에는 되게 좋은거죠. 애가 하하하 막 먹이러 다니잖아요. 막 운동부사람들은 근데 그걸 맞추어주는애가 나밖에 없으니까. 또 그거에서도 또 되게 마음이 맞았었고.

先輩はフン君のことをすごくかわいがってくれた。夜12時ごろになると、近くの飲み屋に連れて行ってもらった。飲み屋では、絶対先輩がおごる。2次会はフン君がおごろうと思うのだが「怒るぞ、出すな」と言われ、結局先輩がいつも出した。フン君から見たら、すごく韓国人のような人だと思った。

飲み屋ではいろいろな話をした。

> 何ていうのかな。今までとは違う日本語を話さなければならなくなりましたよ。感情表現もしなければならないし。一対一で酒を飲んだのは、韓国語が好きだという子とその先輩しかなかったんです。韓国語が好きだっていう子と酒を飲むと、韓国語だけ教えてあげたんだけど、その先輩と酒を飲むと、いろいろと小さいことまで、だから、くだらないことまで全部話さなくちゃいけないでしょ。それで表現をしようとしてたら、すごく伸びたと思います。それに酒を飲んだら、また言葉がうまく出るじゃないですか。

第6章　5人のストーリーと自分らしさ

뭐라고그래야되나 그러니까 여태까지 다른 일본어를 막 쓰게됐어요. 자기 감정표현도 해야되고 그러니까 일대일로 일본애랑 술마시는게 그 한국어 좋아한다는 애랑 그 선배밖에 없었거든요 한국어 좋아한다는 애랑 술마시면은 맨날 그거 한국말가르쳐주고그러는데 그 선배랑 술마시면 이제 이것저것 쬐그만이야기까지 다해야되잖아 시시콜콜한 이야기까지. 그러다보니까 되게 막 표현을 할라고 하다보니까 그래 되게는 것 같아요. 근데 술마시다보면 또 말이 잘 나오잖아요.

そんなふうにしていると、だんだんと日本語が上手になってきた。先輩は、もう卒業してしまった。今、研究室の宴会係はフン君が担当している。先輩からは、飲み会の火を消すなと言われて、あまり飲む人はいなくても、必ず「飲み放題」をつけるなど、伝統を守ろうとしている。また、先輩が就職した会社に引っ張ってくれるという話もある。その会社では、フン君の学科出身の人が社長になったらしい。

〈フン君の今〉
　今、フン君は自分が日本語を話していても、韓国語の方言を話しているように感じる。

最近は、日本語っていうのが、何ていうか、何か外国語だっていう感じがあまりしなくて、ただ地方の方言を使っているようなフフ、感じがするんですね。だから、僕は日本語を習ったとき、本を見て勉強しませんでした。ただ他の人と同じように単語帳を作ったりしなくて、そのうち伸びるだろうって、何もしなかったから、文法とかをたくさん間違えます。最近日本語を話すとき、考えて話すことはほとんどないですね。ただ出るまま話すんですね。だから友だちがどうしていつも方言を使うんだってフフ。そんなのを考えてみると、本で勉強したのとは違って、そんなふうに習ったから、何ていうかな、外国語っていう感じよりは、日本っていう地方に来たのだから、方言も使わなくちゃ。もしプサンに行ったらプサンの方言を使うじゃないですか。そんなふうに考えるんですね。

일본어를 하는게 뭐라그래야되나 무슨 외국어라는 느낌이 안들고 그냥 지방사투리쓰는것같은 후후후 그런느낌이 들거든요. 그러니까 저는 일본어를 배울때 그러니까 책보고 공부를 안했었어요. 그냥 막 남들처럼 단어장만들어서 그거 외우지도않았고 그냥 그냥 알아서 늘겠지하고 가만있었다보니까 문법같은거 되게많이 틀려요. 요즘뭐 제 제가 일본어를 말할때 생각하고 말한적 거의 없거든요. 그냥 나오는대로 말하는거거든요 그러니까 애들이 들어보면 너는 맨날 사투리만 쓰냐고후후후 그런거 생각해보면은 그렇게막 책으로 공부하는거랑 다르게 그렇게 배웠으니까 뭐라그래야되나 외국어란느낌보다는 그냥 이런 일본이란 지방에 왔으니까 일본사투리를 써야겠다. 제가 만약 부산같은데를 가면 부산사투리를 쓸거아니에요. 그런식으로 생각이 들거든요.

ただ、韓国と日本とでは、フン君の受け止め方は違うようだ。日本ではB型に見られ、韓国ではA型に見られる。

中山　　：日本にいるフン君と韓国にいるフン君と差があるかな？
フン君：んー何ていうかな、差があることはあると思います。いわゆるA型の性格B型の性格ってあるじゃないですか。僕はA型小心で、そんなので、B型はちょっと大胆で個人主義でってあるじゃないですか。日本人の子が言うんですけど、僕を見てB型みたいって言うんです。韓国に帰れば100％A型だと言われるんですね。
中山　　：あーそう？
フン君：ええ。だから人が考えるのは韓国での平均的なA型は日本ではB型に見えるみたいです。僕の感じでは。だからわざわざB型のように見えようとするそんなのが。
中山　　：ここで？
フン君：ええ。血液型で話すのはちょっとおかしいんだけど、ちょっと韓国ではそうではないのに、日本ではオーバーにするところがあるみたいだし。

中山：日本には훈군이랑 한국에 있는훈군이랑 차이가 있을까?
훈군：응. 차이가 있긴있는것같애요. 그 소위말하는 에이형성격 비형성격 그런거 있잖아요. 좀 에이형은 소심하고 뭐 그런거고 비형은좀 대담하고 좀 개인주의고. 그런거 있잖아요. 일본애들이 뭐라던데 저보고 비형같데요. 저 한국가면은 백프로 에이형이라는 소리듣거든요.
中山：아 그래.
훈군：예. 그러니까 애들이 생각하기에는 그러니까 한국인들의 평균에이형이 일본에서는 비형으로 보이는 그런것같애요. 저의 느낌이. 근데 억지로 뭐야 억지로 오버해가지고 비형처럼보인다는 그런.
中山：여기서?
훈군：예. 혈액형으로말하는게 조금 웃기긴한데 좀 한국에서는 원래 안이런데 좀 좀 오버하는것도 있고.

　フン君は実は、昨年、韓国企業の面接を受け、合格した。修士を修了したらその会社に就職する。その会社で3年働けば、兵役は免除される。フン君は、その企業で自分が将来したいことを考えようと思う。どちらにしても修士だけでは、大企業の中で生きていくのは大変だ。3年が終わったら、博士課程に入るために日本に戻ってくるかもしれない。帰ってくるのだったら、知り合いもいるし、虹野大学に帰ってきたいと思っている。でも、外国で暮らすのは、35歳ぐらいまでにしておきたい。日本も含めて、一生外国で暮らすのはいやだ。

中山　：これから先、ずっと外国に住むっていうのはどう?
フン君：僕は外国でずっと住むのはいやです。
中山　：日本も?
フン君：ええ日本も。まず心が不便だと思います。何ていうかな、そんな経験はないんだけど、何かで警察に捕まったら、外国人の差別を受けるような感じ。だから、何ていえばいいのかな。なぜか他人の家で住んでいるような気分があるじゃないですか。自分の家で悪いことをすると、お母さん

200

が怒ったりはするけど、だけどまだ愛してるっていうのがあるんだけど、他人の家では、何回か間違えたら追い出されるようなそんな感じがあるじゃないですか。そんな感じ。そんな目にあったことはないだけど。なぜかわからないけど、不安だと言わなければいけないのか。

中山 ： 앞으로 외국에 계속 산다는.
상훈 ： 저 외국에서 계속살긴싫어요.
中山 ： 외국에서 일본도?
상훈 ： 일본도. 예 일단 마음이 불편한것같, 아니 그러니까 뭐라그래야되나 아직 그런 경험은 없는데 괜히 경찰한테 잡히면은 외국인이라고 차별받을거같은 느낌. 그러니까 그런적은 없는데. 그러니까 뭐라그래야되나 왠지 남의 집에서 사는그런느낌있잖아요. 뭐 자기 집에서는 잘못을 해도 엄마가 그래도 혼내긴해도 그러나 아직 사랑한다는 그런게 있는데 남에 집에서 잘못하면은 몇번잘못하면은 쫓겨낼것같은 그런느낌있잖아요. 그런게 약간있는것같애요. 그래도 당한적은 없는데 그 왠지모르게좀 불안하다고 해야되나.

将来はお金を稼いで、「外食に行きたいと思ったら、お金のことを気にせず食べに行けるぐらい」の経済力を持ち、家族を養っていきたい。子どもは男女男女と4人ぐらいがいいかな。今の韓国では、貧富の差がひどいから、それぐらいの経済力を持とうと思ったら、すごくがんばらなければいけないだろうなあと思う。

6.3.2 互恵的ということ

フン君は日本に来てから、日韓プログラムの友だち、少しだけ参加したサークルのメンバー、A君、A君を通じて知り合った友だち、学科の友だち、研究室の友だち、それに研究室の先輩と虹野大学を中心に様々なネットワークを作ったと語っている。

フン君は、虹野大学に入学する前は、日本語に対してある程度自信を持っていたにもかかわらず、入学してみると、思うように日本人学生と

のコミュニケーションができない、授業中に宿題やレポートの締め切りなどがわからないという困難な状況に直面した。

　フン君はある1人の日本人学生に頼ること、さらに日韓プログラムの同期生たちといっしょに勉強することによって、なんとかこの難局を乗り切り、単位を取ることはできたが、友だちに話しかけられても聞き取れなかったし、話そうとしてもどう話せばいいのかわからなかった。クラブ活動にも参加してみたが、おもしろくなくやめてしまった。学科の飲み会に行っても楽しくなかった。

　しかし偶然フン君は、韓国や韓国語に興味を持つA君と仲良くなる。A君との出会いによってフン君はネットワークを広げ、その中で日本語も上手になった。Laubscher（1994）は、第二言語話者は、ある1人のネイティブスピーカーとの接触によって、しばしばホスト社会との関係を構築することができること、また、1人の知り合いを持つことに成功することは、その人の教室外での体験に大きな影響を与えることを指摘している。また、短期留学生と日本人とのネットワークについて調査した内海・吉野（1999）では、日本人が短期留学生の母国に興味を持っている場合、短期留学生は「情意フィルターを低くし、働きかけや情報提供を」しており（p.41）、ネットワークが強化されていることが報告されている。フン君とA君の関係は、まさに、内海らのケースに当てはまる。しかし、フン君が付き合った日本人の友だちは韓国や韓国語に興味を持っている場合ばかりではない。

　フン君は、学年が上がるにしたがって難しくなるレポートや宿題、実験といった専門の勉強のために、友だちといっしょに勉強している。コンピューターの歴史など、フン君が苦手な科目について教えてもらう代わりに、フン君は数学を教えた。数学や物理といった特定の言語に支配されない理系の科目において、フン君の数学の能力は、「文化的資本」として大いに価値を持ったと推測される[16]。日本人の友だちとのネットワークの中で価値を持ち、提供される「文化的資本」とは、韓国・韓国語の情報だけとは限らず、物理や数学の問題を解く能力も含まれていると言える。同様に、研究室の先輩との関係においては、酒の飲み方やタバコを吸うことなどが価値を持ち、先輩と接触する機会を増やした。フン君の酒やタバコをたしなむこと、そのたしなみ方は価値のある文化的

資本として機能したと言える。

　さらに、どの「文化的資本」が価値を持つかは、個々のネットワークの中で変わる非常にローカルな問題である。物理や数学の問題を解く能力などの例からもわかるように、大学、しかも学科内という特別な環境の中だからこそ、フン君の「文化的資本」は価値を持ったと考えられる。A君という、韓国・韓国語に興味を持っている学生との関係においてだからこそ、フン君の韓国・韓国語の知識は価値を持ち、酒を飲む人もタバコを吸う人もいないという研究室で、唯一酒やタバコをたしなむ先輩との関係においてだからこそ、フン君の酒の飲み方やタバコの吸い方は価値を持った。

　フン君が、合コンという場で期待されている役割は興味深い。合コンという場においては、フン君が留学生であるということ自体が、他の日本人の男子学生にはない資本として価値を持っているのだ。これらのことから、内海らが取り上げた「母国の情報」とは、単にあるネットワークの中で価値を持った「文化的資本」の一例にすぎないと言えよう。

　このように韓国・韓国語の情報、物理や数学の能力、酒が飲めること、タバコを吸うこと、さらには留学生であるということなど、様々な資本がそれぞれのローカルな場で価値を持ち、その価値ゆえに、フン君はネットワークの中で提供しうる何かを持ちえた。これは、フン君が入学した当初、宿題やレポートの締め切りが聞き取れず困っていたときに、助けを求めた日本人の友だちとの関係とは対照的である。この友だちとの関係では、フン君が一方的に情報の伝達を受ける立場にあり、引用の中でフン君が「申し訳なかった」と言っているように、フン君は決してこの関係を心地よいものだとは感じていなかった。つまり、この日本人の友だちとのネットワークの中で、フン君は提供できるものを持ちえず、そのことが居心地の悪さにつながっていた。

　これらのことから、フン君が多くの時間をともに過ごした日本人の友だちのネットワークにおいては、フン君が提供できる何らかの文化的資本を持っており、そのことが、フン君の居心地のよさにつながっていたと言えよう。フン君が多くの時間をともに過ごした日本人の友だちとのネットワークは、互恵的な関係であったとひとまず特徴づけてもいいのではないか。

このように文化的資本を使って、互恵的なネットワークを作ることによって、フン君の日本語は上達した。それは、ただ単にフン君が日本語に接する機会を得たからだけではない。
　A君、テスト勉強をいっしょにする友だち、先輩とのネットワークにおいて、フン君は「聞くに値することを話す人」としての位置に立っていたことは特筆してもよいだろう。フン君は、先輩と2人で飲むときは、先輩が話すかフン君が話すかしかなく、「いろんなことを話さなければならなかった」と述べていた。また、A君や試験勉強をいっしょにする友だちとの間では、フン君が韓国・韓国語に関する知識や数学の能力などを提供することが期待されていた。
　Norton（1995, 2000）のEvaの例と同じように、ネットワークに参加し、話さなければならない立場に立つ、つまり聞くに値する何かを話す「正統な話者」（ブルデュー1993）の位置に立つことによって、フン君が日本語で話す事柄は「正統な」ものとして、ネットワークの参加者に聞かれる機会が生じたと言える。
　この過程は一朝一夕になるものではない。フン君は自分の物理や数学の能力を示す機会を持たなければならないし、韓国語について説明できることを示さねばならない。ライフストーリーからは、フン君がどのような機会があって、自分の物理や数学の能力を友だちに示せたのかは明らかではない。しかし、能力を示し、その価値が認められてからは、そのネットワークにおけるフン君の言葉は宙を漂うことなく、しっかりとした受け手を持ったのだ。このことはイ君の政治についてや起業ついての話が真剣に聞かれることがなかったことと対照的だ。
　フン君は日本語の上達について、A君や先輩と話すようになったから上手になったとしか述べていないが、フン君にとってこの「話す」とは、フン君の話すことを聞いてくれる聞き手の存在が前提とされたものだ。6.1では、JIN君とW君が環境との往還によって日本語が上達したと述べた。推測にすぎないが、それと同様のことがフン君の場合も言えるのかもしれない。フン君のA君や先輩の例は、日本語の上達における「聞き手」の大切さを意味しているのではないだろうか。

6.3.3　A型のフン君とB型のフン君

このようにA君やA君の友だち、先輩たちなど、居心地のいい互恵的なネットワークの中で、フン君は韓国にいるときの自分とは違う自分を創造していった。フン君はそれをA型のフン君とB型のフン君という非常にユニークな仕方で表現している。

フン君は、日本人学生とのネットワークの中では、最初は日本語ができず、おとなしいと思われていたが、日本語が話せるようになってくると「おまえはそんな子だったのか」と友だちに言われるほど「話に絡んで遊べる」ようになった。そして、日本人の友だちの評価に合わせて、わざとオーバーに「ちょっと大胆で個人主義」のB型っぽく振る舞ったり、「留学生」という役割を引き受けて座を盛り上げたりと、韓国にいるときの「小心で怖がり」のA型のフン君とは、若干異なった自分になっていると考えている。しかし、フン君は今、日本語を話していても韓国語の「方言を話している」感じしかせず、「自分ではない」と思うことはない。

さらに、A型のフン君とB型のフン君は、朴さんやイ君にとっての日本語を話す彼らと韓国語を話す彼らのように、どちらかが本物でどちらかが偽者というものではない。フン君にとっては、どちらも自分らしく感じられるものである。フン君の日本語を話す自分に対する見方は、他の4人と際立って異なっている。

このB型のフン君は、日本人のネットワークの中で、勉強をし、酒を飲み、話し、遊ぶ中で生まれてきた。エスノメソドロジーの一連の研究によると、あるグループの参加者たちは、様々な仕方で自分たちのカテゴリーを決めているらしい。

> 「ホットロッダー」は若者自身が自己の生活の場で作り上げ、自分たちやその「仲間」を他の人々から区別する意味で創造したものであり、「支配的」な〈外〉からの拘束としてのカテゴリー化作用に対抗し、それを無効化していく力をもつカテゴリーなどである。（中略）改造車の車種。「ホットロッド」に乗るときの服装。「ホットロッダー同士が道ですれちがったときの挨拶の仕方等々。詳細な部分にわたって「ホットロッダー」たちの文化項目が彼ら相互で決められて

いる。そうした詳細な項目を、ふだんの場面で無意識的に点検しながら、彼らは、お互いを「仲間」としてカテゴリー化し、改造車を乗り回し、青春を楽しんでいるわけだ。　　　　　　　（好井 1991: 124）

　さらに、その中の会話を詳細に見ると、会話の参加者らが自分たちのカテゴリー（アイデンティティ）を会話の中で交渉し、また、カテゴリーの中での自分の立場を表しているという（De Fina, 2006）。

　　他者に対して、また主流の言説やマスターナラティブに対して、彼ら自身が建設的で交流的な主体（constructive and interactive agents）として、話者が自分を位置づける。　　（De Fina, Schifferin, & Bamberg, 2006: 7）

　しかし、それには、他者からの承認がいる。ガーゲン（2004b）は「私が何者かということや、私のふるまいの性質は、関係の中で話し合われ、定義されます」(p.122)と述べている。また Bamberg & Georgakopoulou (2008) は、日常的な「私はだれか」をめぐる実践のことを「アイデンティティワーク」と呼び、「このような繰り返して続けられる関わりが、結局は、私たちが日々変わっていきながらも、「私は同じだ」という感覚を与えるのだ」(p.379)としている。「私は誰か」という感覚は、日々交渉されている。

　フン君とは誰だったのか。日本に来る前、フン君は友だちの「評価」がほしくて「前に出る」性格になり、友だちを先導して、授業中にパンを買いに行ったり、授業をさぼったりしていた。いわば「ちょっと悪」だったのである。虹野大学に入学してからは、日本語が聞き取れず、何を話していいのかもわからない状態だった。そのような状態で学科の飲み会に参加しても、何も話せず、黙っているしかなかった。学科の飲み会という場の中で、フン君は自分から話さないおとなしいフン君として、周囲から認知されていた。

　しかし、日本語ができるようになってくると、フン君は「話に絡んで遊ぶ」という実践ができるようになった。それに対して、フン君自身は同じように振る舞っていたにもかかわらず、日本人の友だちからは、「おまえそんな子だったのか」という友だちの感嘆の声とともに、「B型」と

いう評価を獲得するようになった。フン君にとって「そんな子」であること、またオーバーで個人主義の「B型」という評価を得ることが決して悪いものではなかったのではないかと推測されるのは、それらの評価が、友だちの評価を得ようと「前に出る」性格になっていった小学校高学年の彼とも重なるからだ。また、日本語ができず、飲み会などで周辺化されていたときの静かで、「「そんな子」ではない」フン君からの脱出を意味しているからだ。

　ここで再びフン君の合コンエピソードに注目したい。フン君は合コンにおいて友だちに「留学生ネタで盛り上げてくれ」と言われ、その役割を積極的に引き受けて、キムチのことなど韓国の話題で合コンに参加した女の子たちとコミュニケーションを取り、結果として合コンの雰囲気を和らげた。合コンという場における振る舞い方のルールを知り、また「留学生」のフン君を他の人がどのように見ているのかを知っていなければこのような役割を果たすことはできない。合コンのときのフン君は、留学生には、他の日本人の学生たちとは異なる、どんな役割がふさわしいのかを計算している。少なくとも、このエピソードにおいて、フン君は他の人々の目に映る自分を意識した上で、「留学生」役割を実行していると言えよう。日本で、オーバーに振る舞うことについて、フン君は次のように言っている。「わざわざB型のようにしようというのが……」。他人からB型のように見られることを楽しみ、もっとB型らしく見えるように「わざわざ」振る舞う。B型のフン君がどのように生まれたのかを考えると、そこには、フン君を「留学生」として、また「B型」としてみる日本人の友だちの眼差しが深く介在している。日本人の友だちからの視線を意識し、それに合わせて（または対抗して）自分を作っていく。このような実践の繰り返しという、Bambergたちの言うアイデンティティ・ワークがB型のフン君を作ったと言ってもいいのではないだろうか。

　しかし、フン君にとってA型のフン君とB型のフン君は同じような重さを持って存在しているわけではない。フン君がいみじくも、日本を「他人の家」と呼んだように、B型のフン君は、あくまでも「他人の家」の中でのフン君である。他人の家では、いつ追い出されるかわからない。日本語を話し、場を盛り上げ、オーバーにするB型のフン君には、

フン君を外国人と見る日本人の眼差しにさらされ続けているのではないだろうか。

6.4 ストーリーの中の自分らしさと日本語を話す「私」

> すぐれてコミュニケイションの諸連関である言語的交換＝言葉のやりとり（ènchanges linguistiques）もまた、象徴的権力の錯綜した連関の束であり、そこでは発話者ないし、発話者集団相互におのおの力関係（rapports de force）が発現するものだ、ということを忘れてはならない、ということである。 （ブルデュー 1993: 23）

以上、5人のストーリーとその考察を、JIN君とW君、朴さんとイ君、フン君の三つに分けて見てきた。JIN君とW君は、幼いころから「頭がよく」「勉強で一番を目指す」ために努力をするという彼ららしさを語っており、それを虹野大学でも実践するという共通点があった。イ君と朴さんは、韓国語のネットワークにおいて構築されるアイデンティティを「自分らしい」と感じており、日本語のネットワークにおいて構築されるアイデンティティを受け入れられずにいた。フン君は日本語のネットワークにおいて構築されるアイデンティティと、韓国語のネットワークで構築されるアイデンティティとが異なっていてもどちらも自分であるという両面を持った自分らしさを新たに作った。

ここでは、「何が日本語話者としての自己を決定しているのか」という問いに答えてみよう。

6.4.1　日本語が上手になると感じさせる環境について

5人のストーリーには、多くの共通点と相違点が見られたが、「どのようにして日本語が上手になったのですか」という私の質問に答えて、5人とも日本人の友だちとのネットワークでのエピソードを挙げたのは、彼らの言語上達観を見る上で非常に興味深い。

このように、5人が友だちとのネットワークについて語ったことは、朴さんのように、「外国語は体で覚えるものだ」と考えていたり、W君が大学生活の中で友だちと親しく付き合うことを期待していたりしていた

ことと無縁ではないだろう。彼らのストーリーは、言語学習や大学生活に関する（彼らと私の）マスターナラティブに大きく規定されているだろうことは否定できない。

　加えてW君とJIN君の日本語習得にとっては、友だちは日本語を試しに使ってみる相手というだけではなく、W君とJIN君が使った日本語を訂正／承認してくれる大きな意味を持つ存在だった。

　また、フン君と朴さんが、友だちのネットワークの中にいても、何が話されているのかわからない、話したくても話せないという状態から、どのようなことが話されているのかがわかり、その話に加わることができるようになったことは、友だちのネットワークの中にあって、何も話せない周辺的な参加から、徐々に十全な参加へ彼らの位置が移動していったことだと考えることできる。

　一方、イ君は、クラブに入っても友だちができない、気の合いそうな学科の友だちと付き合っているが、あまり楽しくなく、このネットワークに対する彼の投資は少ないという状況にある。それでも彼の日本語は「日常生活には支障がな」い程度には上達し、友だちの話はわからなくても教授の話はわかるぐらいになっている。それほどまでに上達したにもかかわらず、彼のストーリーには、「このような人に出会って上達した」または「自分でこのように工夫をして上達した」という具体的なエピソードに欠けている。イ君の話は、大学の中で、どのように単位を取っていったのか、退屈な時間をどのように過ごしたのかという話にはなっていても、日本語が上手になった話としては読めない。

　ネットワークの中で言葉をまね、使えるようになっていったW君とJIN君、話せない状態から話せるようになっていったフン君と朴さん、日本語が上達したにもかかわらず、ネットワークの中ではまだ日本語がわからないイ君。上達のストーリーを語るためには、ネットワークの中で相手が話していることがわかるようになる体験、また自分の話したことが通じる体験が、非常に重要な意味を持っていると考えられる。言い換えれば、友だちとのネットワークが韓国人留学生の日本語話者としての自己の形成に非常に重要な意味を持っていると考えることができるのではないか。

　Morita（2000）は、アメリカの大学において教室という場が日本人留学

生にとって「彼らの役割（role）や位置取り（position）を交渉する重要な場の一つだ」と述べているが、本研究の協力者にとっては、友だちとの関係が日本語話者としての自己を作るために非常に重要な役割を果たしている場の一つと考えられる。

6.4.2　日本語が上手になったネットワークの中で価値を持つ文化的資本

以上のように、友だちとのネットワークは、協力者が自分の日本語力の上達を実感するのに、非常に大きな役割を果たしていた。そこでは、協力者の文化的資本がネットワークの形成に、そしてネットワークにおける協力者の位置に大きな影響を及ぼしていた。

まず、虹野大学に入学し、新たな友だちネットワークを作らなければならなくなったとき、協力者は様々なことを試している。学科の飲み会に参加したり、いくつかのサークルに入ってみたりした。それらの試みの中でも、イ君が自分のコミュニケーションスタイルと似ているバラエティ系の子を友だちとして選択したり、JIN君がかつて習ったことがある体操を選んだりと、自分の過去の実践によって作られた文化的資本を自覚的にネットワーク作りに活用しようとしている場合もあった。

しかし、最初の選択だけでネットワークがうまく作られるわけではない。インタビューの中で語られ、そのおかげで日本語が上手になったと協力者が語ったネットワークには、日常的に彼らの文化的資本をうまく活用でき、それが継続を助けているという特徴があった。言及された文化的資本は韓国語や韓国についての知識に始まり、酒の飲み方や遊び方などの実践、留学生であること、運動能力、数学や物理などの知的能力、趣味に関する能力や知識など、非常に多岐に渡っていた。どの文化的資本が活用されるかは、そのネットワークで決定されるローカルなものであり、偶然的なものであった。

このような文化的資本は、彼らのネットワーク作りにどのような役割を果たしたのだろうか。虹野大学入学後、協力者は「日本語がわからない」という状況にあった。授業中の教師の言葉が聞き取れない、宿題やレポートについてのお知らせが聞き取れない、サークルで話しかけられても、何を言っているのかわからない、返答しようと思ってもできない状態だった。日本語という文化的資本においては、彼らは圧倒的にマイ

ノリティの位置に置かれていた。それでは日本語以外の文化的資本はどうだったのだろう。

　フン君のストーリーでは、韓国や韓国語に関する知識、数学や物理の能力が文化的資本としての力を発揮し、韓国語を学びたいA君や、授業で与えられた課題をいっしょにした友だちとのネットワークの中で、何かを話すに値する、逆に言えば「聞くに値する何かを話す」正統な話者としての位置をフン君に与えていた。

　このことは1人フン君だけに当てはまるのではない。多かれ少なかれ、イ君を除く、すべての協力者に当てはまる。

　朴さんは、同じ学科の友だちに、日本語で説明するのが難しく「しどろもどろ」になりながらでも、「自分が解ける問題」については、説明しなければならなかった。JIN君も体操部の練習の後やアルバイトで知り合った友だちに韓国のことを説明していた。さらに、W君は百科事典的知識が好きな友だちと話す中で、彼が幼いころから親しんできた百科事典から得た知識を披露した。このように、協力者が持っていた文化的資本は、彼らにそのネットワークに聞くに値するものを提供し、それが日本語を練習する機会ともなっていた。

　このようにネットワークの中で文化的資本が持つ価値の評定が行われ、戦略的であれ、無意識であれ、協力者たちはネットワーク内における自分の価値を確立していた。このことは、Norton (2000) の中で、Mai[17]の裁縫の技術やいくつかの言葉が話せること、Evaがヨーロッパ出身でいくつかの言葉が話せることなどの文化的資本をもとに、職場や家庭における自分の位置を向上させていったことと重なる。

　日本語という文化的資本では、他のネットワークのメンバーより劣っていたとしても韓国や韓国語に関する知識、物理や数学といった学科内で意味を持つ能力、ネットワークに提供できる話題などの文化的資本を持っていることによって、彼らの話は聞くに値する価値を持った話となり、ネットワークの中で話すチャンスを得たのだ。それがひいては彼らの日本語を上達させることにもなっていった。

　魅力のある文化的資本を持っていたのは、協力者だけではない。日本人の参加者も、協力者にとって魅力のある資本を提供してくれなければならない。

5人はそれぞれのやり方で友だちを作ったが、日本人の友だちといっしょに過ごすことによって、それぞれ得たものがあった。JIN君は体操部の友だちやアルバイトで知り合った友だちといっしょに遊ぶことによって、日本の事情を教えてもらったり、友だちの持っているネットワークに入ることによって、交友の輪を広げることができた。W君は、昼休みにいっしょにお昼ごはんを食べることによって、自分の好きな「百科事典的な知識」を日本語で話したり、聞いたりすることができた。朴さんは、自分が好きな運動をいっしょにしたり、酒を飲んだ。また、フン君はドライブし、騒ぎ、酒を飲み、合コンに参加し、旅行もし、いろいろな体験をすることができた。

　協力者が日本語が上手になったというネットワークでは、協力者は日本語を使う機会を得て、日本語の上達感を得ていたにとどまらず、運動を誰かといっしょにする場所、自分の趣味に合う話をする場所、酒を飲んで騒ぐ楽しい時間やレポートや宿題の助け、日本の事情を教えてもらうなど、協力者にとって価値を持つ何らかの提供を受けていたと言える。

　しかしながら、「勉強」という点から見ると、5人がネットワークから得ているものは異なる。フン君と朴さんは、1人ではできない試験勉強やレポートを友だちといっしょにし、自分がわからない問題は、友だちに教えてもらっていた。一方、JIN君、W君、イ君は友だちと勉強をいっしょにしようとはしていない。イ君は、ノートの提供を学科の友だちから受けていたが、彼の試験に対するストラテジーは過去問をすることであり、友だちから提供を受けたこのノートは彼にとっては、あまり価値を持たないものであった。フン君や朴さんの場合とは異なり、1人で問題が解けるイ君にとって、友だちといっしょに勉強することは、試験勉強の役には立たない。JIN君やW君の勉強ストラテジーも1人で勉強することであり、それはむしろ彼ららしさにつながる重要な実践でもあった。イ君、JIN君、W君の3人は、試験勉強を通じてネットワークを広げてはいない。

　つまり、このことから、ネットワークでは、協力者が何らかの文化的資本を提供するだけではなく、他の日本人の側からも何らかの文化的資本の提供がなければそのネットワークは広がらず、価値のある文化的資

本はネットワークによって異なるということができる。

　まとめると、フン君の項で見た互恵性とは、友だちネットワークでお互いが、お互いにとって価値のある文化的資本を提供できることであり、日本語だけを取り出した場合、周辺化されてしまう学習者が、その位置をはね返す力を文化的資本が与えている。それは、協力者と日本人学生の関係がより対等な関係に近づいたということを意味しているのだ[18]。

6.4.3　ネットワークの中で更新されるアイデンティティ

　ここまで私は、彼らの文化的資本を彼らが「持っている」ものとして論じてきた。しかし、果たして文化的資本は所有されるものなのだろうか。例として韓国・韓国語の知識について述べてみよう。

　JIN君は体操部の中だけでなく、アルバイトで知り合った友だちや、現在行っているアルバイトで、またフン君はA君との付き合いや合コンでの中で、韓国事情や韓国語について説明していた。これは、ネットワークの中で、彼らがいわば、外国人としての韓国人ポジションを与えられ、それを受け入れ、韓国のことを積極的に話したのだと言うことができるだろう。

　しかし、JIN君はアルバイトで知り合った韓国に興味のある友だちの、靖国問題などについての質問にも「全部教えてあげることはできない」からと「(首相などの靖国神社参拝は)悪いと思うよ」と非常にあいまいな答えにとどめている。フン君も同様に合コンでは、キムチや辛いものの話など当たり障りのない話題に終始している。あたかも日本人の神経を逆なでしない範囲の話をしているようである。

　これとは対照的に、イ君は彼が「留学生だから声をかけてくる」学生とは友だちになっていない。しかもイ君はネットワークの中で、日本が軍隊を大きくするために、北朝鮮を利用しているという話をする。武器を多く売るために紛争を起こしたいアメリカと日本はグルだという話をする。韓国のネットワークの中では、笑いを持って受け入れられる[19]話が、日本人ネットワークでは、「話にもならない」の一言で終わってしまう。

　ネットワークの中で使われた彼らの韓国・韓国語に関する文化的資本

は、日本人参加者に受け入れられる限りにおいて、価値を持つのであり、韓国に関することなら何でも受け入れられるというものではない。その意味で、イ君はネットワークの中で価値を持つ「外国人としての韓国人」という役割をどこかで拒否している。日本人参加者によって与えられる役割を壊している。一方でJIN君とフン君は、日本人参加者との関係を維持できる範囲の韓国人役割を受け入れている。韓国人という、彼らにとって自明なアイデンティティは、ネットワークの中ではそれまで彼らが生きてきた韓国社会の中での「韓国人アイデンティティ」とは全く別個のものとして構築されていることがわかる。

このことは「韓国人アイデンティティ」だけに当てはまるものではないだろう。数学や物理の能力、酒の飲み方、趣味、話題といったネットワークで有用だった文化的資本は、所与のものとしてあるのではなく、それぞれのネットワークの中で見出され、新たに価値づけされ、解釈される。言い直せば彼らのネットワークにおいて新たに価値づけられ、再解釈される「××である自分」をどのように受け入れるのか（それとも受け入れないのか）、あるいは、どのように自分を提示するのか（それともできないのか）という選択を、協力者たちは、日々迫られていると言えるだろう。しかも、ネットワーク内での文化的資本をめぐる駆け引きは、じゃんけんのような対等な関係の中で行われるのではなく、日本語／日本人／日本文化によって、すでにルールも地政学も決められた中での駆け引きなのだ。

6.4.4 将来の交渉

ネットワークの中で交渉されているのは、「現在××である私」だけではない。「過去××であった私」「未来に××である私」も同様に再構築されている。

イ君の話に戻ろう。イ君にとって政治の話をすることは、現在の彼の韓国人アイデンティティと結びつくだけではなく、「起業家になる」という彼の夢と結びつく大切な実践であることは特記に値するだろう。イ君は高校のときに起業家になるという夢を定めてから、政治の裏を読もうと努めてきた。なぜならニュースで流されることは、政治の一部であり、その裏の時流に乗らなければ、成功はできないからである。イ君が

日本人の学生と政治の話ができないということは、「起業家になろうと政治の裏を読んできた私」、「将来起業家になりたい私」でいられないということをも同時に意味しているのだ。イ君が日本人学生と互恵的なネットワークを作れなかった一つの理由は、日本人学生がイ君の将来の夢を共有できなかったからでもあった。つまり日本人学生とのネットワークでは、「将来起業家になる」という自分でいられなかったイ君は、そのネットワークに対する投資をやめたのだ。

　イ君だけでなく、5人が語ったネットワークでは、多かれ少なかれ、そのネットワークの中で、交渉され、（再）構築される将来の彼の姿がネットワークの形成の成否に影響を与えていた。朴さんがH君やM君とのネットワークに投資をしなくなったのは、朴さんが「アメリカで大学院に行く私」という自己を「運動したり酒を飲んだりして日本人と遊ぶ私」という自己に優先させたからであった。

　フン君の研究室のネットワークでは、先輩が就職した有名企業にフン君を引っ張ってくれるという話があるなど、どんな会社に就職できるのかという可能性が交渉されていた。将来、家族で外食できるぐらいの金を稼ぎたいと考えているフン君にとって、その誘いはどのくらい金を稼げるのかという将来の自分に結びつく。

　JIN君と指導教員のネットワークでは「研究で成功する私」というJIN君の自己を指導教員が否定した言える。この事件からしばらくたってから、JIN君は自分の勉強の仕方が悪かったのだと述べている[20]が、もし、そうだとすると、韓国での学業の成功にJIN君を導いてきたJIN君の「研究で成功する」という将来の自己とそのための方略は、指導教員とは共有できていなかったのだと言ってもいい。

　W君の場合も同様のことが言える。「自由に勉強しろ」という指導教員と、W君は勉強の仕方を共有していない。つまり、アカデミアでの成功という将来に対する道筋がW君と指導教員とでは異なっていたと言うことなのだ。

　もう一つ、ネットワークで交渉されているものは、現在と未来の自分だけではない。朴さんが日本語では冗談が言えないと嘆くとき、朴さんは高校や中学校で合コンを主催し、友だちを笑わせた遊び仲間のリーダーとしての自分ではいられないと嘆いていたのではないか。JIN君とW

君が指導教員と勉強の仕方をめぐって、問題があったとき、それまで彼らなりの勉強の仕方によって、小中高と韓国の学校の中で優等生であった彼ら自身が、虹野大学の研究の中では（再）構築できなかったということではないか。フン君が酒の飲み方をめぐって、研究室の先輩と気があったのは、韓国で友だちと酒をつぶれるまで飲んでいたフン君が（再）構築できたからではないか。イ君が日本のネットワークで政治の話ができないということは、高校のときから、「起業家を目指してがんばってきた私」ではいられなかったからではないか。

このようにネットワークでは、「かつて〇〇であった私」「今××である私」そして「将来△△である私」というアイデンティティが交渉され、（再）構築され、再解釈されていた[21]。ネットワークにおけるアイデンティティの（再）構築とは、過去と未来の両方向に向かうベクトルを持つものとして、理解しなければいけないだろう。

さらに、日本語のネットワークの中で（再）構築される「私」と、ライフストーリー的な「自分らしさ」との関係が、日本語を話す「私」を自分らしいと思えるのかどうかを決定していた。「起業する」ことがストーリーの中での大切な「彼らしさ」に結びついているがゆえに、イ君は日本語のネットワークのなかにいる自分を「自分らしい」とは感じられなかった。朴さんが日本語を話す自分を「自分らしい」と思えないのは、韓国語を話すときのように、「話を引っ張りながら話す自分」であることが、彼にとって、非常に大切な「自分らしさ」であったからだ。JIN君とW君は、日本語のネットワークの中でも、「一番を目指し」、「頭がよくな」ろうとし続けた。このように「自分らしさ」を守ることができたから、JIN君とW君は日本語を話す自分に対して、齟齬を感じなかったのではないか。フン君は、新しい「B型のフン君」を日本語のネットワークの中で作ったが、そのB型のフン君とライフストーリー的なフン君の「自分らしさ」とは、現在のところ葛藤が生じていと考えられる。日本語を話す「私」に対して自分らしいと思うかどうかは、ライフストーリー的な自分に照らし合わせたときの感情だと、ここでは結論しておきたい。

日本語でも韓国語でも同じ「自分らしさ」を維持しているように見えるJIN君とW君、日本語と韓国語の自己は異なり、韓国語の自己のみを

「本当の私」だと思う朴さんとイ君、日本語と韓国語の自己は異なっているが、両方とも「自分らしい」と感じるフン君。しかし、ライフストーリーも常に書き換えられ続けるものである。

「人間は成長や人生の過程で、新しいできごとや状況に接するたびに、新しいナラティブを獲得する必要があり、「自身の物語を新しく書き換える」必要がある」（斎藤・岸本 2003: 21）というナラティブ・セラピーの考え方に従うと、本研究で収録したストーリーとは、虹野大学において新たに構築された自分を「自分の物語り」に組み入れるために新たに作られたストーリーなのだ。

このようなアイデンティティの（再）構築と、それをどのようにライフストーリーの中に組み込むのかという葛藤は、第二言語を学ぶときだけに起こるのではないことは、細見（1999）の大学生のころの次の回想を見れば理解できよう。

> ぼくにとって大学という場は、端的にいって、膨大な「他者の言葉」の海だった。ただしそれは必ずしも、大学の授業や講義の言葉がぼくにとって難解で疎遠なものだったという意味ではない。ぼくを苦しめたのは、いくつかのサークルの言葉、もっといえば、さまざまな政治的セクト・宗教的セクトの独特の「言語」だったのだ。それらは、大学という言葉の海のなかで、いわばそれぞれが特有の語彙と論理からなる渦を作っていて、新入生を絶えずその渦のなかに引き込もうとしていた。（中略）いま仮にぼくの「アイデンティティ」と呼べるものがあるとすれば、少なくともその核はあの数年に生じた——あるいは、いまなおそこから生じている——という実感がぼくにはあるのだ。しかし、それを単純にぼくの「固有の自己」の出現ないし回復と呼ぶことはとうていできない。そこにはすでにいく重にも「他者性」が深くまとわりついているからだ。疑いもなくそこには、ぼく自身が他者の言葉によって徹底的に「翻訳」されるような経験があったし（しばしばそれはほとんど肉体的な苦痛をともなっていた）、またそれは同時に、ぼくが他者の言葉を「翻訳しかえす」経験でもあった。そうして成立した「自己」はもはや、本来の自己なのか他者なのか、ほとんど決定不能な姿を呈しているのだ——ちょう

どあの白い波頭が、そもそも水の微粒子の集まりなのか、大気の微粒子の集まりなのか、決定不能であるように。　　　　　（細見 1999: iv–v）

　細見は、このように新しい場に所属することによってアイデンティティが新たに価値づけられ、解釈されることを「翻訳」と呼んだ。この細見のケースと本研究の協力者の大きな違いは、協力者が虹野大学という場においてマイノリティであるということだ。ネットワークの他の参加者に比べて、圧倒的に日本語や日本についての知識という文化的資本が少ない中で、このように翻訳され、再構築される自分に投資するのか、しないのか。それは、ライフストーリー的な自己の一貫性をどのように図っていくのかということと無関係ではない。

　言葉を学ぶことは、本源的に他者のものであった言葉を、その歴史的・社会的重みとともに、自らのものとしていくことである（Hall, 1995）。一方、そのようにして学ばれた言葉によって、現実は「自明なもの」として私たちの前に立ち現れる。それは、その時々の自分の役割や自分の振る舞い方などを伴ったものである（野口 1999）。こう考えてみると、言葉の異なる「他者の世界」に入っていくということは、それまでの世界とは異なる自分の役割や振る舞い方、自分の位置などを学んでいくということに他ならない。協力者たちの試行錯誤に満ちたストーリーからわかるように、新たな自分の位置を学ぶこととは、無邪気に屈託なく行われるものではない。本研究の協力者たちの自分らしさとは、不断に交渉され続けるアイデンティティと、それに対するライフストーリー的な一貫性を保とうとする試みの中で現れているものなのではないだろうか。

注　[1]　子どもに漢字を教えるために用いられた長文の漢詩。「ハヌル（空）は天」から始まる。韓国では、現在でも漢字を覚えるために用いられる。

　　[2]　韓国では、進学率の高い中学、高校に進学するために引越しをも厭わない家庭が多かった。それを防ぐため、抽選によって行く中学、高校を割り振る「標準化」が行われる地域がある。W君の地域は標準化されていない。

[3]	韓国の高校では、高校1年生のときから受験のための勉強に重点がおかれるためか、日本の高校のように、活発にクラブ活動をしているところはあまりない。
[4]	90年代の韓国の高校生は、正規の授業終了後、教師の監督下で自律学習と呼ばれる自習に参加しなければならなかった。詳しくは大槻（1997）を参照のこと。
[5]	日本のセンター試験のような全国統一試験。各大学が実施する二次試験がある場合もあるが、実質的には、修能試験の結果が希望大学への合否を決定すると考えていい（有田 2006）。
[6]	いわゆるインターネットカフェ。
[7]	インタビューで使われた言葉のまま。筆者はW君の「対人関係」という言葉を聞き違え、「個人関係」と相槌を打っているが、会話はそのまま対人関係について進行している。
[8]	韓国には、「1人でもできるよ」という名前の幼児番組がある。
[9]	JIN君は、インタビュー時の使用言語は日本語だった。そのため、JIN君の言葉の引用はJIN君が話した言葉のままである。
[10]	KAIST（韓国科学技術院）は、韓国政府の肝入りで作られた一流研究者の養成を目的とした大学。1971年設立された韓国科学院（KAIS）が前身。現在は、4学部、8研究所、5関連教育センターからなっている。http://www.kaist.ac.kr/ 参照。KAISTの博士課程に進学すれば、兵役の義務を研究することで換えることができるなどの特権がある。
[11]	この先生との行き違いについて、JIN君はしばらく経ってから、次のように話している。「これからほんとになんか専門知識を身に付けながら研究がんばるぞって思って最初始めて、（中略）ただがんばるぞって（中略）勉強しながら先生から言われたことはやるけど自分で考えて新しいことやるのはあんまり考えなかったっていうのがありました。だから先生がちょっと僕のこと、こう何ていうかな、優秀な学生じゃなくて普通の。言ったことはするけど自分で新しいことしない子みたいな。（中略）優秀じゃない子が研究室に残っていると、先生も面倒くさいじゃないですか。（中略）そのときに自分でがんばって、いろいろ先生とディスカッションしながら自分から積極的に先生にいろいろ持って行って、こういう話をふってたりすると、あんなことは言われなかったと思うんですけど。それではなく、言われたことばっかりやってて、あんまり新しいことしなくて、アルバイトしているし、だから先生としては扱いにくい学生っていう」。その背景には、今まで受けてきた教育が関係あるかもしれない。「高校3年間までずっと今までまあ生きてきたときに、まあ受け入れ教育（教えられたことをそのまま受け取る暗記中心の教育）し

[12] てて、日本に来たときに、日本語の日本語をやるために、また受け入れ教育してたときに、そのまんま大学入ったときに、日本語がまた問題あって、その4年の間に、日本語の勉強しながら、あと、ま、日本語を習得するために、本を覚えたりばっかりしてて、創造する余裕がなかったっていうのがたぶんあった」。

[12] ロシアのヴィゴツキーらの影響を受けた研究は「社会文化理論」や「社会歴史理論」などと呼ばれる。Hall（1995, 1993）では、社会歴史理論という用語を用いていたが、Hall（2002）では、社会文化理論という用語に変えている。さらに、社会歴史理論という用語には、西洋中心で植民地主義的な意味が伴っているという指摘もある（Lantolf & Thorne, 2006: 2）ことから、本研究では、社会文化理論という用語を用いる。

[13] ここで私の名誉のために言っておきたいが、JIN君やW君の指導教員との誤解やコミュニケーションの齟齬の原因を、私は一方的にJIN君やW君が日本のやり方を習得していないからだと言いたいのではない。青木（1998）が述べているように、コミュニケーションが上手くいかない原因は、コミュニケーションに参加している人々全員にあるのであり、日本語を学んでいる外国人にのみ帰することはできない。指導教員には、留学生であるJIN君やW君が、日本の大学で自明視されている学び方や教師との付き合い方に不慣れである可能性に思いが至らなかったという問題があることを指摘できるだろう。

[14] さらに、朴さん研究室の先輩や助教授に対する観察は、「新参者の知恵」（Wenger, 1998: 216）として尊重されれば、共同体の活性化につながる可能性を持ったものである。しかし、朴さんはこの観察を研究室の中で、少なくとも先輩や教授には打ち明けることなく、「ある人になることを避ける」（Wenger, 1998: 215）ことを選んでいる。朴さんは、今までのところ、この研究室にそれほど深く関わっていない。朴さんの研究室には、朴さんのアイデンティティモデルという点からは、上達によって熟達者となることをむしろ拒むような力学が働いていると見ることができる。

[15] 聞き取り不明部分。

[16] 同様のことは朴さんのストーリーの中でも見受けられた。このことは後述する。

[17] 第2章で取り上げたEvaやKatarina、Feliciaと同様、Nortonの協力者の1人で、ベトナムからの移民。

[18] 留学生のソーシャルネットワークの研究において、エクイティという項目が挙げられることがある。たとえば田中（2000）では、エクイティを「頼り方の等しさ」（p.36）として説明されているが、本研

	究における互恵性とは、心理的に依存しているかどうかという自覚ではなく、ネットワークに提供できる文化的資本があるかどうかをさし、このエクイティとはまったく異なる概念である。
[19]	インタビューでは、このことは話されていなかったが、イ君が私に「日本が韓国を攻撃する」などの発言をし、同席した日韓プログラムの学生が、その発言に大笑いしたことが何回かあった。その笑いには、日本人である私に対して、そのような発言をするイ君を「困ったやつだ」と見る見方が含まれていたと思う。一方で、このような趣旨の考え方が韓国内で広がっていることも否めない。日本が韓国が強大になることを恐れ、韓国と北朝鮮の分断を望んでいるといった趣旨の発言は、私が韓国にいたときにも何回も聞いたことがある。
[20]	本章注11参照。
[21]	このように考えると、虹野大学が第一志望ではないものの、それなりに満足のいくランクづけの大学であったということは、今回のストーリーを理解する上で重要かもしれないが、本研究では十分に考察できなかった。

第7章 日本語教育への示唆

7.1 リサーチクエスチョンを振り返って

　日本語教育への示唆を考える前に、リサーチクエスチョンへの答えを確認しておこう。第5章で述べたように、本研究は以下の5つのリサーチクエスチョンから研究を出発した。

(1) 韓国人留学生が大学の中で日本語が上手になるということは、どのような体験として語られるのか。
(2) 韓国人留学生のライフストーリーの中では、どのような日本語話者としての「自分」が語られるのか。
(3) 韓国人留学生は日本語話者の「自分」を「自分らしい」と感じているのか。
(4) 何が日本語を話す「自分」への感情を決定しているのか、韓国人留学生のライフストーリーの中からわかることは何か。
(5) 韓国人留学生の中で、日本語を学ぼうとする人と、学びたくない人の違いはどこにあるのか。

　これらの質問に対して、5人の韓国人留学生へのインタビューから彼らのライフストーリーを再構成し、そこから彼らの日本人社会とのネットワークがどのように構築されているのか、それぞれのネットワークで(再)構築される彼らを、彼ら自身がどう感じているのか、「自分らしさ」をキーワードに考察を加えた。
　ここでリサーチクエスチョンへの答えを、前章の考察を踏まえてまと

めておきたい。

（1）今回の研究協力者は、日本語が上手になった軌跡を語る際に、交友関係の広がりや深まりを語った。このことは、私が知らず知らずに持っている自分の言語習得モデルや韓国社会の中に流布する言語習得モデルとも関わるかもしれないことは上述の通りである。しかし、これはモデルの有無に終始する問題ではなく、彼らにとって、日本語を使った交友関係があったということが、とにもかくにも日本社会の中に居場所を見つけたことの象徴であったのではないかとも思える（範2007）。本研究では、交友関係を「話す機会が増える場所」という位置づけしかできなかった。それは、直接交友関係を観察する機会がなかったからでもあるし、そこにリサーチクエスチョンがなかったからなのであるが、日本語上達につながるようなネットワーク（あるいは、コミュニティ）の存在することの意味を考えることは今後の課題としたい。

（2）本書のライフストーリーの中には、様々な「自分」が語られていた。W君を例として考えると、目標を目指して一心不乱に勉強する自分、途中で精神的につらくなってしまった自分、教授の態度に憤懣している自分。日本語を使った場面で生まれた複数のW君が、日本語を使う「自分」として考えられるだろう。これら様々な自分を一口でまとめてしまうことはできない。ライフストーリーとはまさに、様々な自分をつなげて作られるものなのだ。

（3）日本語を話す自分を自分らしいと感じるパターンに二つあることがわかったことは大きな収穫であった。まず、W君やJIN君のように、韓国語の自分と日本語の自分は同じだが、どちらも自分らしいと考えるパターン、もう一つは、フン君のように、韓国語の自分と日本語の自分は異なるが、どちらも自分らしいと考えるパターンである。

もちろん、どちらのパターンが望ましいと言えないし、それが永続しているわけでもない。どちらの「自分らしさ」もインタビューを行い、ライフストーリーを書いた時点で現れた自分らしさだからだ。

それでも、フン君のパターンは、母国と同じ「自分らしさ」を持ち続けることが日本語を話す自分を肯定的な感情を持つ絶対条件ではないということを教えてくれている。このことは、後に述べる「日本語を話す自分」を育てるという日本語教育のテーマにもつながる。

(4) 第2章で本研究の枠組みを設定したとおり、日本語を話す「自分」への感情は、「いま－ここ」において（再）構築されるアイデンティティに対する、その人の自分史的な評価であった。朴さんやイ君に見たとおり、日本語の世界での自分を韓国語の世界での自分の姿に比べてみたとき、その落差に驚き、日本語の世界の自分に否定的な感情を抱くことがあった。

(5) 5人はそれぞれ虹野大学の中で、友だちを作り、学業を修めようと努力していた。それは5人に共通するものである。日本語の自分を否定的に見ていた朴さんとイ君の場合も、日本語を学びたくないわけではなかった。しかし、2人とも「なりたい自分」にどうやったらなれるのか、努力の方法が見つけられなかったし、虹野大学が援助の手を差し伸べることもなかった。特に朴さんの場合、彼の英語圏に行きたいという将来の夢が日本語への投資をさらに縮小させていた。加えて、日本人の友人とのネットワークの中で、「言語学習者」としての位置に甘んじられるのかどうかも、意欲を決定していた。

以上のことを振り返ってまとめてみれば、韓国語を話す自分と日本語を話す自分に対して、5人は5人なりの認識を持っていたが、それらは日本語が圧倒的な力を持つ虹野大学のネットワークで新たに構築される「自分」をライフストーリーの中でどこに位置づけるのか、という問題と重なるものであったと言ってもいい。つまり、韓国・韓国語に関する文化的資本に典型的に見られたように、虹野大学における日本人ネットワークの中で、各人の文化的資本や彼らの位置は、韓国人のネットワークにおけるそれとは全く異なって評価されていたのである。このように異なって評価される自分をどのように受け入れるのか、またどのように日本人ネットワークの中で提示していくのかという問題は、まさしく政治的駆け引きであり、彼らのネットワークに対する投資を決定し、ひいてはネットワークの形成に成功するかどうかを決定していた。

異なって評価され、交渉されていたのは、文化的資本だけではない。ネットワークにおいては、過去、現在、未来の「自分」（つまり、アイデンティティ）が交渉されていたということができる。繰り返しになるが、韓国語の社会の中でこうであると思っている自分の姿が、日本語の社会の中では全く異なって映ってしまう。それは自分に起こった「事件」だと

言ってもいいだろう。この事件をどのように引き受けるのか、ライフストーリーに見られた日本語を話す自分に対する三つの異なる認識は、まさに、この事件をライフストーリーの中に統合する三つのタイプだと言ってもいいのかもしれない。

　ごく簡潔に要約すれば、以上のようになる本書であるが、果たして本書の最初の問いに答えることはできたのだろうか。

　本書の出発点は、単純に日本語学習体験というライフストーリーを聞くことだった。そのことは、インタビューを通して5人のストーリーを書き、本書を書くことを通してある程度は達成されたと思われる。

　しかし、本書の成果はそれだけではないだろう。日本語を話す自分に対する感情とは、もともと彼らが持っていたものでも、全く新たに一から作り出されたものでもなく、日本語のネットワークの中で（再）構築された彼らと、彼らのそれまで、これからが絡み合いながら編み出されたものだ。ライフストーリーとは、現在の私から見た「私の現在」につながるように編み直された、その時々に（再）構築されてきた数々の「私」についての物語なのだから。

　「はじめに」でも述べたように、日本語を話す自分を「自分らしい」と思うかどうかは、理論的には、母語を話す「私」と日本語を話す「私」は同じだが、両方とも「自分らしくない」場合、母語を話す「私」と日本語を話す「私」とは異なっているが、母語を話す「私」が自分らしくなく、日本語を話す「私」が自分らしいという場合、また両方とも自分らしくないと思う場合、があるだろうと思われる。しかし、本研究では、そのようなストーリーには出会わなかった。これらの追求は今後の課題としたい。

7.2　日本語教育への示唆——「日本語を使う私」を育てる

　日本において日本語を学び、日本で留学生活を送るということは、前節で繰り返したように、今までとは異なって構築される自分にどう対処していくのかという問題をはらんだ体験であった。

　Morita（2004）には、「英語が上手ではない私」を受け入れることで、ディスカッションが行われる授業における自分をより肯定的に受け入れら

れるようになった日本人留学生の話が載っている。しかし、私は、留学生や学習者が新たに構築される「私」を受け入れたほうがよいという結論は導き出せない。新たに構築される「私」を認めるということは、場合によっては周辺（縁）化される「私」を認めることでもあるからである。水村（1998）が「英語の正統な継承者ではない私」を認められなかったように、日本語の社会の中で、新しく（再）構築される私を、自分らしいと受け入れるのか、それとも拒絶するのかという問題は、その人の人生の問題でもある。日本語を話す自分を「自分らしい」と肯定的に評価することは、とりあえず、今のところ、今の自分に納得しているという程度の評価と考えるべきかもしれない。

　それでは、日本語教育にできることは、何もないのだろうか。

　ここで私は二つのことを述べたい。まず、学習者の言葉に耳を傾けることの大切さだ。協力者のストーリーを思い出したとき、彼らが日本人に魅力的な文化的資本を提示できるまで、彼らの話す日本語は、聞き手を持つことはなかった。そのことは、彼らの日本語の上達を妨げ、日本語を話す自分に対して肯定的な気持ちを持つことも妨げていた。

　教師とは、学習者がどのような文化的資本を持っていようとそれに関わりなく、彼らの言葉に耳を傾け、聞くことを仕事とする人であると私は考えたい。教室の外で、ひょっとしたら聞き手を持たないかもしれない彼らの日本語が、教室の中では少なくとも教師、クラスメートという聞き手を持つ。そのことは、実は、非常に貴重なことなのではないか。韓国語を話す「私」に、私が肯定的な感情を抱ける理由は、私の拙い韓国語を聞いてくれる多くの「教師」がいてくれたからではないか。多くの日本語教師が、またはボランティアが、いろいろな教室で、すでに実行しているだろう。しかし、その重要性はそれほど大きく認識されていないと思う。教室の中で、学習者とともに話し、悲しみ、怒り、笑うことの大切さは再認識される必要があるだろう。

　第二に学習者自身が「日本語を話す私」を育てるということだ。ここでは、日本国内で行われている日本語教育を一括りにして論じるのではなく、今回の研究協力者に関わりが深い、大学予備教育の日本語教育、および大学学部教育の日本語教育を対象に考察していきたい。

　大学生に対する日本語教育の中に、レポートを書いたり、発表したり

といったアカデミック・スキルが本格的に導入されるようになったのは、2000年の日本留学試験導入前後だろう。それ以前にも専門日本語研究会での活動や、大学生のための日本語発表スキルの教科書など、大学で学ぶ学生に特化した日本語学習のあり方を示している教科書はあったが、カリキュラム全体がアカデミック・スキルを中心に組まれるようになったのは、大学生特有のニーズに目が向けられるようになったこの時期からだろうと考える。

　これらアカデミック・スキルの導入は、大学という場には固有の日本語のニーズが存在していることが広く認識され、それを教授するためのコンテンツが揃ったことによって、初めて可能であった。現在も多くの大学、予備教育機関でアカデミック・スキル教育が行われている。

　しかし、このアカデミック・スキル一本槍では、協力者が感じていたように「なりたい自分」に日本語でなることはできない。朴さんが冗談が言いたかったように、イ君が起業の話がしたかったように、大学生という属性や所属学部に基づいた教師の事前のニーズ分析などでは到底カバーしきれないほど、彼らが日本語でこうありたいと思っている世界は広い。

　これは、学部生が属したい世界の広さと、モラトリアムを生きる学部生の生活が様々な活動に彩られていることを反映しているからだろう。友だちとの付き合いやクラブ活動を通じた様々な体験、親からの独立、進路選択、様々な課題を抱えながら、彼らは日本語を使って生き、日本という社会の中で自らを（再）構築している。

　ならば、大学生に必要な日本語をアカデミック・スキルに限定してしまうのは狭隘であろうし、避けなければならない。アカデミック・スキルと同時に、彼らが日本語でやってみたいこと、日本語でどんな自分でいたいのか考えること、そしてそのために努力すること。学部留学生自らが「なりたい自分」を創造し、追求する後押しを日本語教育がしようとする、つまり、学習者が自分で「日本語を話す私」を育てるのだ。「日本語を話す私」を学習者が自分で育てる（育てようとする）ことこそ、学部留学生やその予備教育での教育目標として掲げたい。

　具体的な方途は、自律的学習の方法から多くを学べるのではないか。セルフ・アクセス・センター[1]を使ったり、チュートリアル・セッショ

ン[2]で将来の自分の姿を思い描きながら学ぶこともできるだろう。また、ポートフォリオで自分の軌跡を振り返ることもできるだろう。自分で自分を育てようとしている学習者に教師はどのような存在であるべきなのか。私にはその答えを提示することはできないが、一つ一つの現場で学習者に向き合うしかないのだろう。

注 [1] セルフ・アクセス・センターとは、学習に必要なリソースに自由にアクセスできる場（青木 2010）である。
 [2] チュートリアル・セッション（個別学習）を使った実践は、いくつかの報告例がある（齊藤・松下 2004; 桜美林大学日本語プログラム「グループさくら」2007; 清水・小林 2010; 中山 2012）。

付録

어떻게 일본어를 공부 하셨나요?
일본어 학습체험담을 이야기해주실 분을 찾고 있습니다.
안녕하세요.

저는 문학부박사과정에서 일본어 교육을 연구하고 있는 나까야마라고 합니다. 저는 현재 일본어 강사를 하면서, 한국분들이 어떻게 일본어를 공부하시는지, 또 일본에 와서 어떤 경험을 하고 계신지 알고 싶습니다.

이번에 박사학위 논문을 쓰기위해 일본어 학습경험이나 그것에 관한 체험을 이야기 해 주실 분을 찾고 있습니다. 인터뷰 형식이지만, 자유스럽게 이야기 하실수있고, 어떠한 내용이라도 괜찮습니다. 인터뷰는 녹음을 하지만 연구목적 이외에는 사용하지 않고, 물론 프라이버시도 지켜드립니다. 인터뷰는 일본어, 한국어 어느쪽이라도 가능합니다.

이것을 보시고 흥미를 가지신 분은 6월말까지 저에게 연락을 주시면 감사하겠습니다.

akknkym@hotmail.com（한국어）
akknkym2002@yahoo.co.jp（일본어）
文学部博士課程1年中山亜紀子

あなたは、どうやって日本語を学びましたか？
日本語学習体験談を話してくれる方を探しています。

私は、文学部の博士課程で日本語教育を研究している中山といいます。

私は、日本語教師をしながら、韓国人の学生がどのように日本語を学んでいるか、どんな体験をしているか、興味を持っていました。

今回、博士論文のために、日本語学習経験とそれに関するエピソードなどを話してくださる韓国人の方を探しています。インタビュー形式ですが、自由にお話いただけます。またどんな内容でもかまいません。インタビューは録音されますが、研究以外の目的で使われることはなく、またプライバシーも守られます。インタビューは日本語でも韓国語でも結構です。

これをみて、興味をもたれた方、6月末までに、私まで連絡してください。

akknkym@hotmail.com（韓国語）

おわりに

　私が初めてアメリカに行ってから、10年以上たった。私は相変わらず英語を話す自分は好きではないけれど、英語を話す自分に対して、またなぜそのように感じるのかについても、以前とは非常に異なって感じている。

　一番大きな理由は、博士論文執筆の過程で、韓国人の学生たちにインタビューをし、なぜ彼らが日本語を話す自分に対して「自分らしい」とか「自分らしくない」とか思うのかについて、考察をしたことだろう。博士論文の「おわりに」に私は次のような文を載せている。長文になるが、引用しよう。

　　25歳のときの私の決断にけりをつけるのに、こんなに長い間かかるなんて。博士論文を書き終えて、これが一番率直な感想だ。
　　長い間、「私の物語」が書けないままでいた。調査を始める前、何度か自分のストーリーを書いてみようとした。でも、途中から涙が出て止まらず、結局は書けないままだった。あのときの私には、韓国体験が鮮明すぎたのだろうか。思い出そうとすると、最初に飛行場に着いた日の天気、最初に見た寄宿舎のカーペットの色まで浮かんできた。学生の顔、同僚の先生の顔、カヤグムの先生、助教として私を助けてくれた女の子たち。M洞の込み入った家々、いつも渋滞するロータリー、急に悲しくなって車を飛ばした高速。サンジョウを口ずさみながらドライブしたカヤグム教室への道。今は見る影もなく人気が少なくなったという繁華街。あの道、あの店、あの山、あの木、あの空気。あまりにも多くのことがフラッシュバックされてきて、どうしてもストーリーにならなかった。

ライフストーリーとは、語られた出来事を時間軸に並べなおして作ったストーリーのことというのは、この研究で使ったライフストーリーの定義だ。でも、言語化できない過去がどれほど多いことか、ストーリー化できない過去がどれほどあるのか。韓国語を話す「私」は、韓国語に接するたびに私の中にあったと思う。でも、それはストーリーとしては言語化できないものだった。「語りえないもの」というものの重みを、私は自分の身をもって知ったとでも言おうか。

　それが、どのようにして「私の物語」が書けるようになったのか。
　私は、5人の協力者に感謝するしかないのである。彼らにインタビューに付き合ってもらい、ストーリーを書き、書き直し、考察をする。そこには紆余曲折が多々あった。書けなくなると、インタビューやストーリーに立ち返り、自分のストーリーを思ってみたり、理由もなく協力者に会ってお茶を飲んだり、雑談をしたりしていく中で、「どうしてあの人は、こう言ったのだろう」という疑問がふいに湧いてきたりした。その問いについて思いをめぐらせるうちに、別の協力者の言葉が浮かび上がり、私自身が見過ごしてきたものに気づかせられたりすることも多かった。私の中では、協力者5人の声がコラボレーションしているように思われることもしばしばあった。彼らのストーリーとそれらについての考察が書けたとき、私は自分のストーリーも書けるようになったのだ。彼ら一人一人が語ったことが、一人一人の重みを持ったまま、コラボレーションして立ち現れる。それに私の体験が映し出される。私にとって考察を書くとはそのような体験だった。

　「語れる」ということは、ある種、過去の体験に「けりをつける」ことになるのだろう。私は自分の物語が書けるようになってから、あのもやもやしたわだかまりから少し自由になったのだ。

　博士論文で使った「文化資本」という概念、ライフストーリーへの解釈を通して現れる「自分らしさ」、そして「いま－ここ」で交渉されるアイデンティティと「ライフストーリー的自分らしさ」の掛け算として現れる「好き」「嫌い」の感覚。このような道具を使うことで、私はやっと

「韓国語を話す私」と「英語を話す私」の成り立ち、つまり、それぞれの私に対して長年感じてきたわだかまりが、個人の誰かのせいではないということを理解したのだ。

博士論文を提出してからも、何回かアメリカを訪れる機会があった。お義父さんは、難しい病気にかかってしまって、西部にいる主人の弟の近くに引っ越しをした。そのおかげもあって、私たち家族は、何度かアメリカの西部に行くことになったが、そこがどれほどあの町と違っていたことか。空が青く、季節も違う、人々の話し方、私への接し方、視線一つが東部とは違って、私には心地よかった。もし、主人の実家が西部にあったら、私のアメリカへの印象や英語を話す自分への印象もずいぶん違ったものになっていただろうと思うようになった。

お義父さんが亡くなったとき、お別れ会は、西部ではなく、お義父さんとお義母さんが長く住み、友人も多かったあの町ですることになった。

そのお別れ会には、夫の家族が、家族ぐるみで付き合っていた人々が数多く参加していた。私が知っている人も、何かのパーティーで顔だけ見たことのある人もいた。

多くの人が参加してくれたお別れ会の後、refreshmentが用意され、人々は再会を喜び、昔話に花を咲かせていた。しかし、手配するのを忘れたのだろう、その場にはカメラマンがいなかった。私は、写真を撮るのが特に好きというわけではないが、写真を撮り始めた。

パチッ、パチッ。人々にカメラを向け「Smile」と叫ぶ。こっちを向いてくれる人も、そのまま話し続ける人もいたが、私は、その場に十分に参加している気分になった。

もし、このまま長くアメリカに住むことになったら……。私は自分が話したいと思う人々と話せるようになっていたのだろうか。話せなくとも、自分のコミュニケーションの手段を見つけられたのだろうか。

言語学習の成功とはなんだろう。現在、日本に住む外国人は外国人登録されている人だけで200万人以上いると言われている。彼らが日本で幸せに暮らせることを願っている。

本研究は、多くの人たちのご協力によっている。

まず、者のW君、JIN君、朴さん、イ君、フン君。彼らがいなければ

おわりに

233

この研究はなかった。いつまでも付きまとってくるかつての「日本語の先生」をうるさく思いながらも、付き合ってくれたのだろうと思う。「先生は何が知りたいのですか？」と、こちらの意図を確かめながら答えようとしてくれたW君、インタビューなどどこへやら、いつの間にか恋愛談義になっていたJIN君、会えばいつもどこかから携帯に電話がかかってきた朴さん、「先生のせいで僕の日本語は上手じゃないんだ」と私をからかい続けた（もしかして本気？）イ君、「博士論文に自分の名前が載るなんて、かっこいい」となかなか仮名を作ってくれなかったフン君。「先生の日本語、どこか変」と言ってくれたのもフン君だった。
　彼らが自分の貴重な時間をさいて私に付き合ってくれたことに心からお礼を言いたい。本当にどうもありがとう。それだけではなく、私に考察させてくれたこと、このことも本当にありがとう。
　彼らは、虹野大学やアメリカの大学で修士課程や博士課程を終え、現在それぞれの仕事を得て、日本、韓国、アメリカで働いている。彼らにとって、日本留学とは何だったのか、いつか機会があったら聞いてみたい。
　また、本研究には残念ながら使えなかったが、インタビューに応じてくださった3人の大学院生の研究協力者の方々にもお礼を言いたい。さらに、研究協力者を得たいという私の下心を知りながら、日本語のボランティアをさせてくださった自習室にも感謝している。どうもありがとうございました。
　本書の元となった博士論文の指導をしてくださった青木直子先生のご指導と青木ゼミの仲間の励ましにも感謝したい。私自身の言語学習体験というもやもやとした塊を抱えて彷徨っていた私に、研究になりうる道を示してくださった。
　一人一人お名前を挙げるのは控えさせていただくが、しっかりとした覚悟もなく始まった私の日本語教師としての「成長」を見守り、助けてくださったかつての職場の同僚の先生方、そして、学生のみなさんにもお礼を言いたい。時に脱線し、いっしょに大笑いした時間がなければ、日本語教師の仕事を続けることはできなかっただろう。
　私に議論することの楽しさを教え、同時に真摯な姿勢で研究に打ち込む厳しさを身をもって示してくださった学部、修士時代の恩師、廣田昌

希先生と杉原達先生がいらっしゃらなかったら、私はそもそも研究したいという気持ちにさえならなかったに違いない。特に、廣田先生が韓国に行く私にくださった「人間はいくつになっても、新しいことに挑戦できるよ」という言葉は、修士を出て、何年もたってから本格的な研究を再開したいと思ったときに、私の支えとなり、背中を押してくれた。ありがとうございました。

　出版を引き受けてくださったココ出版の吉峰さんと田中さんにお礼を言いたい。出版業界冬の時代に入ってからすでに長く、もちろん学術書の出版は儲けになるものではない。しかし、お二人が「出しましょう」と言ってくださって、本当にうれしかった。何より、日本語教育業界の中で、次々と新しい企画を立ち上げ、業界改革の牽引車にもなっている出版社で私の論文が出せるなんて。光栄に思っている。

　最後に夫にもお礼を言いたい。そもそも彼と出会わなければこのテーマにさえ出会えなかったのだから……。

参考文献

青木直子他（1998）「第二言語話者と第一言語話者とのやりとりにおける理解達成のプロセス」『就労を目的として滞在する外国人の日本語習得過程と習得にかかわる要因の多角的研究』（研究代表者土岐哲　平成6年～平成8年度科学研究費補助金（基盤研究（A））研究成果報告書）pp.80–123.

青木直子（2001）「教師の役割」青木直子・尾崎明人・土岐哲（編）『日本語教育学を学ぶ人のために』pp.182–197.　世界思想社

青木直子（2008）「日本語を学ぶ人たちのオートノミーを守るために」『日本語教育』138, pp.33–42.

青木直子（2010）「学習者オートノミー、自己主導型学習、日本語ポートフォリオ、アドバイジング、セルフ・アクセス」『日本語教育通信』38　https://www.jpf.go.jp/j/project/japanese/teach/tsushin/reserch/201003.html

青柳悦子（2001）「複数性と文学―移植型〈境界児〉リービ英雄と水村美苗にみる文学の渇望」『筑波大学言語文化論集』56, pp.1–29.

浅野智彦（2001）『自己への物語論的接近―家族療法から社会学へ』勁草書房

アンサルドゥーア，グロリア（1996）「野生の舌を飼い馴らすには」『世界文学のフロンティア1　旅のはざま』（管啓次郎訳）pp.132–209.　岩波書店

有田伸（2006）『韓国の教育と社会階層―「学歴社会」への実証的アプローチ』東京大学出版会

李良枝（1985）『刻』講談社

李良枝（1989）『由煕』講談社

井上孝代（2001）『留学生の異文化間心理学―文化受容と援助の視点から』玉川大学出版部

岩男寿美子・萩原滋（1988）『日本で学ぶ留学生―社会心理学的分析』勁草書房

内海由美子・吉野文（1999）「短期留学生の日本語実際使用場面の実態と分析―ネットワークの観点から」『千葉大学留学生センター紀要』5, pp.30–55.

江口重幸（2000）「病いの語りと人生の変容―「慢性分裂病」への臨床民族誌的アプローチ」やまだようこ（編著）『人生を物語る―生成のライフストーリー』pp.39–72.　ミネルヴァ書房

エプストン，デイビッド・ホワイト，マイケル（1997）「書きかえ療法―人生というストーリーの再著述」S. マクナミー・K. J. ガーゲン（編）『ナラティヴ・セラピー―社会構成主義の実践』（野口裕二・野村直樹訳）pp.139–182.　金剛出版

桜美林大学日本語プログラム「グループさくら」（2007）『自律を目

指すことばの学習―さくら先生のチュートリアル』凡人社

大塚良貴（2003）「物語ることと読むこと―ポール・リクールにおける歴史の物語り論」『思想』954, pp.37–53.

大槻健（1997）『韓国の子どもと教育』あゆみ出版

岡真理（2000）『彼女の「正しい」名前とは何か―第三世界フェミニズムの思想』青土社

オックスフォード，レベッカ（1994）『言語学習ストラテジー―外国語教師が知っておかなければならないこと』（宍戸通庸・伴紀子訳）凡人社

ガーゲン，ケネス（1998）『もう一つの社会心理学―社会行動学の転換に向けて』（杉万俊夫・矢守克也・渥美公秀監訳）ナカニシヤ出版

ガーゲン，ケネス（2004a）『社会構成主義の理論と実践―関係性が現実をつくる』（永田素彦・深尾誠訳）ナカニシヤ出版

ガーゲン，ケネス（2004b）『あなたへの社会構成主義』（東村知子訳）ナカニシヤ出版

ガーゲン，ケネス・ケイ，ジョン（1997）「ナラティブ・モデルを超えて」S. マクナミー・K. J. ガーゲン（編）『ナラティブ・セラピー―社会構成主義の実践』（野口祐二・野村直樹訳）pp.183–218. 金剛出版

葛西賢太（2007）『断酒が作り出す共同体―アルコール依存からの回復を信じる人々』世界思想社

川嶋恵子（2006）「地域日本語ボランティアに求められる力量」『待兼山論叢　日本学篇』40, pp.37–54.

菅啓次郎（1994）「トロピカルゴシップ」『ヘルメス』5, pp.53–59.

川上郁雄（2000）「転換期の日本語教育」『宮城教育大学紀要』35, pp.1–19.

木村敏（1988）『あいだ』弘文堂

クリフォード，ジェイムズ・マーカス，ジョージ（1996）『文化を書く』（春日直樹・和邇悦子他訳）紀伊國屋書店

小森康永（1992）「訳者あとがき（新版）」ホワイト，マイケル・エプストン，デビッド（著）『物語としての家族』（小森康永訳）pp.271–281.　金剛出版

小森陽一（2000）『小森陽一、ニホン語に出会う』大修館書店

ギアーツ，クリフォード（1991）『ローカル・ノレッジ』（梶原景昭・小泉潤二他訳）岩波書店

ギデンス，アンソニー（2005）『モダニティと自己アイデンティティ―後期近代における自己と社会』（秋吉美都・安藤太郎・筒井淳也訳）ハーベスト社

倉地曉美（1992）『対話からの異文化理解』勁草書房

斎藤清二・岸本寛史（2003）『ナラティブ・ベイスト・メディスンの実践』金剛出版

齋藤伸子・松下達彦（2004）「自律学習を基盤としたチュートリアル授業―学部留学生対象の日本語クラスにおける実践」『Obirin Today』4, pp.19–34.

桜井厚（2002）『インタビューの社会学―ライフストーリーの聞き方』せりか書房

桜井厚（2005a）「ライフストーリーからみた社会」山田富秋（編著）『ライフストーリーの社会学』pp.10–27. 北樹出版

桜井厚（2005b）「ライフストーリー・インタビューをはじめる」桜井厚・小林多寿子（編著）『ライフストーリー・インタビュー―質的研究入門』pp.11–53. せりか書房

塩﨑紀子（2000）「日本語教育という装置」栗原彬・小森陽一・佐藤学・吉見俊哉（編）『越境する知4 装置―壊し築く』pp.243–263. 東京大学出版会

篠田潤子（2006）「引退後のプロ野球選手にみる自己物語―プロ野球選手役割に執着しないための語り」『質的心理学研究』5, pp.217–234.

清水順子・小林浩明（2010）「自律学習を目指した読解授業試案―チュートリアルとピア・リーディングの応用」『北九州市立大学国際論集』8, pp.53–62.

千田友紀（2001）「構築主義の系譜学」上野千鶴子（編）『構築主義とは何か』pp.1–41. 勁草書房

ゾペティ，デビット（1997）『いちげんさん』集英社

ソーヤーりえこ（2006a）「社会的実践としての学習―状況的学習論概観」上野直樹・ソーヤーりえこ（編著）『文化と状況的学習―実践、言語、人工物へのアクセスのデザイン』pp.40–88. 凡人社

ソーヤーりえこ（2006b）「理系研究室における装置へのアクセスの社会的組織化」上野直樹・ソーヤーりえこ（編著）『文化と状況的学習―実践、言語、人工物へのアクセスのデザイン』pp.91–124. 凡人社

高木光太郎（1999）「正統的周辺参加論におけるアイデンティティ構築概念の拡張―実践的共同体間移動を視野に入れた学習論のために」『東京学芸大学海外子女教育センター紀要』10, pp.1–14.

高木光太郎（2001）「移動と学習―ヴィゴツキー理論の射程」茂呂雄二（編）『実践のエスノグラフィ』pp.96–128. 金子書房

田垣正晋（2006）「障害の意味の長期的変化と短期的変化の比較研究―脊髄損傷者のライフストーリーより」『質的心理学研究』5,

pp.70–98.

田中共子（2000）『留学生のソーシャル・ネットワークとソーシャル・スキル』ナカニシヤ出版

田中雅一（2002）「主体からエージェントのコミュニティへ―日常的実践への視覚」田辺繁治・松田素二（編著）『日常的実践のエスノグラフィ』pp.337–360. 世界思想社

谷口すみ子（2005）「ナラティブを通して見た言語・文化間移動の意味―複数の言語を持つ書き手になる過程」国際研究集会『ことば・文化・社会の社会言語教育』プロシーディング　2005年9月17日　於早稲田大学

谷口すみ子・三代純平（2015）「往復書簡1」三代純平（編）『日本語教育学としてのライフストーリー―語りを聞き、書くということ』pp.163–167. くろしお出版

津田塾大学言語文化研究所言語学習の個別性研究グループ（編）（2006）『第二言語学習と個別性―ことばを学ぶ一人ひとりを理解する』春風社

當眞千賀子（2002）「問題系としての実践コミュニティ―アメリカの小学校のなかの日本人」田辺繁治・松田素二（編著）『日常的実践のエスノグラフィ―語り・コミュニティ・アイデンティティ』pp.118–141. 世界思想社

トムプソン, ポール（2002）『記憶から歴史へ―オーラル・ヒストリーの世界』（酒井順子訳）青木書店

中山亜紀子（2007）「韓国人留学生のライフストーリーから見た日本人学生との社会的ネットワークの特徴―「自分らしさ」という視点から」『阪大日本語研究』19, pp.97–127.

中山亜紀子（2011）「「由熙」を読む―第二言語教育との関わりから」『佐賀大学留学生センター紀要』10, pp.17–28.

中山亜紀子（2012）「個別学習（チュートリアル）を組み込んだ教養教育日本語授業―留学生の多様化に対応するために」『第60回九州地区大学一般教養研究協議会議事録』pp.58–64.

永見昌紀（2005）「協働学習を理解する」西口光一（編著）『文化と歴史の中の学習と学習者―日本語教育における社会文化的パースペクティブ』pp.80–101. 凡人社

西口光一（1999）「状況的学習論から見た日本語教育」『多文化社会と留学生交流』3, pp.1–15.

西田朋美（2007）「日本語教師をやめない理由―Narrative Inquiryによる二人の教師の自己理解」大阪大学大学院文学研究科修士論文（未刊行）

西田ひろ子（2000）『人間行動原理に基づいた異文化間コミュニケー

ション』創元社
日本語教育学会（1996）『国内の日本語教育ネットワーク作りに関する調査研究―中間報告書』平成7年度文化庁日本語教育研究委嘱
日本語教育学会（1997）『国内の日本語教育ネットワーク作りに関する調査研究―最終報告書』平成8年度文化庁日本語教育研究委嘱
野家啓一（2003）「物語り行為による世界制作」『思想』954, pp.54–72.
能智正博（編）（2006）『〈語り〉と出会う―質的研究の新たな展開に向けて』ミネルヴァ書房
野口裕二（1999）「社会構成主義という視点―バーガー＆ルックマン再考」小森康永・野口遊戯・野村直樹（編著）『ナラティヴ・セラピーの世界』pp.17–32. 日本評論社
浜田麻里・林洋子・三登由利子・中山亜紀子・難波康治・新矢麻紀子（2002）「出会うことの意味―相互交渉型適応支援としてのインタビュープロジェクト」『多文化社会と留学生交流』6, pp.1–16.
バーガー, P. L.・ルックマン, T.（1977）『日常世界の構成―アイデンティティと社会の弁証法』（山口節郎訳）新曜社
バフチン, ミハイル（1996）『小説の言葉』（伊藤一郎訳）平凡社ライブラリー
範玉梅（2005）「日本語学校における一人っ子の中国人留学生増加に伴う問題」『阪大日本語研究』17, pp.59–90.
範玉梅（2007）「新世代留学生の精神的成長に関するケース・スタディ―日本語教育への示唆」『阪大日本語研究』19, pp.161–192.
フーコー, ミシェル（1970）『知の考古学』（中村雄二郎訳）河出書房新社
フーコー, ミシェル（1977）『監獄の誕生』（田村俶訳）新潮社
プラマー, ケン（1998）『セクシュアル・ストーリーの時代―語りのポリティックス』（桜井厚・好井裕明・小林多寿子訳）新曜社
フランク, アーサー（2002）『傷ついた物語の語り手―身体・病い・倫理』（鈴木智之訳）ゆみる出版
フリック, ウヴェ（2002）『質的研究入門』（小田博志・山田則子他訳）春秋社
ブルーナー, ジェローム（1998）『可能世界の心理』（田中一郎訳）みすず書房
ブルーナー, ジェローム（1999）『意味の復権―フォークサイコロジーに向けて』（岡本夏木・仲渡一美・吉村啓子訳）ミネルヴァ書房
ブルデュー, ピエール（1900）『ディスタンクシオンⅠ―社会的判断力批判』（石井洋二郎訳）藤原書店
ブルデュー, ピエール（1993）『話すということ―言語的交換のエコ

ノミー』(稲賀繁美訳) 藤原書店

ベルトー, ダニエル (2003)『ライフストーリー―エスノ社会学的パースペクティブ』(小林多寿子訳) ミネルヴァ書房

保坂裕子 (2000)「多声的時空間におけるアイデンティティの構築―アイデンティティ研究におけるナラティブ・アプローチの可能性について」『京都大学大学院教育学研究科紀要』46, pp.425–437.

細見和之 (1999)『アイデンティティ／他者性』岩波書店

ホルスタイン, ジェイムズ・グブリアム, ジェイバー (2004)『アクティヴ・インタビュー―相互行為としての社会調査』(山田富秋・兼子一他訳) せりか書房

ホワイト, マイケル・エプストン, デビット (1992)『物語としての家族』(小森康永訳) 金剛出版

ホワイト, マイケル (2004)『セラピストの人生という物語』(小森康永訳) 金子書房

松島恵介 (1996)「「しない私」と「した私」―断酒的自己をめぐるふたつ (あるいはひとつ) の時間について」佐々木正人 (編著)『想起のフィールド―現在のなかの過去』pp.1–30. 新曜社

水村美苗 (1998)『私小説 from left to right』新潮文庫

三登由利子・新矢麻紀子・中山亜紀子・浜田麻里 (2003)「エンパワメントとしての日本語教育」岡崎洋三・西口光一・山田泉 (編著)『人間主義の日本語教育』pp.209–226. 凡人社

八木真奈美 (2004)「日本語学習者の日本社会におけるネットワークの形成とアイデンティティの構築」『質的心理学研究』3, pp.157–172.

柳町智治 (2006)「実践に埋め込まれたインタラクション―理系研究室における実験の社会的組織化」上野直樹・ソーヤーりえこ (編著)『文化と状況的学習―実践、言語、人工物へのアクセスのデザイン』pp.125–153. 凡人社

矢野智司 (2000)「生成する自己はどのように物語るのか―自伝の教育人間学序説」やまだようこ (編著)『人生を物語る―生成のライフストーリー』pp.251–278. ミネルヴァ書房

山口悠希子 (2007)「ドイツで育った日本人青年たちの日本語学習経験―海外に暮らしながら日本語を学ぶ意味」『阪大日本語研究』19, pp.129–159.

山下隆史 (2005)「学習を見直す」西口光一 (編著)『文化と歴史の中の学習と学習者―日本語教育における社会文化的パースペクティブ』pp.6–29. 凡人社

山田富秋編 (2005)『ライフストーリーの社会学』北樹出版

やまだようこ (2000a)「人生を物語ることの意味―ライフストーリー

の心理学」やまだようこ（編）『人生を物語る―生成のライフストーリー』pp.1–38. ミネルヴァ書房

やまだようこ（2000b）「喪失と生成のライフストーリー――F1ヒーローの死とファンの人生」やまだようこ（編）『人生を物語る―生成のライフストーリー』pp.77–108. ミネルヴァ書房

楊逸（2010）『ワンちゃん』文春文庫

好井裕明（1991）「「障害者」という自己執行カテゴリーの挑戦」山田富秋・好井裕明（著）『排除と差別のエスノメソドロジー〈いま―ここ〉の権力作用を解読する』pp.117–148. 新曜社

吉原真理（2000）「Home is where the tongue is――リービ英雄と水村美苗の越境と言語」『アメリカ研究』34, pp.87–104.

米原万里（2007）『米原万里の「愛の法則」』集英社新書

李暁博（2004a）「日本語教師の専門知についてのナラティブ的理解」『阪大日本語研究』16, pp.83–113.

李暁博（2004b）『留学生を対象とする日本語教育における教師の専門知―実践の中の教師の学び、変化、成長についてのナラティブ的探求』大阪大学博士学位請求論文（未刊行）

李暁博（2006）「「ざわざわ」とした教室の背後の専門的意味―ナラティブ探求から探る」『阪大日本語研究』18, pp.139–167.

リービ英雄（1992）『星条旗の聞こえない部屋』講談社

リービ英雄（2011a）『我的中国』岩波現代文庫

リービ英雄（2011b）『天安門』講談社学芸文庫

リクール, ポール（1987）『時間と物語Ⅰ―物語と時間性の循環／歴史と物語』（久米博訳）新曜社

リクール, ポール（1990）『時間と物語Ⅲ―物語られる時間』（久米博訳）新曜社

リーダーズ英和辞典（第2版）（1999）研究社

レイブ, ジーン・ウェンガー, エチィエンヌ（1993）『状況に埋め込まれた学習―正統的周辺参加』（佐伯胖訳）産業図書

湧井幸子（2006）「「望む性」を生きる自己の語られ方―ある性同一性障害者の場合」『質的心理学研究』5, pp.27–47.

American Sociological Association Code of Ethics. Retrieved March 31, 2008, from http://www.asanet.org/cs/root/leftnav/ethics/code_of_ethics_table_of_contents

Bailey, K. (1983). Competitiveness and anxiety in adult second language learning: Looking at and through the diary studies. In H. Selinger & M. Long (Eds.), *Classroom-oriented Research in Second Language Acquisition* (pp.67–103). Rowley, MA: Newbury House.

Bamberg, M. (2004a). Small stories in the lives of adolescents. ナラティ

ブ心理学バンバーグ教授・公開講演会　科学研究費プロジェクト「フィールドの語りをとらえる質的心理学の研究法と教育法」2004年9月28日 於京都大学

Bamberg, M. (2004b). Talk, small stories, and adlescent identities. *Human Development, 254*, pp.1–4. Retrieved Febrary 17, 2008, from http://www.clarku.edu/~mbamberg/publications.html

Bamberg, M., & Georgakopoulou, A. (2008). Small Stories as a new perspective in narrative and identity analysis. *Text & Talk, 28*(3), pp.377–396. Retrieved Febrary 17, 2008, from http://www.clarku.edu/~mbamberg/publications.html

Bayley, R. (2003). Review of Norton, B. (2000) Identity and Language Learning: Gender, Ethnicity, and Educational Change. *Journal of Language, Identity and Education, 2*(1), pp.79–81.

Belcher, D. (1994). The apprenticeship approach to advanced academic literacy: Graduate students and their mentors. *English for Specific Purpose, 13*, pp.23–34.

Benson, P., & Nunan, D. (Eds.). (2002). *Hong Kong Journal of Applied Linguistics, 7*(2).

Benson, P., & D. Nunan (Eds.). (2005). *Leaners' Stories: Difference and Diversity in Language Learning*. Cambridge: Cambridge University Press.

Benson, P. (2005). (Auto)biography and lerner diversity. In P. Benson & D. Nunan (Eds.), *Leaners' Stories: Difference and Diversity in Language Learning* (pp. 4–21). Cambridge: Cambridge University Press.

Beretta, A. (Ed.). (1993). *Applied linguistics, 14*(3).

Block, D. (1996). Not so fast: Some thoughts on theory culling, relativism, accepted findings and the heart and soul of SLA. *Applied Linguistics, 17*(1), pp.63–83.

Block, D. (2003). *The Social Turn in Second Language Aquisition*. Washington D.C.: Georgetown University Press.

Block, D. (2007a). *Second Language Identities*. London: Continuum.

Block, D. (2007b). The rise of identity in SLA research, post Firth and Wagner (1997). *The Modern Language Journal, 91*, pp.863–876.

Bourdieu, P. (1977). The economics of linguistic exchanges. *Social Science Information, 16*(6), pp.645–668.

Brown, H. D. (1973). Affective variables in second language acquisition. *Language Learning, 23*(2), pp.231–244.

Bruner, E. (1986/2001). Ethnography as narrative. In L. P. Hinchman & S. K. Hinchman (Eds.), *Memory, Identity, Community: The Idea of*

Narrative in the Human Sciences (pp.264–280). Albany, NY: SUNY. (Originally published in 1986. In V. Turner & E. Bruner (Eds.), *The Anthropology of Experience* (pp.139–155). Chicago, IL: University of Illinois Press.)

Bruner, J. (2004). Life as Narrative. *Social Research, 71*(3). (Originally Published in 1987. *Social Research, 54*(1), pp.1–17.) Retrieved Februrary 7, 2008, from http://findarticles.com/p/articles/mi_m2267/is_3_71/ai_n6364150

Burck, C. (2005). *Multilingual Living: Explorations of Language and Subjectivity*. New York, NY: Palgrave Macmillan.

Canagarajah, S. (2004). Multilingual writers and the struggle for voice in academic discourse. In A. Pavlenko & A. Blackledge (Eds.), *Negotiation of Identities in Multilingual Context* (pp.266–289). Buffalo, NY: Multilingual Matters.

Casanave, C. P. (1998). Transitions: The balancing act of bilingual academics. *Journal of Second Language Writing, 12*(2), pp.175–203.

Cazden, C. (1993). Vygotsky, Hymes, and Bakhtin: From word to utterance and voice. In E. A. Forman, N. Minick, & C. A. Sone (Eds.), *Contexts for Learning: Sociocultural Dynamics in Children's development* (pp.197–212). Oxford: Oxford University Press.

Choi, J. E. (2002). Blending oil into water: Making the invisible visible and giving a voice to the silenced. In F. Tochon (Ed.), *The Foreign Self* (pp.31–62). Madison, WI: Atwood Publishing.

Clandinin, D. J., & Connelly, F. M. (2000). *Narrative Inquiry: Experience and Story in Qualitative Research*. San Francisco, CA: Jossey-Bass.

Creswell, J. W. (1998). *Qualitative Inquiry and Research Design: Choosing Among Five Traditions*. Thousand Oaks, CA: Sage.

De Fina, A. (2006). Group identity, narrative and self-representations. In A. De Fina, D. Schiffrin, & M. Bamberg (Eds.), *Discourse and Identity* (pp.351–375). Cambridge: Cambridge University Press.

De Fina, A., Schiffrin, D., & Bamberg, M. (2006). Introduction. In A. De Fina, D. Schiffrin, & M. Bamberg (Eds.), *Discourse and Identity* (pp.1–23). Cambridge: Cambridge University Press.

Dörnyei, Z. (2009). The L2 motivational self system. In Z. Dörnyei & E. Ushioda (Eds.), *Motivation, language identity and the L2 self* (pp.9–42). Clevedon: Multilingual Matters.

Duff, P. A. (2002). The discursive co-construction of knowledge, identity, and difference: An ethnography of communication in the high school mainstream. *Applied Linguistics, 23*, pp.289–322.

Firth, A., & Wagner, J. (1997). On discourse, communication, and (some) fundamental concepts in SLA research. *The Modern Language Jouranl, 82*, pp.285–300.

Flowerdew, J. (2000). Discourse community, legitimate peripheral participation, and the nonnative-English-speaking scholar. *TESOL Quarterly, 34*, pp.127–150.

Gass, S. (1998). Apples and oranges: Or, why apples are not orange and don't need to be. *The Modern Language Jornal, 82*, pp.83–90.

Gass, S., Lee, J., & Roots, R. (2007). Firth and Wagner (1997): New ideas or a new articulation? *The Modern Language Jouranl, 91*, pp.788–799.

Gergen, K., & Gergen, M. (1983). Narratives of the self. In T. R. Sarbin & K. E. Scheibe (Eds.), *Studies in Social Identity* (pp.254–273). New York: Praeger Publishers.

Goldstein, T. (1996). *Two Languages at Work: Bilingual Life on the Production Floor*. Berlin and New York: Mouton de Gruyter.

Gregg, K., Long, M., Jordan, G., & Beretta, A. (1997). Rationality and its discontents in SLA. *Applied Linguistics, 18*(4), pp.536–558.

Hall, J. A. (1993). The role of oral practices in the accomplishment of our everyday lives: The sociocultural dimension of interaction with implications for the learning of another language. *Applied Linguistics, 14*(2), pp.145–166.

Hall, J. A. (1995). (Re)creating our worlds with words: A sociohistorical perspective of face-to-face interaction. *Applied Linguistics, 16*(2), pp.206–232.

Hall, J. A. (2002). *Teaching & Researching Language and Culture*. Harlow: Person Education Limited.

Hatch, J. (2002). *Doing Qualitative Research in Education Settings*. Albany, NY: State University of New York Press.

Hawkins, M. R. (2005). Becoming a student: Identity work and academic literacies in early school. *TESOL Quarterly, 39*(1), pp.59–82.

Heinz, B. (2001). 'Fish in the river': Experiences of bicultural bilingual speakers. *Multilingua, 20*(1), pp.85–108.

Higgins, C. (2003). "Ownership" of English in ther outer circle: An alternative to the NS-NNS dichotonomy. *TESOL Quarterly, 37*(4). pp.615–644.

Isabelli-García, C. (2006). Study abroad social networks, motivation and attitudes: Implications for second language acquisition. In M. DuFon & E. Churchill (Eds.), *Language Learners in Study Abroad Contexts* (pp.231–258). Clevedon: Multilingual Matters.

Kanno, Y. (2003). *Negotiating Bilingual and Bicultural Identities: Japanese Returnees Betwixt Two Worlds*. Mahwah, NJ: Lawrence Erlbaum.

Kaplan, R. (2002). Where to from here? In R. Kaplan (Ed.), *The Oxford Handbook of Applied Linguistics* (pp.509–515). New York, NY: Oxford University Press.

Kinginger, C. (2004). Alice doesn't live here anymore: Foreign language learning and identity reconstruction. In A. Pavlenko & A. Blackledge (Eds.), *Negotiation of Identities in Multilingual Contexts* (pp.219–242). Clevedon: Multilingual Matters.

Korobov, N., & Bamberg, M. (2007). "Strip poker! They don't show nothing!": Positioning identities in adolescent male talk about a television game show.······In M. Bamberg, A. DeFina, & D. Schiffrin (Eds.), *Selves and Identities in Narrative and Discourse* (pp.253–271). Amsterdam: John Benjamins. Retrieved February 13, 2008, from http://www.clarku.edu/~mbamberg/publications.html

Kramsch, C. (2000). Social discursive construction of self in L2 learning. In J. Lantolf (Ed.), *Socilcultural Theory and Second Language Learning* (pp.133–153). Oxford: Oxford University Press.······

Kvale, S. (1996). *InterViews: An Introduction to Qualitative Research Interviewing*. Thousand Oaks, CA: Sage.

Laubscher, M. L. (1994). *Encounters with Difference: Student Perceptions of the Role of Out-of-Class Experiences in Education Abroad*. Westport, CT: Greenwood Press.

Lafford, B. (Ed.). (2007). *The Modern Language Journal, 91*.

Lambert, W. (1967). A social psychology of bilingualism. *The Journal of Social Issues, 23*(2), pp.91–109.

Lantolf, J. (1996). SLA theory building: "Letting all the flowers bloom!". *Language Learning, 46*(4), pp.713–749.

Lantolf, J. (Ed.). (2000). *Sociocultural Theory and Second Language Learning*. Oxford: Oxford University Press.

Lantolf, J., & Thorne, S. (2006). *Sociocultural Theory and the Genesis of Second Language Development*. Oxford: Oxford University Press.

Leki, I. (2001). "A narrow thinking system": Nonnative-English-speaking students in group projects across the curriculum. *TESOL Quarterly, 35*(1), pp.39–67.

Mann, S. J. (1992). Telling a life story: Issues for research. *Management Education and Development, 23*(3), pp.271–280.

McAdams, D. P. (1993). *The Stories We Live By: Personal Myths and the Making of Self*. New York, NY: William Morrow & Company.

McKay, S., & Wong, S. (1996). Multiple discourses, multiple identities: Investment and agency in second-language learning among Chinese adolescent immigrant students. *Harverd Educational Review, 66*(3), pp.577–608.

Mitchell, R., & Myles, F. (1998). *Second Language Learning Theories.* London: Arnold.

Miller, J. (2003). *Audible Difference: ESL and Sosial Identity in Schools.* Clevedon: Multilingual Matters.

Mishler, E. (2004). *Storylines: Craftartsts, Narratives of Identity.* Cambridge MA: Harvard University Press.

Morita, N. (2000). Discourse socialization through oral classroom activities in a TESOL graduate program. *TESOL Quarterly, 34*(2), pp.279–310.

Morita, N. (2004). Negotiating participation and identity in second language academic communities. *TESOL Quarterly, 38*(4), pp.573–603.

Norton, B. (1997). Language, identity, and the ownership of English. *TESOL Quarterly, 31*(3), pp.409–429.

Norton, B. (2000). *Identity and Language Learning: Gender, Ethnicity and Educational Change.* London: Pearson.

Norton, B. (2001). Non-participation, imagined communities and the language classroom. In M. P. Breen (Ed.), *Learner Contributions to Language Learning: New Directions in Research* (pp.159–171). Harlow: Person Education Limited.

Norton Peirce, B. (1995). Social identitiy, investment, and language learning. *TESOL Quarterly, 29*(1), pp.9–31.

Norton, B., & Toohey, K. (2002). Identity and language learning. In R. Kaplan (Ed.), *The Oxford Handbook of Applied Linguistics* (pp.115–123). New York, NY: Oxford University Press.

Novitz, D. (1989/2001). Art, narrative, and human nature. In L. P. Hinchman & S. K. Hinchman (Eds.), *Memory, Identity, Community: The Idea of Narrative in the Human Sciences* (pp.143–160). Albany, NY: SUNY. (Originally published in 1989. In *Philosophy and Literature, 13*(1), pp.57–74.)

O'Malley, J., & Chamot, A. (1990). *Learning Strategies in Second Language Acquisition.* Cambridge: Cambridge University Press.

Pavlenko, A. (2001). Language learning memoirs as a gendered genre. *Applied Linguistics, 22*(2), pp.213–240.

Pavlenko, A. (2004). 'The making of an American': Negotiation of identities at the turn of the twentieth century. In A. Pavlenko & A. Blackledge

(Eds.), *Negotiation of Identities in Multilingual Contexts* (pp.34–67). Clevedon: Multilingual Matters.

Pavlenko, A. (Ed.), (2006a). *Bilingual Minds: Emotional Experience, Expression and Representation*. Clevedon: Multilingual Matters.

Pavlenko, A. (2006b). Bilingual selves. In A. Pavlenko (Ed.), *Bilingual Minds: Emotional Experience, Expression and Representation* (pp.1–33). Clevedon: Multilingual Matters.

Pavlenko, A., & Blackledge, A. (2004). Introduction: New theoretical approaches to the study of negotiation of identities in multilingual contexts. In A. Pavlenko & A. Blackledge (Eds.), *Negotiation of Identities in Multilingual Contexts* (pp.1–33). Clevedon: Multilingual Matters.

Pavlenko, A., & Lantolf, J.P. (2000). Second language learning as participation and the (re)construction of selves. In J. P. Lantolf (Ed.), *Sociocultural Theory and Second Language Learning* (pp.155–177). Oxford: Oxford University Press.

Polanyi, L. (1995). Language learning and living abroad: Stories from the field. In B. Freed (Ed.), *Second Language Acquisition in a Study Abroad Context* (pp.271–292). Philadelphia, PA: John Benjamins.

Polkinghorne, D. (1988). *Narrative Knowing and the Human Sciences*. Albany, NY: State University of New York Press.

Poulisse, N. (1997). Some words in defense of the phycholinguistic approach: A respose to Firth and Wagner. *The Modern Language Journal, 81*, pp.324–328.

Rampton, B. (1997). Second language research in late modernity: A respose to Firth and wagner. *The Modern Language Journal, 81*, pp.329–333.

Riley, P. (2003). Drawing the threads together. In D. Little & E. Ushioda (Eds.), *Learner Autonomy in the Foreign Language Classroom: Teacher, Learner, Curriculum, and Assessment* (pp.237–252). Dublin: Authentik.

Schumann, J. (1976a). Social distance as a factor in second language acquisition. *Language Learning, 26*(1), pp.135–143.

Schumann, J. (1976b). Second language acquisition: The pidginization hypothesis. *Language Learning, 26*(2), pp.391–408.

Schumann, J. (1978). *The Pidginization Process: A Model for Second Language Acquisition*. Rowley, MA: Newbury House.

Siegal, M. (1996). The role of learner subjectivity in second language sociolinguistic competency: Western woman learning Japanese. *Applied Linguistics, 7*(3), pp.356–382.

Shildrick, M., & Price J. (1997). Breaking boundaries of the broken body.

Body and Society, 2(4), pp.93–113.

Spolsky, B. (1989). *Conditions for Second Language Learning*. Oxford: Oxford University Press.

Teutsch-Dwyer, M. (2001). (Re)constructing masculinity in a new linguistic reality. In A. Pavlenko, A. Blackledge, I. Piller, & M. Teutsch-Dwyer (Eds.), *Multilingualism, Second Language Learning, and Gender* (pp.175–198). New York: Mouton de Gruyter.

Toohey, K. (1998). "Breaking them up, taking them away": ESL students in grade one. *TESOL Quarterly, 32*(1), pp.61–84.

Toohey, K. & Norton, B. (2003). Learner autonomy as agency in sociocultural settings. In D. Palfreyman & R. Smith (Eds.), *Learner Autonomy Across Cultures: Language Education Perspectives* (pp.58–72). Basingstoke: Palgrave Macmillan.

van Lier, L. (1994). Forks and hope: Pursuing understanding in different ways. *Applied Linguisitcs, 15*(3), pp.328–346.

Weedon, C. (1987). *Feminisit Practice and Poststructualist Theory*. London: Blackwell.

Wenger, E. (1998). *Community of Practice: Learning, Meaning, and Identity*. Cambridge: Cambridge University Press.

索引

[記]
○○語を話す私……28

[F]
Firth & Wagner……37

[L]
learner の位置……136, 140

[S]
sense of self……57

[あ]
アイデンティティ……27, 39, 41, 44, 45, 49, 50-56, 58, 66, 182, 214, 216, 217
アイデンティティワーク……206
ある言語を話す「私」に対する感情……36

[い]
一貫性の感覚……66
いま―ここ……27, 30, 36, 42, 47, 225
李良枝……32
インタビュー……40, 55, 59, 69-73, 76, 79, 84

[お]
応用言語学……35-38, 44

[か]
解釈……29, 60, 72
書き換え療法……68
学習体験……36
過去……216
語り得ないもの……67
語り手……67
感覚……27
感情……35

[き]
気後れ……186
聞き手……67, 72, 204

[け]
結末……66
言語学習……38, 40, 48
言語学習体験……86
言語学習の失敗……48
言語学習の成功……39
言語能力……18
言語の上手、下手……19
権力（Power）……39, 42, 43, 48, 51, 76

[こ]
コード切り替え……87
互恵性……213
互恵的……70, 203, 204
個人史……28, 35, 52
個人史的意味……52
言葉づかい……138-140, 182

[し]
言葉で遊ぶ……180
混沌の語り……68, 72
叱る―謝る……137, 138
自己イメージ……54, 55
自己感……42
自己についての多くの物語……30
質的研究……61
質的方法……40
自分史……225
自分史的……55
自分に対する感覚……17, 29
自分に対する見方……47
自分についてのストーリー……29
自分らしさ……iii, 53-55, 58, 135, 179, 181, 182, 185, 208, 216, 223
社会構成主義……38, 39, 41, 48
周縁化……43
周辺化……207
受信者……46
首尾一貫……30, 67, 72, 74
情意フィルター……202
上達のストーリー……209
将来の共有……183-185
将来の自分……215
将来の成功……184

[す]
筋……62, 63
筋立て……66
ストーリー化……64, 65, 72
ストーリーの結末……62

[せ]
成功……182, 183
政治学……28, 29, 31, 35, 54
正統的周辺参加（LPP）……49, 185
正統的周辺参加論……36
正統な言説……44, 46, 47
正統な話者……41, 42, 44-48, 53, 204, 211

[そ]
その人の歴史……24

[た]
体験……17
第二言語習得（SLA）研究……30, 35-38, 41, 42, 44, 48
第二言語で生きる……18
第二言語で話すという体験……24

- [ち]　他者……66, 69, 70, 206, 218
　　　多声性……76, 181
　　　調査依頼……82
- [て]　訂正／承認……131, 132, 136
　　　データ分析……85
- [と]　同化理論……38
　　　動機……39
　　　動機づけ……38, 43
　　　投資……42, 43, 188, 209, 225
　　　当事者にとっての見方（emic）……37
　　　読者……61
　　　ドミナント・ストーリー……60
- [な]　ナラティブ（Narative）……41, 65
　　　ナラティブ・セラピー……57, 59, 217
　　　ナラティブ・モード……61
- [に]　二声性……181
　　　日韓プログラム……81, 82, 130, 131, 188
　　　日本語が上手になったネットワーク……131
　　　日本語教科書……187, 188
　　　日本語能力……87, 186
　　　日本語の「勉強」……186, 188
　　　日本語話者としての自己……209, 210
　　　日本語を使って生きる……69
　　　日本語を話す自分……179, 224, 225
- [ね]　ネットワーク……38, 55, 58, 185, 188, 202, 203, 208, 210, 212, 213, 223
- [の]　ノエシス……75
　　　ノエマ……75
- [は]　発話者……46
　　　話し手……72
- [ひ]　評価……71
- [ふ]　プロット化……62
　　　プロットを作る……63
　　　文化的資本……vii, 43, 44, 202–204, 210, 225
- [ほ]　ポスト構造主義……36, 38, 39, 41, 48

- [ま]　マイノリティ……210, 218
　　　眼差し……24, 26, 186
　　　まね……132
- [み]　水村美苗……25, 31, 74
　　　ミメーシス……61, 62
　　　ミメーシスⅠ……63, 64
　　　ミメーシスⅢ……72
　　　ミメーシスの循環……64, 66
- [も]　物語的アイデンティティ……65–69, 72
　　　森崎和江……77
- [よ]　欲望（desire）……43
　　　読み手……64
- [ら]　ライフストーリー……iii, v, 30, 31, 53, 54, 59, 60, 66, 67, 69, 72–74, 185, 224
- [り]　リービ英雄……19, 28, 74, 187
　　　理解……64
　　　理解できるストーリー……86
　　　リソース……132
- [わ]　私のストーリー……86

索引

[著者]	中山亜紀子（なかやま あきこ） 佐賀大学准教授。大阪大学大学院文化表現論専攻修了。博士（文学）。大阪大学非常勤講師等を経て、2009年より現職。専門は、日本語教育学。 主な論文に、「ライフストーリーを語る意義——語りを聞き、書くということ」三代純平編著『日本語教育学としてのライフストーリー』（2015年、くろしお出版、pp.168–185）、「話し合い活動の「成功」の裏にあるもの——実践者の振り返りと学生たちの言葉から」（2013年、『イマ×ココ』(1), pp.96–109）、「「由熙」を読む——第二言語教育との関わりから」（2011年、『佐賀大学留学生センター紀要』(10), pp.17–28）がある。

日本語教育学の新潮流 16

「日本語を話す私」と自分らしさ
韓国人留学生のライフストーリー

2016年11月30日　初版第1刷発行

著者………………中山亜紀子
発行者……………吉峰晃一朗・田中哲哉
発行所……………株式会社ココ出版
　　　　　　　　〒162-0828
　　　　　　　　東京都新宿区袋町25-30-107
　　　　　　　　電話　03-3269-5438
　　　　　　　　ファックス　03-3269-5438

装丁・組版設計………長田年伸
印刷・製本……………モリモト印刷株式会社

ISBN 978-4-904595-86-2

ココ出版の書籍

日本語教育学の新潮流 12
接触場面における母語話者のコミュニケーション方略
情報やりとり方略の学習に着目して
栁田直美 著　3,600 円＋税　ISBN 978-4-904595-58-9

日本語教育学の新潮流 13
第二言語としての日本語の発達過程
言語と思考の Processability
峯布由紀 著　定価 3,600 円＋税　ISBN 978-4-904595-64-0

日本語教育学の新潮流 14
人の主体性を支える日本語教育
地域日本語教室のアクション・リサーチ
野々口ちとせ 著　定価 3,600 円＋税　ISBN 978-4-904595-75-6

日本語教育学の新潮流 15
日本語教師の「葛藤」
構造的拘束性と主体的調整のありよう
有田佳代子 著　定価 3,600 円＋税　ISBN 978-4-904595-78-7